ESSAI

SUR

LES RÉCOMPENSES

SOUS LE RÉGIME DE LA COMMUNAUTÉ LÉGALE

(Art. 1433 à 1439 du Code Napoléon),

PAR M. MENNESSON,

Docteur en Droit,

AVOCAT A LAON.

A. O.

LAON,

A. OYON, IMPRIMEUR-LIBRAIRE, ÉDITEUR,
Rue du Bourg, 15.

—

PARIS,

A LA LIBRAIRIE GÉNÉRALE DE JURISPRUDENCE,

COSSE, IMPRIMEUR-ÉDITEUR,
Libraire de l'ordre des Avocats au Conseil-d'Etat et à la Cour de cassation,
Directeur de la Jurisprudence criminelle et des Journaux des Avoués, etc.,
Editeur des œuvres de Troplong, Carré-Chauveau, Pothier-Buguet, etc,

PLACE DAUPHINE, 27.

—

1853.

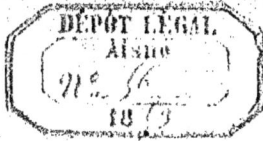
ESSAI

SUR

LES RÉCOMPENSES

SOUS LE RÉGIME DE LA COMMUNAUTÉ LÉGALE

(Art. 1433 à 1439 du Code Napoléon),

PAR M. MENNESSON,

Docteur en Droit,

AVOCAT A LAON,

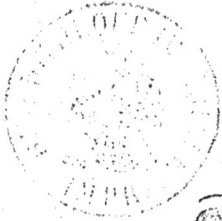

LAON,

A. OYON, IMPRIMEUR-LIBRAIRE, ÉDITEUR,

Rue du Bourg, 15.

PARIS,

A LA LIBRAIRIE GÉNÉRALE DE JURISPRUDENCE,

COSSE, IMPRIMEUR-ÉDITEUR,

Libraire de l'ordre des Avocats au Conseil-d'État et à la Cour de cassation,
Directeur de la Jurisprudence criminelle et des Journaux des Avoués, etc.,
Éditeur des œuvres de Troplong, Carré-Chauveau, Pothier-Bugnet, etc.,
PLACE DAUPHINE, 27.

1853.

PRÉFACE.

Lorsque nous avons entrepris le travail que nous publions aujourd'hui, notre pensée n'était point de le livrer à la publicité, dont nous redoutions les dangers bien plus que nous n'en désirions les honneurs. Nous voulions, dans un intérêt exclusivement personnel, étudier et approfondir une matière pratique entre toutes, qui, chaque jour, donne lieu à des difficultés sérieuses ; nous cherchions à nous instruire et nullement à enseigner. Mais bientôt l'attrait que nous avons trouvé dans cette étude nous entraîna dans des recherches qui nous parurent pouvoir se condenser en un ouvrage utile pour beaucoup de praticiens. Le sujet que nous traitions reçut des développemens qui, selon nous, pouvaient, sinon remplacer les volumineux traités dans lesquels il faut puiser des enseignemens toujours nouveaux, au moins suppléer, en partie, à quelques-uns d'entre eux. Nous nous décidâmes alors à

1

affronter un danger qui devait profiter aux autres, consolé à l'avance, si notre amour-propre doit être froissé d'un insuccès, parce que l'étude nous aura donné des satisfactions que personne ne peut nous envier ni nous enlever.

Expliquer la loi qui régit un peuple, ce n'est pas seulement faire comprendre son texte, signaler et résoudre les difficultés d'interprétation auxquelles donne lieu le rapprochement de passages qui semblent contradictoires. Ce système aurait pour conséquence, au bout de quelque temps, l'impossibilité du progrès pour la science; il arriverait que le commentaire, faisant oublier le texte, serait le lit de Procuste d'où la science mutilée ferait d'inutiles efforts pour s'échapper et reprendre une nouvelle vie. L'explication de la loi comprend nécessairement l'histoire des transformations qu'elle a subies, depuis l'époque où le droit, vague et incertain, se promulguait de lui-même dans la conscience du peuple, se constatait dans ses mœurs, dans ses habitudes, jusqu'au moment où le législateur lui a donné un signe extérieur d'existence, en le formulant dans un texte dont l'application nécessaire est désormais en dehors de toute opinion personnelle. L'histoire du passé est, en effet, le flambeau qui jette la plus vive lumière sur le présent, et éclaire quelque peu les obscurités de l'avenir.

Nous avons donc, chaque fois que nous l'avons pu, indiqué ce qu'était le droit ancien, comment il avait été interprété par les jurisconsultes, comment il s'était modifié pour arriver jusqu'à nous. Mais il est une partie de la science que nous ne pouvions faire entrer dans le cadre de notre travail, et qui cependant aide au développement du droit; c'est la biographie des jurisconsultes auxquels nous avons le plus emprunté, et que l'on consulte toujours avec fruit. Cette biographie, l'une des formes les plus instructives et les plus intéressantes de l'histoire du droit, nous aurions voulu la faire avec tous les développemens qu'elle mérite, et montrer à tous le magnifique tableau que présenteraient, réunies, toutes ces intelligences dévouées au culte de l'idée, toutes ces existences quelquefois humbles et heureuses, souvent illustres et pleines de douleurs, toujours possédées d'un admirable feu de science. Nous aurions voulu, en racontant la vie de ces jurisconsultes, faire connaître l'état de la science au moment où ils commencèrent leurs travaux, signaler les progrès qu'ils lui firent faire; mais notre intelligence n'aurait pu suffire à ce travail, le temps nous aurait manqué, et nous n'aurions pu trouver les documens nécessaires pour une telle œuvre.

Néanmoins, nous nous reprocherions de ne pas dire quelques mots de la vie de ces hommes dont il n'est plus permis, même aux plus ignorans, de ne pas connaître le nom. Pour quelques-uns, les détails seront assez complets; pour d'autres, quelques lignes seulement les feront connaître, et cela, non pas au gré de notre caprice, non pas selon leur mérite, mais seulement d'après les matériaux que nous aurons eus, pour raconter leur vie et indiquer l'influence qu'ils ont exercée sur leur siècle.

Toutefois avant d'entrer dans ces détails, il est une époque qui doit nous arrêter quelque temps, et sur laquelle l'histoire des jurisconsultes jette un vif éclat. Cette époque empreinte d'un cachet particulier et qui mériterait un examen sérieux et approfondi, c'est le 16ᵉ siècle. Au premier aperçu, en n'interrogeant que les faits matériels, ce siècle nous apparaît comme une époque de sang et de ruine. A l'extérieur, il ne rappelle à nos souvenirs que la dévastation de l'Italie ; — à l'intérieur, que des événements déplorables, la guerre civile, guerre d'homme à homme où la trahison et l'assassinat, remplaçant la loyauté et le courage, envahissent même le foyer domestique, où le parricide est érigé en doctrine par de fougueux sectaires. C'est l'époque où, pour preuve de l'excellence de telle ou telle croyance, on voit la Loire, l'Indre, la Sarthe rouler dans leurs eaux des cadavres par centaines; les rues d'Amboise tapissées de victimes, ruisselantes de sang; des garnisons entières égorgées par des frères, et les arbres des chemins érigés en gibet. Le 16ᵉ siècle, c'est le massacre des Vaudois, le pillage et l'incendie de Pupin, de Lamotte, de Saint-Martin, et surtout de Cabrière et de Mérindol, ainsi que de vingt autres communes de la Provence *qu'il fallait nettoyée et dépeuplée;* (1) c'est la Saint-Barthélemy avec ses horreurs; ce sont les assassinats des princes et des rois. Saisie d'un double vertige religieux et politique, victime aussi d'entraînements d'ambitieux, la France chancelle et semble sur le point de disparaître dans le sang, et de retomber dans

(1) Lettre de François 1ᵉʳ au Parlement de Provence, du 1ᵉʳ janvier 1545.

la barbarie. Il n'en est rien. Un examen plus complet montre bientôt qu'un monde nouveau s'ouvre à l'intelligence humaine comme un nouveau monde vient de s'ouvrir, au sein des mers, aux efforts d'intrépides conquérants. La découverte de l'Amérique et la prise de Constantinople ont étendu les idées de l'homme en étendant son domaine; et l'invention de l'imprimerie lui a donné la faculté de vulgariser ses connaissances, de les répandre à profusion. Les faits matériels de cette époque, si pressés, si dramatiques qu'ils soient, tiennent la moindre place dans les méditations du penseur. Ces convulsions si sanglantes, ces secousses si fortes, sont le travail d'enfantement de la civilisation moderne. Nous sommes au moment d'une rénovation universelle à laquelle tous travaillent avec une ardeur et une passion infatigables; nous assistons à la lutte de l'esprit de progrès et de liberté contre l'esprit de mort. La terre est arrosée d'un sang généreux mais qui ne coule pas en vain. De cette lutte si vive, si cruelle, entre le sabre et la pensée, jaillissent, en germe, toutes les idées, toutes les institutions dont nous sommes si fiers aujourd'hui.

Cette ardeur insatiable de progrès, qui avait envahi toutes les branches des connaissances humaines, se fit surtout remarquer dans la science du droit, et mérita au 16e siècle d'être appelé *l'âge d'or de la jurisprudence*.

Tout cependant était à faire, à découvrir dans cette partie; les travaux antérieurs n'avaient plus aucune portée scientifique.

Sans doute, au 12ᵉ siècle, Irnérius, encouragé par la comtesse Mathilde, avait, dans ses premières gloses, expliqué la lettre des textes, donné le sens de telle ou telle expression, souvent douteuse, quelquefois d'une interprétation tellement facile que la glose est inutile; et plus tard, dans des notes marginales, il avait coordonné les textes, il avait cherché, en rapprochant certains passages, à en signaler le sens réel, il avait voulu en faire jaillir des principes sérieux. Sans doute, Bulgarus (1), avec une grande pureté et une certaine élégance de style, avait fait, dans ses gloses, preuve d'une science et d'un discernement qui lui avaient mérité le surnom de *os aureum*. Sans doute, au 13ᵉ siècle, grâce aux efforts d'Azo (2), d'Hugolinus son condisciple, de Jacobus Balduini, de Roffredus Epiphanii, et de quelques autres, la science du droit s'était élevée à un assez haut degré de splendeur; assez d'éclat l'avait entourée. Les glossateurs, presque tous mêlés aux faits judiciaires et politiques de leur temps, avaient eu une grande influence sur la pratique des affaires et l'avaient modifiée. Mais le point de départ de l'école la condamnait à rester bientôt stationnaire, et après Accurse (3) qui compila, et nous conserva ainsi un grand nombre de gloses de ses prédécesseurs, la

(1) Mourut à Bologne en 1166.

(2) Elève du précédent, professeur de Roffredus, mourut vers 1230, pendant les vacances. Odofredus dit que, pour honorer sa mémoire, on recula jusqu'à la Toussaint le commencement de l'année scolaire.

(3) Elève d'Azo. Mourut vers 1260. En 1396, la ville de Florence décréta qu'un monument serait élevé à sa mémoire.

science juridique tomba dans la décadence la plus complète. Les textes de la loi furent laissés en dehors de l'enseignement; ils furent remplacés par les gloses, et l'histoire ne venant pas au secours des jurisconsultes, la critique leur fait défaut. Ils adoptent, sans examen aucun, les doctrines précédemment enseignées, qu'elles reposent sur l'erreur ou sur la vérité (1). Aussi c'est avec quelque peine que l'on conduit la science du droit du 14e au 16e siècle. On ne trouve guère dans les auteurs de cette époque, qu'un inventaire des opinions précédentes qu'on se contente de compter sans les interroger dans leurs motifs. Le nombre des auteurs qui se sont prononcés dans tel ou tel sens dispense d'examen, tient lieu

(1) Aussi, au 16e siècle, Rabelais, avec une crudité d'expression et une exagération qui n'appartiennent qu'à lui, disait de la glose d'Accurse « qu'elle est tant salle, tant infâme et punaise, que ce n'est qu'ordure et villenie. » Livre II, chap. 5, page 217, édit. 1741. Et ailleurs il dit que « les glossa- » teurs n'estaient que gros veaulx de disme, ignorans de tout » ce qu'est nécessaire à l'intelligence des lois..... » Leur style est style de ramoneur de cheminée, ou de cuisinier et marmiteux. Liv. II, chap. 10. — Cujas rendait plus de justice à Accurse lorsqu'il disait de lui : *Longè magis coronâ donaverim, à quo quidquid aberrat Bartolus, vanæ fictiones et ægri somnia videntur.* Observ., liv. XII, chap. 16, 4e volume, page 1657. — Rabelais a lui-même sainement apprécié le vice de l'école des glossateurs dans le passage suivant : « Les loyx sont extirpées » du milieu de philosophie morale et naturelle, comment » l'entendront ces fols, qui ont, par Dieu, moins étudié en » philosophie que ma mule? Au regard des lettres d'humanité » et congnaissance des anticquitez et histoire, ils en estaient » chargez comme ung crapault de plumes : dont toutesfois les » droits sont tous plains et sans ce ne peuvent être entendus. » Page 256. 1er volume.

d'autorité sérieuse. Puis à cet usage, destructif de tout progrès, de toute initiative, vint se joindre l'abus de la dialectique qui divise, subdivise, distingue, sous-distingue, limite, amplifie; qui, sous prétexte de logique, de déductions rigoureuses, fait perdre de vue les véritables principes et jette la confusion dans la science qui n'est plus, dès lors, qu'un chaos (1). On ne trouve plus, dans les auteurs, ni originalité, ni indépendance, ni profondeur, à l'exception peut-être de Bartole (2) qui sut s'affranchir des abus que nous signalons chez la plupart des dialecticiens et qui a cependant moins de critique et de méthode que les anciens glossateurs;— de Balde (3), à qui on peut reprocher d'être souvent incomplet; — de Paul de Castro (4), dont la réputation actuelle est loin de mériter ce que Cujas disait de lui : *Qui non habet Paulum de Castro tunicam vendat et emat.*

C'est dans cet état que le 16e siècle trouva la science juridique, lui donna une vie, une activité nouvelle, la débarrassa des langes dans lesquels elle était enveloppée, et féconda, par l'histoire, des textes que l'analyse avait d'abord éclairés quelque peu, pour les obscurcir ensuite par un amas confus de matériaux qui semblaient une barrière dressée entre la science et le jurisconsulte.

(1) Déjà quelques glossateurs étaient tombés dans cet abus: Odofredus, élève d'Accurse, mort en 1265; Jacobus de Ruvigny, mort en 1296, aujourd'hui Revigny-aux-Vaches, chef-lieu de canton, sur l'Ornain, près Bar-le-Duc.

(2) Mourut à Pérugia, en 1357, âgé de 44 ans. On l'a considéré comme chef de l'école dialectique.

(3) Mort le 28 avril 1400. — (4) Mort en 1441.

Guillaume Budée, le premier, montra, dans ses travaux, les tendances de l'école historique. Dans ses *Annotationes in Pandectas*, il interroge la philologie et l'histoire ; il applique à l'interprétation du droit romain les connaissances si approfondies qu'il avait des langues anciennes, et qui lui avaient même attiré la jalousie d'Erasme (1).

Bientôt Alciat, chassé d'Italie par l'influence des Bartolistes, est attiré en France par François 1er, et professe (1529) pendant cinq ans à Bourges, où il commença à établir la supériorité incontestable que la France a eue au 16e siècle sur les autres nations. Il met l'ordre et porte la lumière dans l'étude du droit romain. L'époque de son enseignement peut être considérée comme le point de départ de l'école exégétique et historique en France.

Après lui, d'autres jurisconsultes suivant les mêmes errements, viennent illustrer les Universités de France, surtout celle de Bourges, et attacher leurs noms au mouvement historique de l'école française. Ce sont : Arnauld Ferrier (2), le maître

(1) Budée, par sa naissance, 1467, appartient au 15e siècle ; mais son intelligence ne pouvant accepter les méthodes professées avant lui, il s'éloigna de l'école. Sa jeunesse se passa dans les dissipations et les plaisirs ; le jeu, les chiens, la chasse, les chevaux occupèrent tous ses loisirs ; et ce ne fut qu'assez tard qu'il étudia, seul, sans autre maître, sans autre directeur que lui-même. Il mourut le 23 août 1540, et ses écrits appartiennent au 16e siècle.

(2) D'abord, professeur à Toulouse, puis conseiller au parlement de cette ville, et enfin président aux enquêtes du parlement de Paris, mourut en 1585 à 70 ans.

de Cujas; — Duaren (1), qui considérait la pratique
du barreau comme indispensable à celui qui voulait mériter le titre de jurisconsulte; — Antoine Go-
vea (2), de qui on a dit qu'il n'avait point assez écrit,
et dont la réputation fut telle que Cujas craignait qu'elle
n'éclipsât la sienne et ne le fit oublier; — Jean Co-
ras (3), que ses opinions, en matière de religion, avaient
fait chasser de Toulouse, en 1562, et qui fut une des
victimes de la Saint-Barthélemy, dix ans après; —
François Baudouin (4), dont la vie fut souvent mêlée à

(1) Né à Rennes en 1509, mort en 1559. De Thou dit que ce
fut, après Alciat, l'homme le plus savant de son temps. Professeur à Bourges, il a laissé des travaux qu'on peut encore
lire avec fruit. Malheureusement, aux ouvrages qu'il avait
fait paraître, on ajouta, sans choix, des passages, plus ou
moins exacts, empruntés aux cahiers de ses élèves.

(2) Espagnol d'origine, mais Français d'adoption, il étudia
à Avignon sous Émile Ferreti. Professeur à Toulouse, à Cahors, à Valence, à Grenoble, il fut obligé de quitter la France,
pour cause de protestantisme, et se retira près du duc Phili-
bert de Savoie. Il mourut à Turin en septembre 1565.

(3) Né à Réalmont (Tarn), peut-être à Toulouse, professa le
droit à Orléans, à Paris, à Angers, à Valence, à Toulouse, à
Ferrare, devint conseiller au parlement de Toulouse, et bientôt après conseiller de Navarre. Il fut assassiné à Toulouse,
en 1572, et son corps, revêtu de sa robe de conseiller, fut
pendu à un arbre dans la cour du palais.

(4) Né à Arras le 1er janvier 1520. Après avoir professé à
Bourges, il n'osa professer à Tubingue en même temps que
Dumoulin, et remplaça celui-ci à Strasbourg. Il enseigna
ensuite à Heidelberg, à Douai, à Besançon, à Paris, à Angers
où il resta trois ans. Il se disposait à partir pour la Pologne
où l'appelait, comme conseiller d'État, Henri d'Anjou, lorsqu'il mourut le 11 septembre 1572. On lui a reproché d'avoir
changé trois ou quatre fois de croyance religieuse.

celle de Dumoulin, et qui illustra pendant sept ans l'U-
niversité de Bourges; — Barnabé Brisson (1), président
au parlement de Paris, dont Henri III disait qu'aucun
roi ne pouvait se vanter de posséder un homme aussi
savant; — Denis Godefroy (2), dont le *Corpus juris* fit
époque dans la science juridique; — Enfin, le plus il-
lustre de tous, celui dont la gloire a survécu à toutes
les révolutions, et qui a fait, en partie, oublier ceux
que nous venons de citer, Cujas (3), qui, s'il était venu
plus tôt, aurait, selon Gravina, tenu lieu de tous les
autres interprètes, parce qu'il ne laisse rien à ignorer,
et qu'il n'y a rien qu'il n'ait enseigné. Tous ces jurisconsultes, sans doute à différents degrés, mais tous
avec distinction, fouillèrent, avec une ardeur incroyable, toute l'antiquité, pour y chercher une saine
interprétation du droit romain; il semble qu'ils prennent d'assaut toute cette science du passé.

Sans négliger les travaux de leurs devanciers, soit
parmi les glossateurs, soit parmi les Bartolistes, ils
soumirent à un nouvel examen toutes les thèses qui
avaient été professées avant eux; ils remontèrent à l'o-
rigine des principes qui avaient été enseignés, et voulurent que l'histoire, éclairant leur critique, fût le crité-
rium de la valeur de toutes les opinions reçues jusqu'à
eux. Aucune époque de notre histoire juridique ne se
fait remarquer par une aussi grande indépendance

(1) Fut étranglé par la faction des Seize, le 15 novembre
1591. Il était âgé de 50 ans.
(2) Né le 17 octobre 1549, mort en septembre 1622.
(3) Né en 1522, mort en 1590, comme d'Argentré, comme
Hotmann.

d'esprit, une critique aussi ferme (1), une étude aussi
sérieuse de l'histoire, une connaissance aussi étendue
de la pratique et de la théorie du droit. On peut seulement reprocher aux jurisconsultes qui l'illustrèrent un
luxe d'érudition qui trahit la nouveauté de la science.
Les richesses que l'on rencontre dans leurs ouvrages y
sont parfois tellement confuses qu'elles semblent le
résultat d'un pillage.

A côté de ces hommes si remarquables, d'autres jurisconsultes aussi illustres, obéissant au même amour
de la science, suivant la même méthode, imprimèrent
à leurs travaux une autre direction. Les antiquités de
notre droit français furent par eux interrogées avec une
rare sagacité et une profonde érudition. Dumoulin,
d'Argentré, Charondas, Guy - Coquille, Choppin,
Loyseau, les deux Pithou, Loysel et tant d'autres qui
tous appartiennent au 16e siècle, firent pour le droit coutumier ce qu'avaient fait pour le droit romain les jurisconsultes que nous avons cités plus haut. Pour eux le
droit romain ne doit être consulté que comme raison
écrite. Tous leurs efforts tendent à faire connaître le
droit français, soit qu'ils le cherchent dans les monuments judiciaires ou dans les ordonnances de nos rois;
soit qu'ils le trouvent dans les coutumes en partie rédigées à cette époque. Pour eux, « les coutumes des
» provinces de France qu'on appelle coutumières sont
» leur vray droit civil et commun. (2) » Leur influence

(1) Beaucoup de jurisconsultes de cette époque embras-
sèrent les idées de la réforme, quelques-uns furent persécutés.

(2) Coquille, 2° volume, au commencement.

ne se borne point au droit qu'ils font connaître; dont ils rendent l'application plus facile. Ils combattent, en même temps, pour le progrès, pour la civilisation, pour l'égalité de droits entre l'homme et la femme, entre la femme noble et la femme roturière; et souvent leur parole obtient une victoire longtemps disputée, mais qui ne coûte pas de larmes et laisse dans nos codes et dans nos mœurs une empreinte ineffaçable. Ainsi, et pour nous borner à ce qui se rattache à notre travail, c'est à partir du 16ᵉ siècle seulement que la femme a pu obtenir le remploi de ses immeubles propres vendus pendant la communauté. (1) C'est après quarante ans de luttes que Dumoulin fit triompher l'opinion que la fortune de la femme ne devait pas être atteinte par la confiscation qu'avait encourue son mari (2). C'est Jean-Jacques de Mesme, chef du conseil de Navarre et d'Albret, qui fit accorder aux femmes roturières le droit qu'avaient jusque-là les nobles seules, de pouvoir renoncer à la communauté (3). Puis c'est le président Boyer (4), assistant encore à un procès dans lequel un évêque de Bourges réclame le droit de marquette, *prætendebat, ex consuetudine, primam habere carnalem sponsæ cognitionem;* qui nous apprend que l'honnêteté publique l'emporta enfin, que la pudeur de la jeune fille fut respectée, et la dignité humaine relevée de l'abjection dans laquelle elle gémissait jusque-là:

(1) Voir *Infrà,* nᵒ 1, chap. 2, nᵒ 2.
(2) *Infrà,* nᵒ 19 de la deuxième partie.
(3) Loisel, livre 1, titre 2, nᵒ 112-113, § X et XI
(4) Mort en 1831.

Quæ consuetudo, dit le jurisconsulte, *fuit adnullata, et in emendam condemnatus (curatus parochialis)*.

Si, grâce aux efforts de tous ces hommes illustres, la science juridique brilla en France d'un éclat extraordinaire; si elle jeta une lumière qui éblouit l'Europe entière, le législateur ne resta pas non plus en arrière. Il profita des travaux des jurisconsultes, condensa leurs commentaires, les résuma en principes certains auxquels il donna force de loi. C'est alors que la coutume, rédigée, invariable, impérative dans son texte, remplace une législation vague, incertaine, s'appuyant sur des usages qui ne pouvaient se prouver que par ces tourbes et enquêtes dont on disait : *Mieux preuve qui mieux abreuve*. On pourrait affirmer, sans crainte de se tromper, que chaque année du 16e siècle a vu, ou la rédaction, ou la promulgation, ou la *réformation* de quelques coutumes. (1) En dehors de ces grands travaux législatifs, nos rois publient aussi quelques édits qui doivent exercer une singulière influence sur les mœurs, et dont nous pourrions encore, dans certaines limites, profiter aujourd'hui. (2)

(1) On peut suivre ce curieux travail dans le grand coutumier, ou consulter Klimrath.

(2) Au mois d'août 1836, nous trouvons des dispositions des plus sévères contre l'ivrognerie, ce vice trop en honneur à notre époque, et qui alimente nos tribunaux de police correctionnelle : « Quiconque sera trouvé yvre, sera incontinent » constitué prisonnier au pain et à l'eau pour la première » fois, et si secondement il est repris, sera, outre ce que devant, battu de verges ou de fouets; s'il est incorrigible, sera » puni d'amputation d'oreilles, d'infamie et bannissement de » sa personne. »

Toutes ces coutumes ont été rédigées par des commissaires différents, pour des pays rompus à des habitudes diverses. Il est nécessaire qu'elles soient rapprochées les unes des autres; il faut qu'on voie en quoi elles diffèrent, en quoi elles se ressemblent. C'est un moyen de comparaison et par suite de progrès. Chaque province verra ce qu'elle peut emprunter à une autre; ce sera un premier pas vers l'unité à laquelle nous ne devons arriver que par la promulgation de nos codes. Le 16e siècle trouve un jurisconsulte pour remplir cette tâche : Guénois publie, en 1596, sa *Conférence des Coutumes de France*, et l'observateur étonné s'aperçoit que le droit ne change pas toujours parce que la coutume a changé de nom; il trouve au contraire un fonds commun; les principes généraux sont les mêmes, les dissemblances portent principalement sur les détails. Il peut dire avec le poète :

.... *Facies non omnibus una,*
Nec diversa tamen.

Il reconnaît que Dumoulin, Coquille, Loysel, Charondas ont eu raison de demander à l'ensemble de nos coutumes une uniformité de législation, comme Ronsard, à la même époque, demandait une unité de langue (1). On voit donc que si les jurisconsultes des 17e et 18e siècles ont aidé davantage au développement du 19e, c'est que tout le travail de régénération avait été

(1) Ronsard ne s'est pas fait faute d'employer les idiômes gascon, poitevin, normand ou manceau : mais il déclare cependant que, « pour ce que nostre France n'obéist qu'à un » seul roy, nous sommes contraints, si nous voulons parvenir » à quelque honneur, de parler son langage. »

accompli au 16ᵉ siècle, c'est qu'ils n'avaient qu'à recueillir les idées qu'avaient répandues dans l'air les travaux de leurs devanciers.

Aussi est-ce ce siècle qui tiendra la plus large place dans la pâle esquisse que nous donnons de la vie des jurisconsultes aux ouvrages desquels nous avons demandé des enseignements.

Dumoulin.

Charles du Molin, l'aîné des sept enfants issus du mariage de Jean du Molin et de Perrette Chaussidon, naquit à Paris en décembre 1500. Sa famille qui comptait parmi ses ancêtres un conseiller au parlement (1), deux archevêques de Toulouse, dont l'un fut élevé à la dignité de cardinal (2) ; et qui pouvait s'enorgueillir de son alliance avec une reine d'Angleterre (3), vit toute cette illustration éclipsée par l'éclat qui rejaillit sur elle de la renommée de notre auteur. La noblesse de sa famille dut s'incliner devant son génie, et saluer en lui celui qui devait conserver le nom à la postérité.

Son père, avocat occupé au parlement de Paris, surveilla ses premières études ; et après lui avoir fait suivre les cours de grammaire à l'Université de cette ville, il

(1) Pierre Dumoulin, nommé conseiller le 12 novembre 1423.

(2) Denys Dumoulin, archevêque de Toulouse le 21 avril 1421, créé cardinal en 1440, fut remplacé par son frère Pierre, comme archevêque.

(3) Elisabeth reconnut elle-même que par sa mère Anne de Boleyn, femme de Henri VIII, elle était alliée à la famille de Dumoulin.

l'envoya à Orléans pour commencer ses études de droit et ensuite à Poitiers pour les terminer. Après quatre années d'un travail sérieux dans ces deux villes, en 1521, Dumoulin revint à Orléans, où il fit quelques leçons publiques sur la manière de compter les degrés de parenté d'après le droit civil et le droit canon, et sur les empêchements au mariage (1).

Le succès de ces leçons et la réputation qu'il y acquit, le déterminèrent l'année suivante, 1522, à se faire recevoir avocat au Parlement de Paris, où son père exerçait encore. Mais la faveur qui l'avait accueilli à Orléans ne le suivit pas dans ses débuts au barreau. Les causes scrupuleusement étudiées par lui, les affaires dans lesquelles il jetait la lumière à profusion, perdaient, sous sa parole hésitante, embarrassée, toute la netteté que l'on recherche dans les discussions de droit. Un bégaiement très-prononcé dont il était atteint ôtait à sa parole toute l'autorité que méritait déjà sa science profonde. Plaideurs et procureurs s'éloignèrent de lui, et les juges eux-mêmes ne supportèrent qu'impatiemment la fatigue de l'entendre (2). Il n'est

(1) M. Hello, dans son magnifique travail sur Dumoulin, dit qu'il fit ces leçons à Poitiers. Dumoulin a indiqué lui-même la ville d'Orléans dans ses *Annotationes ad consil. Alexandri. Consil.* 53, vol. 6, § b, tome 2, page 185. Dans l'édition de 1658, l'époque de ces leçons est fixée à 1412, mais cette faute typographique est réparée par la fin de son *Arboris consanguinitatis declaratio, cap. de consang. et affinit.* où il dit : *Dixi legens Aureliis,* 1521. Vol. 3, page 960.

(2) *Itaque et litigantibus, eorumque procuratoribus displicebat, ineptis plerumque alienæ industriæ judicibus, contemptuique illis potiùsquàm admirationi fuit.*

2

personne qui ne se rappelle l'interruption peu polie du
président de Thou, et la réparation éclatante qu'il fit
à Dumoulin (1). « Ainsi malhabile en la fonction d'ad-
» vocat, principalement au barreau, ce qui faisait qu'il
» n'estait guères employé » (2); il plaida peu de causes
pendant les treize années qu'il suivit, avec une rare
assiduité, les audiences du Châtelet et du Parlement,
1522-1535, rassemblant de nombreux matériaux pour
les travaux qui devaient illustrer son nom. Bien avant
l'année 1535 il avait abandonné la vie active du barreau, et s'était renfermé dans son cabinet qu'il ne quittait que le matin pour assister aux audiences, déser-
tant ensuite le palais vers dix heures, au moment où
tant d'autres avocats s'y rendaient pour recueillir de
nombreuses consultations.

Il donne alors le plus bel exemple d'abnégation de
soi-même et d'amour pour la science; il ne connaît
plus qu'une chose, le travail; le temps qu'il n'y con-
sacre pas, est un temps perdu, c'est un vol qu'il fait
au public. Pour lui il n'existe plus qu'un seul but, la
science. Les relations ordinaires de la société l'éloigne-
raient de ses livres, il les repousse; l'acceptation des
offres brillantes qui lui sont faites par des princes, en-

(1) Voici comment son biographe latin raconte le fait : *Se-
mel accidit ut à Christophoro Thuano Præside objurgaretur.....
collegarum seniores advocati concursu ad eum facto, quod se quoque
violatos existimarent, per Franciscum Portam antiquissimum dici
ei jusserunt : Cum hodiè Molinæum, collegam verbo læseris, quid
abs te factum putas? læsisti enim hominem doctiorem quàm unquam
eris. Postridiè Christophorus dixit. ... quod in Molinæum effudis-
set, id calore sibi excidisse.*

(2) Loisel, *Dialogue des Avocats*, édité par M. Dupin, page 83.

gagerait sa liberté (1), le détournerait de ses études, il
les refuse ; les soins à donner à sa barbe lui occasion-
neraient une perte de temps trop considérable, il la
coupe contrairement à toutes les habitudes de l'époque,
il veut consacrer à l'étude le temps qu'il passerait à la
peigner (2) ; une épouse entraînerait avec elle toutes
les préoccupations de l'avenir, elle nuirait à cet amour
si profond qu'il a pour la science, ce serait une rivale
dangereuse, il ne se marie pas. Homme d'intelligence,
absorbé par le travail, ne se préoccupant que des connaissances juridiques à vulgariser, que de sa renommée de jurisconsulte, Dumoulin porte toute sa fortune
avec lui. Qu'a-t-il besoin de richesses qui pourraient le
corrompre, l'entraîner dans une vie de luxe et de dissipation? Ces richesses, il les paie trop cher, car elles
dérobent à l'étude le temps qu'il est obligé de consacrer
à les gérer, aussi donne-t-il à son frère (octobre 1531)
et sa terre de Mignaux, et le fief l'Evêque, et le fief
Guyencourt. Il renonce en sa faveur à toutes les successions qu'il peut recueillir, il ne garde que ses habits
et ses livres ; et lors du mariage de ce frère, 1535, il
confirme toutes les libéralités qu'il lui a faites jusque-
là. C'est à cette année 1535, qu'il faut rapporter ses
premiers travaux sur la coutume de Paris, travaux

(1) Il pourrait, dit-il, être contraint de conseiller ou de
défendre de mauvaises causes.

(2) Le détail peut paraître puéril, mais il appartient à Dumoulin lui-même : *Ego quidem rado..... sed ob id tantùm facio
ut in opere meo sim expeditior, ne vel tantillum quidem temporis
in eâ perendâ mihi depereat, al libr. decretal. Gregor. noni.* Liv. III,
titre 1er, *cap. clericus,* vol. 3, page 921.

bientôt interrompus par toutes les calamités publiques qui accompagnèrent l'entrée des armées de Charles-Quint, tout à la fois en Provence, en Champagne, en Picardie (1537-1538). Cette interruption dans ses travaux ne fut pas alors le seul malheur qui frappa Dumoulin. L'homme qui avait tout donné à son frère pour ne se réserver que la science, ne trouva chez celui-ci qu'ingratitude, et pendant ces deux années la science ne lui donna pas de quoi vivre. Il fut réduit à une misère telle qu'il se trouva dans l'impossibilité de payer ses impôts (1), et pour surcroît de malheur, un copiste infidèle lui vola le peu d'argent qu'il possédait.

Poussant l'amour de l'étude jusqu'à la passion, voulant se faire un nom, il s'était réfugié dans le célibat contre les obligations du monde. Ayant conquis une certaine illustration, mais malheureux, il se réfugia dans le mariage pour trouver une consolation contre les désastres qui l'avaient frappé. Il épousa, 1538, Louise de Beldon qui comprit dignement la mission exceptionnelle que devait remplir la femme qui épousait Dumoulin. (2).

Ce mariage fut pour lui un nouveau moyen d'étude. Il reprit avec une ardeur nouvelle ses travaux sur la coutume de Paris, et dès l'année suivante, malgré une

(1) On peut voir comment il se plaint *ad Consil. Alex.*, vol. 7, cons. 214, b., vol. 2, page 262.

(2) ..... *Infelicem cælibatum, quem reipublicæ philosophandi causâ diù selegeram, coactus fuerim uxori..... ad restitutionem et ad conservationem domûs et otii studia instauranda, commutare. De donationib. factis vel confirm. in contractu matrimon.* Vol. 4, page 1147, n° 84.

maladie fort longue, qui l'empêcha pendant plusieurs mois de se livrer à toute espèce de travail, il acheva le premier titre de la coutume, le plus important alors sans contredit (1). Au milieu de toutes les préoccupations du moment, ce livre fut considéré comme un événement. Dumoulin ne put le publier qu'après un rapport fait en conseil du roi par le lieutenant civil au Châtelet, Jean-Jacques de Mesme, que Guillaume Poyet avait chargé de l'examen de l'ouvrage. La réputation déjà étendue de Dumoulin s'accrut prodigieusement par cette publication. On le sollicita pour qu'il acceptât une place de conseiller au Parlement de Paris, mais il refusa pour continuer un travail qui lui avait mérité une si honorable distinction. Bientôt en effet il donna au public ses *Annotations sur les Conseils d'Alexandre*, et son traité *de Usuris* (1543-1545), suivi de celui *de eo quod interest*, 1546. — Les étrangers envieux de la gloire qui s'attachait au nom du jurisconsulte parisien, mais reconnaissant sa supériorité, lui empruntèrent à chaque instant quelques passages, en défendant toutefois de prononcer son nom. Ils firent même imprimer certains de ces travaux, en cachant sous le pseudonyme de Gaspard Caballinus le nom de celui qui éclairait si vivement toutes les théories

---

(1) Voici comment Dumoulin lui-même s'explique sur son travail : *Usquè ad, § 81, abundè satis tractæ sunt (materiæ) : sed circà medium, § 81, supervenientia quartanæ, deindè tertianæ febris quæ me toto hoc fere anno afflixerunt, coactus sum breviùs defungi, et plura omittere. § 72*, glose 1. vol. 1er, page 1302. Toute cette glose est fort intéressante à lire pour la vie de Dumoulin; on y verra comment il avait divisé tout son travail.

juridiques (1). Les Cours et les Parlements suivirent presque toujours ses décisions, et lors de la réformation des coutumes, les commissaires donnèrent force de loi aux doctrines qu'il avait professées.

Le procès qu'il eut en 1547 avec son frère contribua encore à augmenter sa réputation, en lui donnant occasion de publier, pour son propre compte, deux mémoires qui restèrent dans la jurisprudence.

De son mariage avec Louise de Beldon, étaient issus trois enfants. Il comprit que s'il avait pu repousser la fortune pour lui-même, il n'avait point eu le droit de dépouiller ses enfants, avant qu'ils fussent nés, en faveur d'un frère qui souvent s'était montré ingrat envers lui. Il demanda la révocation de toutes les donations par lui faites, et après deux ans et demi de luttes judiciaires mélangées de succès et de revers, il gagna définitivement son procès, par arrêt du 12 avril 1551, prononcé en robes rouges. Il sut faire tourner ce procès à l'avantage de la postérité, et en faire sortir un progrès pour le droit. Les deux mémoires qu'il composa à ce sujet (2), firent triompher, entre autres vérités, ce principe assez contesté alors, aujourd'hui consacré par notre code (3), que la naissance d'enfants devait faire révoquer les donations faites même par le contrat de mariage du donataire.

(1) En Italie et en Allemagne le *Traité de Usuris*; — en Italie celui *de eo quod interest*.

(2) *De donationibus factis vel confirmatis in contractu matrimonii*, — *De inofficiosis testamentis, donationibus et dotibus*.

(3) C. N. art. 953-1081.

Quelles que fussent ses préoccupations personnelles, et les contrariétés que lui fit éprouver son
frère, à qui il reproche de lui voler, par ce procès,
un temps qu'il doit consacrer au public, ces trois
années ne furent point entièrement perdues pour la
science. En 1548, il publia ses notes *in commenta-
rium Dyni Muxellani in regulas juris pontifici;* en
1550, le *Stylus parlamenti in septem partes divisus,*
et commença, à Moulins, sur la coutume du Bourbonnais, un travail qu'il n'acheva pas. En 1552, il
fit imprimer, à Lyon, son commentaire analytique
*in Regulas Cancellariæ Romanæ hactenus in jure
receptas* qu'il avait composé dans les deux années
précédentes et qui fut bientôt suivi de ses *Annotationes ad jus pontificum* auxquelles il avait travaillé
depuis l'année 1549 (1).

La vie de Dumoulin a été jusque-là calme, tran-
quille. Si le malheur est venu s'asseoir à son foyer,
c'est que chacun doit supporter ici-bas sa part de
souffrance. Aucun orage sérieux n'a troublé le bonheur qui était entré chez lui avec Louise de Beldon.
Il pouvait, à cinquante-deux ans, espérer le repos ; le
destin en avait décidé autrement : *Quæ mihi' affuI-
gebant spes, fefellerunt,* dit-il lui-même. Sa vie va
être traversée par les calamités de toute nature; il res-
sentira le contre-coup de toutes les secousses pu-

(1) Voir 3e volume, p. 813. Décrétales de Grégoire IX, précédées de sa vie; — *Ad sextum ;* — de Boniface VIII, aussi
précédées de sa vie; — *Ad extravagantes,* décrétales de
Jean XXII, aussi précédées de la vie de ce pape.

bliques. Homme de méditation et de solitude, il avait créé un désert entre lui et le monde pour être plus indépendant, pour se livrer avec plus d'ardeur à la recherche du vrai juridique, pour obtenir un peu de cette célébrité qui devait lui être si funeste. Le monde l'avait laissé faire. Mais quand la renommée fut venue; quand il put, avec un certain orgueil, mais aussi avec quelque vérité, ajouter à sa signature ces mots, *jurisconsultorum facilè princeps* (1), le monde alla à lui, voulut avoir son opinion sur les affaires du temps, si pleines de passions et de dangers, et l'entraîna ainsi dans une vie d'aventures bien éloignée des tendances de son esprit.

Au mois de juin 1550, Henri II, s'appuyant sur l'exemple de Louis XI (2), avait fait un édit contre les abus que commettait continuellement la cour de Rome dans les mutations des bénéfices, soit en altérant les dates, soit en changeant les clauses des traités, et bientôt avait défendu de payer à Rome l'argent que le pape percevait à chaque changement de bénéfice (3). Rome se plaignit et prétendit que cet édit était un attentat contre l'autorité du pape, qu'il y avait usurpation du temporel sur le spirituel. De nombreux libelles circulèrent dans le pays contre le roi. Dumoulin, obéissant à son amour pour le roi de France, peut-être même à quelque suggestion partie du

(1) Nous avons vu une consultation pour la ville de Porentruy où il signe *Scriptorum juris censor*.
(2) V. Edit de Louis XI, de 1464.
(3) V. *Recueil des ordonnances de Néron*, 1er vol. page 277.

trône, entreprit de venger la royauté de toutes ces attaques. Il fit alors paraître son commentaire (1552) sur l'édit des petites dates, dans lequel il prouva victorieusement que, de tout temps, les rois avaient fait, sur ces matières, des lois de police qui avaient été respectées par l'église gallicane. Il démontra que le pape usurperait, au contraire, sur l'autorité royale s'il voulait s'en réserver la connaissance (1). L'effet de ce commentaire fut tel qu'Anne de Montmorency, plus tard connétable de France, disait en le présentant au roi : « Sire, ce que Votre Majesté » n'a pu faire et exécuter avec trente mille hommes, » de contraindre le pape Jules à lui demander la » paix, ce petit homme l'a achevé avec son petit » livre. » (2).

Les abus de la chancellerie romaine furent en effet reconnus par tous; l'argent cessa d'affluer à Rome; le pape vit tarir la source la plus productive de ses finances et demanda la paix.

(1) *Sinisterrimo quodam afflante genio bellum inter Regiam majestatem et Julium tertium pontificum romanum exarsit. Quo ferrente,* magno quodam suasu, *zelo regiæ majestatis et ecclesiæ Gallicanæ vendicandæ calamum arripui,* in abusus curiæ romanæ et Pontificum scripsi, non ut statum everterem, sed sanarem, et catholicæ emendationis causam darem. — Sur Paris, tit. 2, § 93, vol. 1er, page 1613.

(2) Dumoulin disait lui-même, en parlant de Jules III : *Unico libello edito, usque adeò perterrui et in totius sui status discrimen adduxi, ut non solum arma ponere, sed etiam herbam porrigere et omnes conditiones pacis offerre coactus sit.* — De donation. factis in contractu matrim. n° 87 in fine. vol. 4. page 1148.

Dumoulin devint une puissance qu'on chercha à se concilier. Ceux qui profitaient de ces abus et qui soutenaient la cour de Rome, tentèrent de le rendre muet, et voulurent, à prix d'or, lui faire promettre de ne plus écrire sur ces matières. Il refusa énergiquement, disant que « ce serait contre sa conscience, » et que s'ils s'amendaient, il leur promettait silence » sans rien prendre d'eux. » N'ayant pu le séduire, ses ennemis le persécutèrent. Grâce à leur activité, la Sorbonne censura son ouvrage. La suppression en fut ordonnée sans que la Faculté ait pu préciser les passages qu'elle entendait incriminer, parce que, dit-elle, avec cette hypocrisie qui est de tous les temps: si elle les signalait ce serait pour Dumoulin, l'occasion de vomir le poison dont sa poitrine était gonflée; *occasionem arripueril evomendi venenum quo illius pectus intumescebat.*

En même temps le pape déléguait un docteur de la Faculté, en qualité d'inquisiteur de la foi, pour lui faire un nouveau procès sur son livre. Le pape se constituait ainsi seul juge dans une affaire où il était le principal intéressé, juge d'un homme qui l'avait profondément offensé en l'humiliant. Dumoulin comprit la position qu'on voulait lui faire, il interjeta appel, comme d'abus, et soutint qu'ayant écrit contre la chancellerie romaine, c'est-à-dire contre le pape qui avait déjà condamné son livre, celui-ci ne pouvait avoir le droit de le juger. L'affaire fut renvoyée au conseil privé du roi qui se tenait alors à Châlons, où résidait Catherine de Médicis, régente de France, en l'absence de Henri II, retenu dans le Piémont. Dumoulin y plaida lui-même sa cause, et obtint un arrêt de surséance, qui défendait au délégué du pape ainsi qu'à tous autres juges de procéder contre lui jusqu'au retour du roi (1).

La haine de ses ennemis ne se découragea pas, et il ne put trouver dans les lois de son pays une protection assez efficace contre leur fureur. Sa maison fut pillée, ses jours furent mis en péril et il fut obligé de quitter la France. Il se réfugia à Cassel, chez le jeune landgrave de Hesse, Guillaume, fils de Philippe-le-Magnanime que Charles-Quint avait fait prisonnier cinq ans auparavant. Déjà il avait été consulté par ce jeune prince sur la spoliation dont l'avaient injustement frappé trois arrêts de la chambre impériale, rendus pendant la captivité de son père, et qui lui avaient enlevé la plus grande partie de ses domaines. Dumoulin oublia bientôt qu'il était banni pour avoir défendu la cause d'un roi qui n'avait pas su le protéger au moment du danger, et il prit immédiatement en main celle du jeune landgrave. Le succès couronna ses efforts. Les arrêts qui avaient spolié son hôte furent cassés; le landgrave rentra dans ses possessions (2); mais le jurisconsulte s'attira l'inimitié du successeur de Charles-Quint.

(1) *De l'Origine de la Monarchie franç.* n° 212 213, 3e vol., en français page 1078, en latin p. 1124.

(2) *Et Landgravum Hessiæ in Rathenelpogen redintegravi. Notes sur les arresta Parlam. Paris.* 2e vol. page 1376. V. Conseils 18 à 21. vol. 3e page 118 et suiv. Et Cout. de Paris, § 95. vol. 1, pag. 1614.

Après cette nouvelle victoire du droit sur la force, Dumoulin (1) se rendit à Bâle (4 juillet 1552), où les instances les plus vives et les plus honorables ne purent le retenir, pressé qu'il était de rentrer en France pour plaider sa cause devant le roi. Il arriva à Paris en septembre, mais il était dit que cet homme qui faisait respecter la justice dans la personne de de ses clients, qui rétablissait les rois dans les droits qu'on voulait leur enlever, verrait toujours la justice méconnue en sa personne, et les droits les plus saints foulés au pied. Ses ennemis l'avaient devancé. A peine était-il arrivé, qu'il vit une seconde fois sa maison pillée, et une nouvelle fuite put seule sauver sa vie menacée. Il quitta aussitôt Paris, arriva en octobre 1552 à Lausanne où il eut à soutenir contre Théodore de Bèze, qu'il appelle un jeune fringant, une discussion sur *Aucunes hyperboles et hérésies de Calvin* (2). Il se rendit ensuite à Genève où l'appelait le besoin de retrouver ses livres qu'il y avait adressés au moment de son second exil de Paris. Il eut bien voulu entamer, contre le ministre protestant Fabry, une discussion sur des emprunts que celui-ci prétendait avoir été faits par Jésus-Christ au paganisme, mais il s'abs-

(1) Voir *Défense de Dumoulin*, vol. 3e, page 1428, no 24.

(2) *Loco citato*, no 27. Ces hyperboles et hérésies étaient : « Que le péché de saint Pierre, lors de la passion de Jésus-Christ, était aussi grand que celui de Judas, — que ne l'un ne l'autre n'eut peu éviter son péché; — que le péché de l'un et de l'autre estait éternellement préordonné de Dieu; — que si Judas n'eust péché, Jésus-Christ ne nous eût point rachetez; — que les peines de l'enfer sont esgalles, et aussi les joyes du Paradis. »

tint parce qu'il craignit qu'on ne lui fit « *son procès
en cachette, en prison* » (1). Il resta à Genève jusque
vers Pâques de l'année 1553, et alla ensuite se fixer,
pour quelques semaines, à Neufchâtel. Il soutint,
dans cette ville, contre Guillaume Farel, une thèse
sur la prédestination [juillet 1553] (2), et présida,
comme conseiller des princes, un synode, avec une
modestie et une science telles qu'il se concilia les
sympathies de l'assemblée entière.

Ces luttes, où les armes n'étaient pas toujours cour-
toises, où le vaincu pouvait payer sa défaite de la prison ou du bûcher, où le vainqueur lui-même pouvait
être victime de son triomphe, grandirent encore la
réputation de Dumoulin. Les princes allemands mirent
aux enchères la science du proscrit. Les offres les
plus brillantes lui furent faites, mais il refusa tout
pour se rendre à Strasbourg où il avait été antérieurement appelé en qualité de professeur de droit. La mort
de Jacob Sturmius, l'un des citoyens les plus influens
de la ville, et celui qui avait le plus contribué à le
faire venir, lui ayant rendu sa liberté, il retourna
près du duc Christophe de Wittemberg qui l'avait une
première fois reçu avec une bienveillance toute particulière et accepta de lui les fonctions de premier professeur à l'Université de Tubingue [décembre 1553]. (3).

(1) *Loco citato,* n° 37.
(2) M. Hello fixe cette discussion à Genève; Dumoulin a
lui-même indiqué Neufchâtel. *Loco citato*, n° 39 à 42.
(3) *Dux inventum me, manu prehensâ, Tubingam mittere vo-
luit.* Paris, § 95, page 1614. François Baudouin, autrefois
son *Contubernalis*, le remplaça à Strasbourg.

Ses leçons, dans lesquelles il mêlait, selon l'usage de l'époque, la théologie à la jurisprudence, portèrent particulièrement, le matin, sur les six premiers livres du Code, et l'après-midi sur le titre *de Verborum obligationibus*. Comme distraction, il s'occupait en même temps de son traité *de dividuo et individuo*. Au moment où il pensait jouir en paix de la gloire qu'il avait conquise, où il avait chaque jour à répondre aux nombreuses consultations qu'on lui demandait de toutes parts, ses ennemis lui reprochèrent de se poser en censeur des dogmes religieux, et le duc de Wittemberg lui écrivit, au mois de mai 1554, de ne point s'occuper de matières religieuses. Dumoulin obéit; mais l'envie qui s'était attachée à sa gloire ne pouvait être satisfaite à ce prix. L'éclat de ses leçons était tel qu'une multitude d'étudiants de tout âge, de toute condition, avait envahi la ville de Tubingue dont les maisons, les hôtelleries furent à peine suffisantes pour contenir cette foule de citoyens qui se pressaient pour entendre la parole du maître. Ce fut le moment choisi par ses ennemis, *factio adversa*, pour le mieux accabler. Ils eurent assez d'influence sur les conseillers auliques, sur certains de ses collègues jaloux de son mérite, pour arracher au duc un décret d'exil. Dumoulin quitta Tubingue en septembre 1554. Vers cette époque Ferdinand, roi des Romains, lui offrit la succession de Uldaricus Zasius, à l'Université de Fribourg; mais les princes allemands avaient négocié près de Henri II, son retour en France, et Dumoulin, ayant appris par sa femme qu'il pouvait rentrer dans sa patrie, refusa les offres de Ferdinand pour se diriger immédiatement sur Strasbourg.

Arrivé en cette ville, au mois de mai 1555, il apprit que Guillaume de Hesse avait encore besoin de lui pour terminer, d'une manière définitive, les difficultés relatives à la spoliation dont il avait été victime. Dumoulin traversa de nouveau le Rhin (1), se rendit à Worms et obtint que son protégé serait définitivement maintenu dans la propriété des domaines qui lui avaient été provisoirement rendus, dès 1552. Sur les instances de ce prince, qui l'avait accueilli avec la plus grande distinction, il consentit à aller passer deux mois à Cassel près de Philippe-le-Magnanime qui lui fit le même accueil. Puis il assista à Ricqueville au mariage de Barbe, fille de Guillaume, avec le comte George de Montbelliard, et bientôt gagna Strasbourg, où il fit plusieurs leçons. Il prit ensuite la route de France en passant par Montbelliard où les affectueuses prévenances du comte l'engagèrent à séjourner quelque temps. Vers le milieu du mois de novembre, le comte le conduisit à Dôle où il fut reçu avec un enthousiasme extraordinaire. Une députation de l'Académie, du Sénat, une foule immense d'étudiants vinrent au-devant de lui pour lui témoigner leur reconnaissance de ce qu'il consentait à enseigner dans leur ville. Après quelques leçons, il annonça qu'il allait commenter le titre *de Verborum obligationibus;* mais à force de prières, de larmes, d'obsessions, sous la

---

(1) Il n'oublie pas ses livres : *Depositis penès Israelem Blidkel civem argentinensem, libris meis.*

promesse la plus formelle, sous la foi du serment
prêté devant les principaux habitants de la ville de
leur renvoyer Dumoulin sous huit jours, le comte
Georges obtint qu'on le laissât partir pour Montbelliard. Certes, après toutes les tribulations qu'avait
éprouvées ce chevalier errant du droit; après toutes
les persécutions qu'il avait endurées; acclamé par
toute la Franche-Comté, réclamé avec larmes, par un
prince dont il avait sauvé le beau-père, il pouvait espérer avoir trouvé le calme, il devait compter sur
des jours tranquilles, sur un avenir désormais
aussi paisible, aussi heureux que le présent était glo-
rieux. Mais il était dans la destinée de cet homme d'aller se heurter contre toutes les douleurs. Il avait au
début de sa carrière rencontré l'ingratitude, la misère;
plus tard, il avait été obligé de fuir devant l'émeute
qui pillait sa maison; il allait être jeté en prison pour
avoir osé refuser une consultation inique à un des-
pote qui, en retenant le jurisconsulte prisonnier,
croyait tenir la loi même sous les verrous et pouvoir
triompher par la force dans un procès qui compromet-
tait ses domaines. Voici comment Dumoulin a raconté
lui-même cette nouvelle épreuve.

Tant qu'il foule le sol de la Franche-Comté, ses
compagnons de voyage voilent leurs intentions sous
le masque du respect, de l'obséquiosité même; mais
le troisième jour, à peine aperçoit-on Montbelliard,
leur conduite change. Il comprend bientôt qu'on
l'a trompé et que l'on conduit devant le duc, non
plus le jurisconsulte éminent, mais un prisonnier vic-

time de son dévouement pour la vérité, pour le droit, (*ars æqui et boni*). Il est en effet confondu avec des criminels, et bientôt il voit arriver, dans son cachot, le comte dans le paroxysme de la colère. La réponse du jurisconsulte est pleine de calme et de dignité. « J'ai toujours eu, dit-il, une conscience pure ; ja-
» mais je n'ai consenti à prostituer ma science aux
» mauvaises causes. J'ai su conquérir depuis long-
» temps, en France, une réputation de loyauté et
» d'intégrité ; j'y suis connu comme l'avocat de la vé-
» rité et non des personnes. Jamais prince ou cardi-
» nal ne m'y a demandé que justice et vérité, et mes
» conseils, les plus opposés à mes clients, m'ont tou-
» jours valu leur estime. » Et sur le refus qu'il fait de s'engager à rester à Montbelliard pendant deux ans, il voit bientôt les portes de sa prison gardées par des hommes armés. « Je ne crains pas la mort,
» s'écrie-t-il alors, j'ai assez vécu pour ma gloire,
» sinon pour les hommes ; Dieu, soyez-en sûr, m'en-
» verra un vengeur. »

La foule, grondant à la porte de sa prison, sem-
blait devoir être ce vengeur, et elle parut assez menaçante pour qu'il fût renvoyé ostensiblement chez lui. Mais bientôt, trahi par son domestique qui avait été gagné à prix d'argent, il est arrêté de nouveau (21 janvier 1556) et conduit d'abord dans la cita-
delle de Montbelliard ; puis, la citadelle ne paraissant pas encore assez sûre, il est transféré dans une voi-
ture couverte et par des souterrains dans la forteresse de Blamont, au pied du Mont-Jura.

3

Au mois de mai suivant (1), Louise de Beldon apprenant sa captivité, oublie la fièvre qui la dévore, monte à cheval et arrive à Montbelliard. Elle est accueillie par des mensonges qui portent un coup douloureux à son amour conjugal. Dumoulin, lui dit-on, oublie dans les loisirs de la chasse, dans les plaisirs qu'il goûte auprès du prince, son épouse et sa patrie. Enfin, elle apprend qu'il est retenu prisonnier, à cinq lieues de là, dans les sombres cachots de Blamont. Elle y vole accompagnée de sa fille unique, mais une nouvelle déception l'attend. On lui défend l'entrée de la ville; on lui refuse toute nourriture. Mourante de faim, elle reste deux heures entières à cheval, pleurant à la vue de cette forteresse entourée de toutes parts de montagnes inaccessibles. Sa douleur eût attendri les rochers, *si sensum habuissent*, dit Dumoulin; les gardes du comte pleurèrent avec elle, et après une longue attente lui indiquèrent, à une lieue et demie, un village où elle put prendre quelque nourriture pour retourner à Montbelliard. Cette cruauté ne peut abattre son courage, elle déclare hautement qu'elle restera jusqu'à ce qu'elle ait vu Dumoulin. Puis, s'apercevant que tous sentiments humains sont méconnus, elle trouve, dans sa douleur, une force nouvelle, et menace de suivre elle-même l'appel que le jurisconsulte avait interjeté devant la chambre impériale, à Spire. Cette menace ne produisant encore aucun effet, elle annonce son départ pour Hesse;

(1) 1556. Plusieurs éditions portent 1558, mais il est certain que Dumoulin ne resta en prison que quatre ou cinq mois.

elle va s'adresser au landgrave dont le fils a été son
hôte à Paris, et dont elle a pu apprécier la grandeur
d'âme. Vaincu par la courageuse persévérance (1) de
cette femme, qui démasquait tous ses mensonges,
toutes ses impostures, le féroce comte se rend à Blamont, consent à faire ouvrir les portes de la prison
où il retient Dumoulin, mais à la condition que celui-
ci promette l'oubli du passé et s'engage à rester deux
années à Montbelliard. Dumoulin déchire le projet
d'acte qui lui est communiqué, et ne consent à en si-
gner un second qu'autant qu'on y supprimera l'obligation de séjourner à Montbelliard. Il sort enfin de
Blamont (fin mai 1556), et on le ramène à Montbelliard où il passe douze jours avec sa libératrice. Trois
fois il essaie de s'enfuir, trois fois ses projets sont
déjoués par la surveillance de ses gardiens. Enfin, le
6 juin, à trois heures du matin, il s'échappe de la
ville, déguisé en valet, tenant une enfant par la main,
et suivant une dame qu'accompagnait un écuyer por-
teur d'un panier. Cette enfant, c'était sa fille Anne;
la dame c'était Louise de Beldon. Lorsque les gardes
voulurent les poursuivre, il était trop tard, les fugi-
tifs étaient déjà en sûreté sur le territoire de Dôle, où
on les reçut comme s'ils étaient échappés du tombeau (*jam ut redivivum*).

Quel que fût son désir de rentrer dans sa patrie, les
habitants de Dôle lui avaient montré un trop vif atta-
chement pour qu'il songeât à les tromper dans leur

(1) Dumoulin exprime ainsi cette idée : *Hoc ariete tandem
concussa est immanis illa ferocitas.*

attente, il resta donc en cette ville pour y faire
quelques leçons. Il espérait d'ailleurs, par l'influence
du Sénat, obtenir du comte Georges, la restitution de
ses livres que, par un raffinement de cruauté, celui-
ci avait retenus. Il commença alors l'explication du
titre *de Verborum obligationibus*, et renvoya en
France sa femme qu'il quitta avec une vive douleur,
et pour laquelle il aurait, dit-il, abandonné ses livres
eux-mêmes s'il eût pensé qu'il ne devait plus la revoir.
Au moment où les étudiants suivaient ses leçons avec
le plus d'ardeur, deux envoyés de Philippe II vinrent
à Dôle lui demander la promesse de se fixer pour toujours en cette ville, ou d'accepter la place de premier
professeur à l'Université de Louvain, avec offre de
magnifiques récompenses dans l'une ou l'autre hypothèse. Sur son refus, Philippe envoya au jurisconsulte
un officier qui envahit sa bibliothèque (13 nov. 1556),
et lui ordonna sous trois jours de sortir de la ville.
Dumoulin réclama en vain contre cette violation du
droit des gens ; le roi vengeait sur le professeur
l'échec que les consultations du jurisconsulte avait
fait éprouver à Charles-Quint son père. Il lui fut répondu qu'il était suspect, et on ne lui accorda pas un
jour de plus. Lorsque cet ordre fut connu, les élèves
brisèrent les bancs, les tables de l'école, et dressèrent
des échelles pour démolir l'édifice lui-même. Pour
calmer cette fureur que nous ne comprenons plus
guère aujourd'hui en France, et dont nous avons
trouvé encore quelques traces dans l'émotion qui pas-
sionna dernièrement l'Allemagne, lors de l'injuste

révocation qui frappa M. Mohl, Dumoulin leur promit une dernière leçon qu'il leur ferait dans sa maison.

Sur ces entrefaites, des députés de la ville de Besançon étant venus lui proposer de se rendre en cette ville pour y enseigner le droit, ses auditeurs jurèrent de le suivre pour recueillir la parole qui leur était si chère ; mais il refusa disant que, battu par tant de calamités, il avait besoin du calme de l'étude, de la tranquillité du foyer domestique, du bonheur de vivre avec ses enfants, pour mettre la dernière main à ses ouvrages. Déjà il était à cheval, et allait se diriger sur Dijon, lorsque les députés de Besançon lui firent espérer la restitution de ses livres s'il voulait seulement donner quelques leçons à leurs concitoyens. La tentation était trop forte, Dumoulin accepta. Il quitta Dôle le 16 novembre, accompagné de cette même foule de citoyens qui était venue à sa rencontre lors de son arrivée. Il fut reçu aux portes de Besançon par le sénateur Humbert Jantes, délégué de la cité, qui lui offrit une magnifique maison située tout près des remarquables écoles de Granville, un traitement considérable et deux mille écus pour l'impression des leçons qu'il publierait. Bientôt les promesses qui l'avaient décidé à passer par Besançon se réalisèrent ; vers la fin de décembre 1556, ses livres lui furent rendus, non sans qu'on les lui eût fait payer quarante écus.

Malgré la position honorable qu'on lui faisait à Besançon, Dumoulin ne voulut point s'engager à y rester, inquiet qu'il était du sort de Louise de Beldon.

Cette inquiétude n'était que trop fondée. Le 6 janvier 1537 (1), il apprit la mort de celle à qui il devait sa liberté, et qu'il avait abandonnée pour ses livres. Sa douleur fut immense. Mais il a annoncé publiquement, la veille, au Sénat, qu'il allait donner une nouvelle interprétation de la loi 122 *de Verborum obligationibus*, empruntée par Justinien au jurisconsulte Scévola ; déjà une foule d'auditeurs remplissent l'école, plus de mille personnes se pressent dans l'enceinte, attendant avec impatience le professeur ; il ne se croit pas le droit de jouer avec cette passion si désireuse de l'entendre. Il faut cacher sa douleur : pendant plus d'une heure et demie la leçon a lieu ; pendant trois jours le devoir l'emporte sur la souffrance de l'âme ; mais enfin la douleur est la plus forte : le 9 janvier, au moment où il venait de terminer sa leçon, il remonte en chaire, dévoile aux yeux de tous le deuil de son âme, annonce l'impérieuse nécessité de retourner près de ses enfants orphelins, promettant à ses auditeurs de publier, en le leur dédiant, le commentaire qu'il avait commencé à leur développer. Des larmes jaillirent de tous les yeux, on entoura de toutes parts le malheureux professeur, on voulut voir celui qui avait apporté la nouvelle, et lorsque tous furent convaincus du malheur qui frappait Dumoulin, on consentit à son départ qui eut lieu le lendemain, avec les mêmes témoignages de regret et d'affection qui l'avaient accompagné lorsqu'il quittait Dôle six semaines auparavant.

(1) *Ipsâ die Epiphaniæ sero sepens nuntius venit de obitu uxoris.*

Il arriva à Paris le 21 janvier 1557, le jour anniversaire de sa captivité à Montbelliard, trois semaines après le décès de sa femme. Il trouva sa maison dévastée ; et lorsque bientôt après, il reçut ses livres qui lui avaient coûté tant de douleurs, qui l'avaient tenu éloigné du lit de mort de sa femme, il s'aperçut qu'on lui avait soustrait un assez grand nombre d'ouvrages dont quelques-uns ont été entièrement perdus pour la science. C'est sous le coup de tous ces malheurs qu'il laisse échapper cette douloureuse imprécation qui peint l'état de son âme et sa situation tout exceptionnelle, en face des nécessités pratiques de la vie : « O malheureux livres, ô travaux insensés » et ingrats ! bien fou qui vous envierait au prix que » vous me coûtez ! Privés de leur mère, mes enfants » réclament tous mes soins ; je survis seul, incapable » de diriger ma maison, incapable de guider mes enfants ; ô vous tous qui avez profité de mes travaux, » remerciez-en, je vous prie, cette sainte ! Tant qu'elle » vécut elle fut le seul Mécènes qui protégea mes » études ; en me créant des loisirs que je n'aurais pu » trouver sans elle, elle me permit de composer ces » travaux que vous avez recueillis. »

Ces regrets étaient aussi sincères qu'ils étaient vifs ; mais Dumoulin était surtout l'homme de la science, la vie pratique lui était étrangère. Au bout d'une année il fut convaincu qu'il ne pouvait suffire aux soins que réclamait le jeune âge de ses enfants, à la surveillance de sa maison (plusieurs fois il avait été victime de vols domestiques). Il avait lui-même besoin

d'un tuteur, et le 30 juin 1558 il épousa Jeanne Du-
vivier, chez laquelle il rencontra, dit-il, les mêmes
qualités que celles qu'il avait aimées dans Louise de
Beldon : *Prioris vices feliciter succenturiata sus-
cepit.*

Dans le mois suivant, il fit paraître la seconde partie de son *Commentaire sur la Coutume de Paris*,
qu'il avait presque entièrement terminé de 1539 à
1541, et que lui avait fait interrompre le départ de
François Baudouin, à qui il dictait, pendant la maladie qui le retint alors, les chefs-d'œuvre que son génie enfantait.

Les années qui suivirent ce mariage jusqu'en 1562,
le virent exclusivement occupé de science, souvent
très-abstraite, en tous cas étrangère aux préoccupations du moment. Toutes ses veilles sont consacrées
au droit romain ; il revoit et fait imprimer tous les travaux qu'il avait rapportés d'Allemagne ; il compose
de nouvelles œuvres. C'est alors que paraissent le
traité *de Dignitatibus, magistratibus et civibus ro-
manis,* — de remarquables consultations dont
quelques-unes ont été faites pendant sa captivité à
Montbelliard, — le *Novus intellectus quinque legum,* — *Extricatio labyrinthi sexdecim legum,* —
le traité de l'*Origine, Progrès et Excellence du
royaume et monarchie des Français ;* — enfin le
plus célèbre de tous ses ouvrages, celui dans lequel
Pothier et le Code Napoléon ont pris tout ce qui a été
édicté sur le même sujet, — *Extricatio labyrinthi
dividui et individui.*

Dumoulin devait payer bien cher ces trois années de calme et de tranquillité qui furent si profitables à la science.

A l'époque des dissensions civiles, quand le pays, incertain de sa destinée, oscille tantôt à droite, tantôt à gauche, l'homme loyal, consciencieux, qui ne se fait l'esclave d'aucun parti, mais emprunte à chacun ce qu'il a de bon, blâmant, sans acception d'opinion, les fautes qui le frappent, s'attire souvent, avec l'estime forcée de tous, la haine de ceux qu'il combat, la haine aussi de ceux dont il n'accepte pas toutes les erreurs. Tel était Dumoulin, tel fut son sort. Les guerres de religion qui couvrirent le 16e siècle de tant de ruines, avaient faussé le sens moral de la multitude; les prêtres lui avaient prêché le pillage, l'assassinat, le parricide même, si le père professait une autre religion que le fils. Quiconque osait parler de tolérance, de concessions, était un homme dangereux, tout au moins pour les catholiques, un protestant déguisé, — et pour ceux-ci, un catholique mentant à sa religion. C'était l'époque où les sommités du parti catholique disaient qu'il fallait lâcher la *grande lévrière* (la populace) contre les protestans, où un arrêt autorisait à prendre les armes contre eux.

Dumoulin n'avait pas cru, en matière de religion, devoir s'en tenir à la prudente indifférence de Cujas, *Nihil hoc ad edictum Prætoris*. Il vit une troisième fois sa maison pillée, ses livres dispersés, et fut obligé (3 juin 1562) de fuir avec sa femme et ses enfants.

La Beauce et le Perche le dérobèrent tour-à-tour aux recherches de ses ennemis. Enfin, après avoir été contraint de se cacher, pendant quelque temps, à Favières, chez un de ses parents, il se réfugia dans Orléans (30 juillet 1562).

Il fit dans cette ville quelques leçons publiques, et trouva le temps de composer, sur la concordance des quatre évangélistes, un ouvrage qu'il publia en français et en latin pour qu'il pût être lu en Allemagne. Mais il n'avait pas trouvé la tranquillité. Chassé de Paris par les catholiques, il fut persécuté à Orléans par les protestans. Aussi, dès que la mort du duc de Guise (24 février 1563) eut délivré la ville, il la quitta pour se rendre à Lyon où il fit imprimer plusieurs des ouvrages qu'il avait déjà donnés au public, et en publia de nouveaux. Au nombre de ces ouvrages figurait son *Catéchisme ou Sommaire de la Doctrine chrétienne*, qu'il avait composé l'année précédente à Villereau, pendant une absence de quelques semaines qu'il avait faite d'Orléans, avant que cette ville fût assiégée. Avant la publication, cet ouvrage avait reçu l'approbation entière des ministres protestans. M. Langlois, l'un d'eux, avait même dit hautement qu'il devait être répandu autant que possible pour l'instruction de l'Église. Aussitôt sa publication, ces mêmes ministres voulurent inquiéter l'auteur, et lui créèrent de nouveaux embarras.

Jacques Roux, dit Ruffi, l'un des membres de leur consistoire, qui avait conservé comme prédicateur toute la brutalité de son ancien métier de soldat, et

Payen, ancien fabricant de velours, aussi fougueux
que Roux, furent chargés de sonder Dumoulin, et de
l'amener à une discussion dans laquelle il pût se compromettre. Roux, bientôt écrasé par la supériorité de
son adversaire, le menaça de lui faire couper la tête,
et de jeter ses membres dans la Saône qui coulait aux
pieds des murs de la maison où avait lieu la discussion ; ce qu'il eût exécuté, dit Dumoulin, si quelques
personnes ne fussent venues à mon secours.

Cet échec ne découragea pas ses ennemis qui par-
vinrent à le faire arrêter le 19 juin 1563, espérant
bientôt, à l'aide des ombres de la nuit, s'en débar-
rasser en accomplissant la menace de Roux. On
viola son domicile pour lui dérober son travail sur les
quatre évangélistes qu'il avait heureusement mis en
sûreté, on lui enleva un petit ouvrage qu'il avait
composé contre les anabaptistes et qui était en entier
écrit de la main de son fils. Plus de quarante cour-
riers furent envoyés de Genève au duc de Soubise,
gouverneur de la ville, pour lui demander qu'il con-
sentît à abandonner Dumoulin à ses ennemis. Mais le
duc voulut que le jurisconsulte pût se défendre devant
des juges; ses adversaires n'osèrent alors se présenter,
et vingt jours après son arrestation il fut mis en liberté. Sa seule vengeance fut un pardon complet
pour ses persécuteurs. Des offres que tous ces tour-
ments l'empêchèrent d'accepter, mais qui n'en
étaient pas moins flatteuses pour son amour-propre,
l'avaient à l'avance consolé des persécutions dont le
rendait victime le culte de la science. Presque aus-

sitôt son arrivée à Lyon, la ville de Valence lui avait envoyé une députation composée des plus notables habitants pour le prier de venir ILLUSTRER leur ville par ses leçons, avec offre d'un logement digne de lui, et d'un traitement de 800 livres qu'on porterait jusqu'à 1200 aussitôt que la ville aurait réparé les désastres de la guerre civile.

Après toutes ces douleurs, tous ces dangers, Dumoulin revint à Paris, en traversant la Beauce et le Gatinais. Il espérait trouver dans cette ville le repos qui devait toujours le fuir. En effet, dans l'année qui suivit son retour (1564), il fut appelé à se prononcer sur deux questions qui devaient lui susciter de nouveaux ennemis. L'Université le consulta sur l'étrange prétention qu'élevaient alors sérieusement les jésuites, de conférer à leurs disciples, en vertu d'une bulle de Jules III, de 1550, les grades universitaires, depuis celui de bachelier jusqu'à celui de docteur, sans se soumettre aux règles de l'Université. Il déduisit, en neuf motifs fort concis, les considérations qui le faisaient arriver à cette conclusion que l'admission des jésuites serait une source de querelles, un danger permanent pour l'Etat, *quare nihil perniciosius esset, et periculum irreparabile secùm trahit.* Aux catholiques qui l'avaient poursuivi à Paris, aux protestans qui l'avaient voulu tuer à Lyon, il fallait ajouter cette association insaisissable qui se retrouve partout.

Une dernière consultation devait aggraver encore le danger.

Le 3 décembre 1563, le concile de Trente avait clos ses sessions. On demandait l'admission en France de tous ses articles ; le roi peut-être allait céder. Dumoulin, consulté (février 1564) par quelques conseillers du roi qui examinèrent la question avec lui, entreprit de démontrer que le concile de Trente n'avait rien d'universel, qu'il était radicalement nul. Il y releva douze erreurs capitales qui devaient faire repousser son application à la France ; il proclama hautement que quelques-unes de ses dispositions empiétaient sur les droits de la couronne, froissaient la dignité du roi, et blessaient les libertés de l'Eglise gallicane. Les principes qu'il avait soutenus triomphèrent, le concile ne fut pas reçu en France, mais le livre et l'auteur furent condamnés. Le Parlement supprima l'ouvrage et fit d'abord garder l'auteur à vue dans sa maison (juin 1564). Il l'envoya ensuite à la Conciergerie. Heureusement, grâce à l'intercession de Jeanne d'Albret et de Rénée de France, duchesse de Chartres, Simon Bobée, son gendre, obtint du roi des lettres-patentes, en vertu desquelles il fut mis en liberté le mois suivant.

Le premier usage qu'il fit de cette liberté, fut de faire imprimer, 1565, sa *Collatio et unio quatuor Evangelistarum*, et de déposer une plainte en 34 articles contre les ministres de la religion prétendue réformée qui l'avaient persécuté si longtemps. Nous ne connaissons aucun document qui indique qu'il ait été statué sur l'information qui fut la suite de cette plainte. Dumoulin en fut réduit à se justifier dans un ouvrage

qu'il fit paraître sous le nom de Simon Challudre,
dans lequel il accable ses adversaires, avec les armes
du bon droit, par le récit naïf et quelquefois amer
de tout ce qu'il eut à souffrir pour la science.

Ce fut sa dernière lutte : il eut à peine le temps de
publier son dernier ouvrage, ses notes sur les coutumes, qu'il dédia à Christophe de Thou. Il succomba
le 27 décembre 1566, laissant au monde une nouvelle preuve que la vérité a besoin, pour être acceptée, du martyre de celui qui l'enseigne.

Dumoulin qui a compté tant d'adversaires, d'ennemis même pendant sa vie, n'a compté, après sa
mort, que des admirateurs. Tout le monde s'est rappelé que ce n'était pas seulement un grand jurisconsulte, d'une immense érudition, dont l'opinion faisait
autorité près des juges, que ses confrères eux-mêmes
consultaient (1), mais aussi un homme d'une probité
rare, d'un désintéressement exemplaire (2), d'une
pureté, d'une innocence de mœurs digne d'un anacho-
rète ; un homme poussant jusqu'à l'exaltation l'amour
de la patrie, le dévouement à son roi, n'ayant qu'un
seul maître, l'amour de la vérité, qui l'autorisa à

(1) *Petrus Seguierius, tunc advocatus et prudentissimus vir, ad
Carolum mittere solebat honorarium aliquot aureorum, ut ex facto
proposito sententiam suam scripto mitteret. Papyre Masson.*

(2) Consulté sur une question des plus délicates, Dumoulin
donne un avis qui est un modèle de science et de logique et
reçoit, en remerciant, un écu de trois livres. Nous sommes
loin de l'époque où Accurse et son fils Franciscus prêtaient
à usure à leurs élèves, et leur faisaient acheter leurs promo-
tions par des présens. V. plus loin la vie de Coquille.

prendre pour épigraphe ces mots qui lui firent tant d'ennemis : *Veritas vincit.*

C'est de lui que Henrion de Pansey a cru pouvoir dire : « Libre des entraves qui captivent les autres » hommes, trop fier pour avoir des protecteurs, trop » obscur pour avoir des protégés, sans esclave et » sans maître, ce serait l'homme dans sa dignité » originelle si un tel homme existait encore sur la » terre. »

Le sort qui l'avait frappé si douloureusement et si souvent ne se lassa pas de poursuivre sa famille. Il avait perdu son second fils pendant son séjour à Orléans ; Charles, son fils aîné, mourut en 1870, et il ne resta plus que sa fille Anne qui avait accompagné Louise de Beldon à Montbelliard, et qui depuis avait épousé Simon Bobée. Mais le 19 février 1872, des assassins, soldés peut-être par une main fratricide, pénétrèrent en l'absence de celui-ci, dans son domicile, tuèrent ses deux enfants et Anne qui était grosse d'un troisième (1). De cette famille encore nombreuse quelques années auparavant, il ne resta bientôt plus que la seule chose durable que l'homme puisse fonder sur terre, un nom immortalisé par des œuvres de génie.

_____

(1) Le 22 mars 1872, un arrêt décida que les assassins avaient dû tuer la mère la première, les enfants ensuite, et que Simon Bobée devait hériter des meubles qu'avait espéré recueillir celle qui, très-probablement, avait poussé les assassins. C'est peut-être à ce crime que nous devons les art. 720 et suiv. de notre Code Napoléon.

D'Argentré. 1519 — 1590.

En 1519, au moment où Dumoulin quittait Orléans pour se rendre à Poitiers, naissait à Vitré, petite ville de Bretagne, un enfant qui devait être un jour son rival de gloire. Cette province, si riche en grands hommes au seizième siècle, s'enorgueillit autant de l'avoir vu naître que d'avoir donné le jour aux Duaren et aux Baron (1). Cet enfant c'était Bertrand d'Argentré dont la famille comptait, depuis quatre cents ans, parmi les plus nobles et les plus illustres de ce pays.

Son père avait abandonné la carrière des armes qu'avaient suivie tous ses ancêtres, pour celle de la magistrature qui lui réservait ses plus hauts emplois. Il fut nommé Sénéchal et Président au Présidial de Rennes par François Ier, et créé chevalier par le duc François III, le jour de son couronnement (9 août 1532).

Son grand'père, Jean d'Argentré, écuyer, seigneur du Val, avait épousé Perrine Le Baud, sœur de l'historien Pierre Le Baud, à qui Guy XV, comte de Laval, avait donné un canonicat dans l'église de la Magdeleine de Vitré.

D'Argentré montra, dès l'enfance, une ardeur extrême pour l'étude; et à l'âge où les autres ap-

(1) Eginard Baron fut, à Bourges, le rival de Duaren, dont il devint ensuite l'ami. Il mourut le 22 août 1550, âgé de 88 ans.

prennent encore, à 23 ans, il avait déjà achevé une histoire latine de la province de Bretagne. Cinq ans après, en 1547, il fut promu à la dignité de Sénéchal et Président au Présidial de Rennes, en remplacement de son père. Dans ces hautes fonctions, il sut, par l'aménité de son caractère, par la facilité qu'il apportait dans les relations de chaque jour, se concilier l'amitié de tous les personnages illustres de l'époque, en même temps que sa droiture et ses rares connaissances juridiques lui méritèrent leur estime et lui acquirent une haute réputation.

En 1566 parut un commentaire sur les quatre premiers titres de l'ancienne coutume de Bretagne, qui comprennent les 115 premiers articles, et quoique cet ouvrage ait été publié sans nom d'auteur, personne ne s'y trompa, le mérite de l'ouvrage signala d'Argentré, et la gloire en rejaillit directement sur lui.

Un autre commentaire qu'il donna bientôt après au public augmenta encore sa réputation. En 1539 avait eu lieu une première réformation de la coutume, mais si précipitamment faite que, sur beaucoup de points importants, notamment sur le partage des successions entre nobles, l'obscurité la plus complète régnait encore. A chaque instant, d'Argentré avait, comme juge, à prononcer sur les difficultés qui naissaient du texte même; comme avocat il était journellement consulté sur les mêmes matières; il résolut alors de publier un *Avis et Consultation sur les partages des successions entre les nobles de Bretagne*, ouvrage qu'il fit imprimer à Rennes, en 1569, en

4

langue vulgaire pour qu'il pût être lu par les nobles. Dans la préface de cet ouvrage il donna la traduction de l'assise du comte Geoffroy (1), publiée en 1185. Malheureusement le texte qui lui servit n'était pas entièrement exact, il s'y trouvait de nombreuses altérations, et l'on risquerait fort de s'égarer si l'on voulait suivre notre auteur dans sa traduction.

Six années après, en 1576, il fit paraître le titre des *Appropriances par bannies et prescriptions : Per edicta et prescriptiones.*

Ses travaux comme jurisconsulte, sa réputation comme magistrat, le désignaient tout naturellement au choix de ses concitoyens pour l'examen à faire des changements qu'exigeait le texte de l'ancienne coutume ; il fut, en 1579, l'un des commissaires nommés pour la réformation. Personne plus que lui n'était digne de ce choix, ses profondes connaissances théoriques, sa science pratique devaient être fort utiles à ceux qui étaient chargés de ce travail. L'application qu'il avait faite pendant 30 ans du texte de la coutume, les difficultés qu'il avait eu à juger pendant ce laps de temps, lui avaient fait connaître les passages défectueux, les réformes à faire. Sa parole pleine d'autorité, fit souvent introduire des dispositions rendues indispensables par les progrès du temps.

En 1580 parut l'ouvrage que l'on considère comme

(1) Second du nom, fils de Henri II d'Angleterre. Foulé sous les pieds des chevaux dans un tournoi que Philippe-Auguste avait donné en son honneur, il mourut à Paris le 15 août 1186.

son chef-d'œuvre , son *Commentaire sur le titre dou-
zième de l'ancienne coutume (de donationibus)*, suivi
la même année, de son *Aitiologia sive ratiocinatio
de reformandis causis*, où il explique en peu de mots
le texte de la nouvelle coutume et les motifs qui ont
déterminé les commissaires dans les changements
qu'ils apportèrent à l'ancienne.

Chargé par les Etats-Généraux de la composition
d'une histoire de Bretagne, d'Argentré se contenta de
suivre servilement, jusque dans ses erreurs, Pierre
Le Baud , son grand-oncle , et quand il l'abandonna
ce fut souvent pour se tromper plus grossièrement encore. Le Baud n'avait point dépassé l'avénement de
François II (1458) ; d'Argentré entreprit d'écrire le
règne de ce prince et celui d'Anne , sa fille, (1488-1514),
mais il ne sut pas employer les matériaux qu'il avait
entre les mains , et il négligea beaucoup de sources
qui auraient jeté du jour sur les faits qu'il a racontés.
La précipitation qu'il appporta dans la composition de
ce travail et que signalent des négligences capitales ,
lui permit de le présenter aux Etats assemblés à
Vannes, en décembre 1582. Il le fit réimprimer en
1588.

Composée , en partie, à l'instigation du duc de
Mercœur, cette histoire avait eu pour but politique
de prouver que les premiers souverains de la Bretagne
étaient absolument indépendans , que cette province
n'avait pu être, dans l'origine , un fief de la couronne
et qu'elle ne relevait pas du roi de France.

Le Parlement condamna l'ouvrage , et Nicolas Vignier, historiographe du roi fut chargé de réfuter le jurisconsulte breton.

Vers cette époque les ligueurs de la province, qui avaient embrassé le parti du duc de Mercœur, s'emparèrent de Rennes que le sénéchal Guy Lemeneust de Bréquigny et le sieur de Montbarrot firent bientôt rentrer sous l'obéissance royale. Les ligueurs furent alors chassés de la ville, et avec eux d'Argentré qui était partisan du duc.

Le chagrin qu'il ressentit de ces rigueurs, et aussi des malheurs qu'amenait après elle la guerre civile, abrégea ses jours; il mourut au château de Tizé, en Cesson, chez Mathurin Bouan, son ami, le 13 février 1590 (1), et fut enterré dans l'église des Cordeliers de Rennes, où l'on a retrouvé son cercueil en 1820.

Son histoire avait été le dernier des ouvrages imprimés de son vivant, le surplus ne le fut que plusieurs années après sa mort, notamment les remarquables commentaires sur les titres des mariages et des successions.

Mornac, en parlant de d'Argentré, l'a comparé aux cyprès qui, toujours verts, ne portent jamais de fruits : *Argentræus excurrit in verba quæ verè cupressis comparari possunt.* La comparaison était singulièrement injuste : il y a beaucoup à profiter dans

---

(1) Jean Pichart, notaire, dans son journal contenant le récit de ce qui s'est passé à Rennes, le fait mourir le 1er mars 1590. Nous avons suivi la version la plus répandue.

les ouvrages de d'Argentré, et la Bretagne put, sans trop de désavantage, l'opposer au jurisconsulte parisien. Il égale Dumoulin par son érudition et par l'énergie de son style, et lui est supérieur par la pureté de sa phrase : telle fut alors sa réputation, qu'en 1570, Charles IX passant à Châteaubriand le manda près de lui uniquement pour le voir.

Si Dumoulin a transmis à notre génération des souvenirs plus vivaces, si ses ouvrages fournissent souvent des trésors aux nombreux explorateurs de notre époque, tandis que ceux de d'Argentré sont à peine feuilletés par quelque savant désœuvré, cela tient beaucoup moins à la différence de leur talent qu'à la diversité du point de vue sous lequel ils ont envisagé le droit.

D'Argentré, né dans la féodale Bretagne, seigneur de fief, se fit le champion de la féodalité contre le progrès ; — Dumoulin, au contraire, enfant de Paris, lutta en faveur du progrès contre la féodalité ; l'un fut l'avocat du passé, l'autre le défenseur de l'avenir, le propagateur de l'idée de progrès. Dumoulin écrit que les droits seigneuriaux sont d'affreuses servitudes contre lesquelles il faut lutter. Pour affranchir les partages du droit de mutation au profit du seigneur, Dumoulin combat glorieusement afin de faire triompher cette idée, aujourd'hui si commune, que le partage est déclaratif et non attributif de propriété. D'Argentré, au contraire, parvient, à force d'insistance, à faire insérer dans la nouvelle coutume que le seigneur héritera à défaut de parents dans l'une des deux lignes (1), et cherche, heureusement en vain, à faire abroger, dans l'intérêt des seigneurs, le droit de représentation au delà du neuvième degré (2). Pour Dumoulin la féodalité est un accident, c'est le seigneur qui doit justifier de son droit : pour d'Argentré c'est l'état normal, c'est au vassal à prouver sa prétention et il lui est presque interdit de le faire parce qu'on ne lui suppose aucun droit. Comme conséquence naturelle, l'avenir devait réserver à ces deux jurisconsultes un jugement différent. Le premier, devançant son siècle, a travaillé pour le nôtre, il l'a annoncé, il a été son précurseur; il a défendu des idées, des principes que nous pouvons hautement revendiquer encore, et nous devons l'interroger souvent. Le second a voulu écrire pour le passé, il n'a point entrevu l'avenir. Partisan aveugle de la féodalité, il n'a point compris qu'elle ne pouvait être qu'une transition entre la barbarie et la liberté; il a voulu enfermer le progrès dans l'arsenal des droits féodaux. Pourquoi irions-nous interroger sa cendre qui ne pourrait nous donner d'enseignement utile? Pourquoi consulterions-nous ses ouvrages? Oracle du passé, il ne peut éclairer notre présent.

Quoi qu'il en soit, ces réflexions ne peuvent guère s'appliquer qu'au *Commentaire des Fiefs,* et nous

---

(1) Art. 595. Et défaillant un estoc, ne succédera l'autre estoc : ains sera le seigneur du fief préféré à recueillir les choses par droict de déshérence et reversion. — L'auteur ajoute : *Hic articulus ingentem controversiam constituit.* V. p. 105 de l'*Aitiologie.*

(2) V. art. 559 ancien et 592 nouveau.

croyons qu'il y a encore trop à apprendre dans d'Argentré pour qu'il soit entièrement laissé dans l'oubli. Plus savant que nous le réhabilitera peut-être, et lui rendra la gloire qu'il avait conquise au 16° siècle.

Coquille (Sieur de Romenay). 1523 — 1603.

La famille de Guy Coquille comptait déjà depuis 220 ans, parmi les plus nobles et les plus illustres du Nivernais, lorsque notre auteur, qui devait ajouter un nouveau lustre à sa gloire, vint au monde dans la petite ville de Decize, au milieu de la Loire, le 11 novembre 1523.

Après avoir terminé ses études à Paris, au collège de Navarre, où il était entré dès l'âge de huit ans, Coquille se rendit en Italie et suivit, pendant dix-huit mois, avec assiduité, les leçons que faisait alors à Padoue, Marianus Socinus le jeune (1). L'élève n'accepta pas, sans examen, les opinions qu'il avait entendu professer en Italie. Il remarque que les docteurs

(1) Il existe trois jurisconsultes de ce nom qu'il ne faut pas confondre ; 1° Marianus Socinus, né à Sienne, en 1401, mort professeur en cette ville, en 1467. — 2° Barthol. Socinus, son fils et son élève, né en la même ville, en 1436, mort en 1507. — 3° Et Marianus Socinus, le jeune, neveu du précédent, né aussi à Sienne, en 1482, qui professa à Pise, à Padoue, à Bologne, à Sienne où il mourut en 1556, et compta Coquille parmi ses élèves.

ultramontains « s'essayent surtout d'inventer quelque
» nouvelle opinion, de multiplier les décisions, de
» faire grands apparats en leurs lectures, de comp-
» ter le nombre des docteurs pesle mesle, pour selon
» la pluralité, tenir l'opinion du plus grand nombre,
» sans peser les raisons et l'autorité de chacun doc-
» teur. Il estime que nous, François, ferons mieux
» de n'encombrer nos cerveaux, n'y nos écrits, n'y
» nos propos, n'y toutes nos autres actions de plai-
» doyeries et de conseil, de cette confusi . d'écrits
» de docteurs ultramontains. » (1).

Coquille revint ensuite à Paris où, pendant trois ans,
il travailla sous la direction d'un conseiller au parlement, Guillaume Bourgoing, son oncle; puis il suivit
pendant deux ans les cours de l'Université d'Orléans,
ne pouvant, dit Guillaume Joly, se rassasier de se
baigner en ces claires et limpides fontaines des'anciens jurisconsultés.

Armé de toute la science qu'on enseignait alors dans
les écoles, il assista aux jugements rendus ès-grands
jours de Moulins, en 1550, et retourna à Paris où il
plaida avec quelques succès, pendant les trois années
suivantes. Mais aucune instance ne put l'y retenir. Il
se retira à Decize où le rappelait, avec l'amour du
pays natal, le sentiment plus vif qu'il avait voué à
Anne Lelièvre qu'il épousa quelque temps après. La
mort prématurée de sa femme arrivée après deux années à peine de mariage, le détacha de Decize, qu'il
quitta définitivement en 1559, à la suite de l'incendie

(1) *Comment. sur les coutum. de Nivernais*, page 4.

qui dévasta cette ville. Il se fixa à Nevers dont sa famille était originaire.

A peine y fut-il établi que sa science, son affabilité, son désintéressement poussé jusqu'aux dernières limites en firent bientôt l'oracle de sa province. Souvent même on lui envoya de Paris des questions sur lesquelles on tenait à avoir son opinion. L'année suivante « il fut commis et esleu par le Tiers-Etat de Ni- » vernais, pour le représenter ès-Estatz d'Orléans, » 1560, avec M. Guy Rapine de Sainte-Marie, lieute- » nant-général de Nivernais et Charles de Grandris » sieur de la Montaigne, es quels Estatz-généraulx de » bonnes constitutions furent faictes, qui ont été mal » observées. » (1).

Envoyé en Allemagne par François de Clèves, duc de Nevers (1562), pour terminer quelques affaires importantes, il s'acquitta de cette mission assez heureusement pour que le prince le considérât toujours comme un ami de sa maison. Aussi, lorsqu'en 1571 la place de procureur fiscal de Nivernais et de Donziois (2) devint vacante, Louis de Gonzague, héritier par Henriette de Clèves, sa femme, du duc François, la lui offrit et le décida à l'accepter, alors que tant d'autres la recherchaient avec ardeur.

Quelques années après, « il fut eslu avec M. Martin » Roy, advocat au bailliage du Nivernais, par les » gens du Tiers-Etat de ce païs pour les représenter

(1) Note de Guy Coquille, sur les Etats-généraux de Blois.
(2) Donzy est une ancienne baronnie du Nivernais, aujourd'hui chef-lieu de canton.

» ès Estatz-généraux à Blois où ils demeurèrent quatre
» mois entiers, depuis le 8e novembre 1576 jusqu'au
» 8e mars 1577. » (1)

C'est à cette époque qu'il adressa à Henri III, une
plainte en vers latins sur ce qu'il avait remarqué aux
Etats-généraux, et *qui ne lui plaisait*. Dans cette
plainte, aussi vraie aujourd'hui qu'au 16e siècle, il
attaque avec une grande énergie les abus des cours,
il démasque les *plebivoros tineasque palati*, ces
sangsues qui vivent aux dépens des malheurs publics.

Il fut envoyé une seconde fois aux Etats de Blois en
septembre 1588, et comme il l'avait fait pour les deux
autres Etats-généraux dont il avait été membre, il
composa un journal où il se montra partisan du système monarchique, mais avec des garanties pour
l'ancienne et honnête liberté du peuple français.
Indigné de la corruption exercée envers les députés
aux Etats de Blois, il leur lance cette satire qu'on
aurait pu, depuis 50 ans, inscrire au frontispice de
toutes nos assemblées législatives :

Omnibus his populi commissa est causa, veremur
Ne pro re populi, rem sibi quisque gerat.

Après avoir rempli ces missions publiques, il re-
tournait, oublieux des grandeurs, dans sa retraite à
Nevers, continuant à mériter l'estime de tous par ses
rares qualités et se conciliant de plus en plus la confiance du duc de Nevers. Aussi, lorsqu'au mois d'a-
vril 1591, le nonce Landriano apporta en France deux

(1) Note de Guy Coquille, *loco citato*.

monitoires adressés à ceux qui suivaient le parti de
l'hérétique (Henri IV), avec ordre, sous peine d'ana-
thème de l'abandonner, la duchesse de Nevers le consulta sur le parti qu'elle devait prendre, et suivit le
conseil qu'il lui donna de rester fidèle à la fortune du
Béarnais. Celui-ci reconnaissant, sollicita vainement
plus tard le jurisconsulte d'accepter une place de conseiller d'Etat; Guy Coquille refusa cet honneur qu'il
méritait à si juste titre, préférant son repos et ses
livres. Il passa le reste de ses jours à Nevers, conservant toutes ses habitudes de travail et de charité chrétienne jusqu'au moment où il s'éteignit le 11 mars
1603, à l'âge de 83 ans. (1)

Il sut dérober à l'étude du droit de nombreux instants qu'il consacrait à la langue grecque et latine.
Il traduisit le 9e livre de l'Odyssée et mit en vers latins la plupart des psaumes de David. A sa mort on
trouva dans ses papiers une grande quantité de vers,
presque tous sur des sujets religieux, notamment sur
l'Oraison dominicale; des anciennes, des sentences
tirées de saint Bernard et de Gerson, et qui montrent
que son intelligence avait survécu aux forces phy-
siques et l'avait accompagné jusqu'au tombeau.

Des ouvrages assez nombreux qu'il composa, il ne
publia lui-même que des travaux assez légers qui,

(1) Les auteurs de la *Gallia christiana* datent sa mort du
mois de mai. *Decessit 1603, mense maio, qui magnâ fide et dili-
gentiâ... historiam patriam scripsit, accuratissimas de Gallicanæ
ecclesiæ juribus observationes, jusque municipale proprium inter-
pretatus.* Vol. 12, page 658, let. D.

après avoir occupé sa jeunesse, avaient réjoui sa vieil-
lesse : ce sont deux volumes de poésie latine qu'il fit
imprimer à Nevers en 1591 et 1592.

Ses autres ouvrages plus sérieux, ses mémoires en
matière religieuse, son histoire du Nivernais, son
institution au droit des Français, son commentaire
sur la coutume de Nivernais, ses réponses sur les
coutumes de France, ne furent imprimés qu'après sa
mort. On y remarque, ce qui était le rêve de tous les
bons esprits de l'époque, la tendance de Guy Coquille vers l'uniformité du droit pour tout le royaume.
Son style hardi et profond attache souvent par une
grande naïveté. Comme il le dit lui-même : « Il a
» voulu traiter la pratique de nos coutumes simple-
» ment, sans grand apparat, sans y appliquer ces
» fanfares de distinctions, limitations, fallences et
» autres discours, qui sont plus de fard que de subs-
» tance. » (2). Et il a tenu parole.

Si, comme jurisconsulte, Coquille peut être encore
étudié avec fruit, comme homme sa conduite est trop
noble, trop désintéressée dans l'accomplissement de
ses devoirs pour que nous n'en disions pas quelques
mots qui pourront servir de leçon à beaucoup de
notre époque. Les plaideurs indigens étaient ceux dont
il embrassait le plus volontiers la cause ; il les préfé-
rait aux clients riches, les recommandait lui-même
aux procureurs, leur donnait souvent de l'argent pour
qu'ils pussent se procurer les actes nécessaires au
triomphe de leur cause. Lorsqu'il se faisait payer,

(2) Vol. 2, préface au com. de la coutume.

c'était avec une modération telle qu'à l'époque de sa plus grande réputation, il ne prenait pour ses honoraires que le chiffre réclamé par le moindre avocat. Toujours il prélevait, sur ce qu'il touchait, le dixième pour les pauvres honteux qu'il recherchait avec le même soin qu'aujourd'hui l'on met à courir après les heureux du jour; et toutes les semaines ou tous les mois, il leur payait la dette que sa bienfaisance avait contractée (1). Non content de ce prélèvement régulier, bien souvent il se chargea de l'éducation de quelque pauvre enfant qui, sans lui, eût été condamné à la misère, et qui trouvait, dans sa protection, les moyens de se faire une position honorable dans la société. Souvent aussi sa bourse s'ouvrit pour doter des jeunes filles que le besoin aurait pu pousser à la prostitution. Jamais sa porte ne resta fermée à l'indigent qui vint y tendre la main, et si quelquefois une remontrance tombait sur ceux que leur paresse avait conduits à la misère, il l'accompagnait toujours de quelques secours qui pouvaient, en accordant quelque temps de tranquillité aux malheureux, leur permettre de revenir aux idées de travail.

Ces habitudes expliquent comment, au milieu de la tourmente politique et religieuse qu'il eût à traverser tout entière (1523-1603), il sut conserver l'estime

_____

(1) Loisel raconte qu'on disait de Matthieu Chartier qu'il donnait tous les mois cent francs à la boiste des pauvres du gain qu'il faisait en sa vocation; — que Pierre Mauguin leur donnait ce qu'il gagnait les fêtes et dimanches. Dialogue des avoc. page 78.

et l'affection de tous, et jouir d'un calme auquel ne furent point accoutumés la plupart des jurisconsultes du 16e siècle. Ce calme fut la récompense d'une vertu qui, loin de se faire farouche et austère, se montra toujours humaine et charitable.

Que ses travaux encore intéressants à lire guident donc souvent le jurisconsulte; que sa vie si belle, si bien remplie, serve d'exemple à l'avocat, homme de bien.

Jean Bacquet, ...—1597.

L'époque de la naissance de Bacquet n'est point précisée d'une manière certaine; on sait seulement qu'il fut reçu avocat au Parlement de Paris en 1549. Voici ce qu'en dit Loisel, *Dialogue des avocats :*

« Il y avait..... M. Jean Bacquet, duquel on n'a pas
» tant parlé de son vivant qu'après son décès, car il
» plaidait fort peu souvent, se rendant néantmoins
» assidu aux audiences, où il se tenait derrière les
» barreaux et remarquait soigneusement ce que l'on
» disait et les arrêts qui s'y donnaient jusques à de-
» mander aux avocats les noms des parties et les prin-
» cipaux poincts de leurs causes, dont il a si bien
» fait son profit que vous en voyez les fruits par ses
» livres qui sont bien recueillis, mesmement ceux du
» domaine de la France, des droicts d'aubeine, de bas-

» tardise et autres, qui estait son vray sujet, car il
» était advocat du roi en la chambre du trésor. Et
» faut que vous sachiez la réponse qu'il fist un jour
» à notre compagnon, M. René Choppin, lequel se
» plaignait que Bacquet lui avait pris une bonne par-
» tie de ses livres *de Domanio*, qui sont en un langage
» latin assez rude et ferré. Je vous promets, dit-il,
» qu'il n'en est rien. De vérité, je les ai voulu lire,
» mais il faut que je vous confesse que je n'entends
» pas votre latin. »

Bacquet était profondément versé dans la connaissance du droit coutumier et des lois romaines. Il mourut dans le mois d'août 1597 du chagrin d'avoir vu
son gendre convaincu de trahison, subir le supplice
de la roue, sur la place de Grève, le 10 du même
mois.

Les œuvres de Bacquet ont été imprimées huit ou
dix fois dans le 17e siècle.

René Choppin. 1537 — 1606.

René Choppin naquit sur la fin de mai 1537, de
parents nobles (1), dans l'Anjou, à Bailleul près La
Flèche. La nature l'avait doué d'une mémoire extraor-

(1) *Patre francisco, Renata Gossinia genitrice, incolis fundi
Chastonii nobiliter de suo viventibus... nec procul à Fixd, celebri
oppido.*

dinaire et d'un jugement très-prompt ; aussi, dès le mois de juin 1854, à peine âgé de dix-sept ans, il soutint à Angers une thèse publique sur le droit civil et canonique, et le succès couronna sa juvénile audace. Quelque temps après il se rendit à Paris où il avait fait ses premières études, et bientôt se présenta pour plaider devant le Parlement. La cause par laquelle il débuta était celle d'une femme qui réclamait de son séducteur qu'il élevât leur enfant, et il eut pour adversaire Nicolas Duhamel, qui devait plus tard (1602) porter la parole au nom des avocats, lorsqu'on voulut les forcer, sous peine de concussion, de donner un reçu des honoraires qu'on leur payait.

Quoiqu'il fut fort occupé par les plaidoieries et les consultations, il trouva le temps de composer de nombreux ouvrages, et souvent même, malgré les reproches de ses amis, on le vit négliger l'occasion d'un gain certain et honorable pour se consacrer plus exclusivement à l'étude et à la composition d'ouvrages qui devaient illustrer son nom, et le payer en gloire de travaux qui lui rapportaient fort peu en argent.

En 1564, il épousa Marie Baron, fille d'un procureur au Châtelet, qui descendait d'Odon, baron d'Étampes, l'un de ceux, en bien petit nombre, qui après avoir été en Palestine délivrer le tombeau du Christ (1099), furent assez heureux pour revoir leur patrie.

Henri III lui accorda (février 1578) des lettres de noblesse en récompense de son ouvrage *de Domanio Franciæ*, composé en 1572, pendant les vacances, et lui fit remettre une somme de 4,000 écus d'or pour son commentaire sur la première partie de la coutume d'Anjou, qui parut en 1581.

Avant cette époque, Choppin avait fait paraître ses traités *de Privilegiis rusticorum* (octobre 1574) *de sacra politia forensi* [mars 1577] (1).

Pendant que Coquille défendait la cause de Henri IV contre les bulles de Grégoire XIV (1591), Choppin publia une apologie de l'acte de ce pape, dans laquelle il attaqua violemment le prince français. Aussi lorsque Henri IV se fut rendu maître de Paris (1594), le jurisconsulte reçut l'ordre de quitter la ville, et sa femme fut tellement frappée de cet exil qu'elle en perdit la tête.

Par une versatilité incroyable, Choppin fit imprimer la même année, un panégyrique du prince qu'il avait attaqué alors qu'il n'était pas sur le trône, et deux ans après lui dédia (16 juillet 1596), dans les termes les plus adulateurs (*sacratissimo, augustissimo*), son commentaire sur la coutume de Paris. Aussi quel que soit le peu de dignité que l'on trouve dans l'*Anti-Choppinus* d'Hotman, nous croyons que Choppin méritait les reproches que lui adresse ce jurisconsulte. Quelque fréquentes que soient ces palinodies, et quelle que soit l'époque où elles ont lieu, elles doivent être impitoyablement flagellées, car elles sont l'indice le plus certain de la dégradation de l'homme.

Choppin mourut à Paris le 2 février 1606, des suites

(1) Dédié à Henri III; il existe, dit-on, des exemplaires avec une préface au prétendu roi Charles X.

8

d'une opération qu'avait nécessitée une rétention
d'urine dont il était atteint.

Plus heureux que Bacquet, il jouit pendant sa vie
de la réputation qu'il méritait. Ses contemporains le
considérèrent comme un homme très-profond dans la
science du droit. Si son style est un peu dur, quelquefois obscur même, il faut reconnaître chez l'auteur,
une érudition immense, une doctrine profonde. Le
premier peut-être il signala l'importance des travaux
des jurisconsultes du 13ᵉ siècle, et des assises de Jé-
rusalem. Si Mornac lui reproche avec justice d'être
un peu trop facile à accepter tels ou tels arrêts, *plus
æquo credulus*, il ne parle guère de lui qu'en l'appe-
lant : *Exercitatissimus in palæstrâ dux*, et ailleurs,
il dit, peut-être avec exagération :

Te pereunte, feret vix gallica terra secundum.

Le 24 novembre 1581, la ville d'Angers, fière de
la gloire de Choppin, lui déféra le titre d'échevin de
la cité en déclarant publiquement qu'il *avait bien
mérité*. Jusqu'au dernier moment de son existence
il s'occupa à retoucher les ouvrages qu'il avait pu-
bliés, et ce fut avec raison que l'on dit de lui : *Pluri-
bus horis reipublicæ vixit quàm suis.*

Sous le nom de *lacrymæ*, quelques-uns de ses contemporains lui adressèrent en vers et en prose des
regrets où l'exagération même indique de quelle réputation jouissait cet auteur.

Il y a cependant de grandes inégalités dans ses ouvrages ; son commentaire sur la coutume d'Anjou est
bien supérieur à celui sur la coutume de Paris qui

est beaucoup trop concis, et dont le fond est perdu quelquefois au milieu de digressions, curieuses sans doute, mais inutiles au sujet. Son traité *de Privilegiis rusticorum*, qui compta trois éditions de son vivant, signale toutes les exemptions dont devraient jouir toutes les personnes de la campagne; il contient des recherches profondes qui témoignent de l'érudition de l'auteur.

Carondas. 1536 — 1617.

Louis Le Caron (1), l'un des jurisconsultes du 16e siècle qui a le mieux connu notre ancien droit coutumier, naquit à Paris en 1536. Il dirigea d'abord ses études vers la poésie, et dès l'âge de 19 ans, fit paraître un volume de vers dans lequel on trouve pêle-mêle des sonnets, des odes, des épigrammes et un poëme intitulé le *Démon d'amour*. Il donna également au public, toujours en vers, un ouvrage ayant pour titre la *Clarté amoureuse*, précédé d'un dialogue en prose, intitulé *la Claire* ou *la Prudence du Droit*. La plupart de ces poésies ont été composées pour célébrer sa maîtresse à laquelle il donne le nom de Claire.

Son intelligence s'était évidemment égarée; il risquait fort de n'être jamais qu'un médiocre poète. Il le comprit et se livra avec ardeur à l'étude du droit.

(1) Tel est le véritable nom de Carondas qui le changea en celui sous lequel il est connu.

une réputation justement méritée le récompensa de
ses veilles et des nombreux ouvrages qu'il donna au
public. Après avoir, pendant assez longtemps, fré-
quenté le barreau, il fut nommé lieutenant au bailliage de Clermont en Beauvoisis, où il resta jusqu'à
sa mort, arrivée en 1617, content de sa modeste position, s'appliquant lui-même ces vers de Sénèque :

> *Me dulcis saturet quies,*
> *Obscuro positus loco,*
> *Leni perfruar otio.*

Comme Guy Coquille, il désirait l'unité dans les
lois, et voici comment il s'exprime dans l'avant-pro-
pos à ses réponses : « Il faut chercher les moyens
» pour remettre la pratique en meilleur ordre et dis-
» position, ce qui me semble se pouvoir commodé-
» ment faire si les lois nécessaires et convenables à la
» police et mœurs des Français...... sont recueillies en
» un traité français par bonne disposition et méthode
» en chapitres ou titres généraux avec une claire et
» facile brièveté. »

Comme Guy Coquille encore, il fait justice des travaux des jurisconsultes précédents. « J'ai voulu, dit-
» il, imiter les jurisconsultes romains et non ces doc-
» teurs de la nouvelle jurisprudence qui ont fait de
» gros fardeaux de conseils : desquels comme je ne
» blasme les labeurs, aussi je conseille de ne perdre
» trop de temps à lire leurs œuvres et commentaires,
» qui ont plus apporté de confusion que d'éclaircisse-
» ment à la vraie jurisprudence. »

Carondas a laissé des traités de philosophie, des

discours, des panégyriques, notamment celui de
Charles IX. Les principaux de ses ouvrages sont :
Le Grand Coutumier, — *les Pandectes du Droit
français*, — *la Coutume de Paris*. Ses œuvres com-
plètes ont été publiées à Paris, en 1637 ; on n'y trouve
cependant pas ses poésies.

Loisel. 1836 — 1617.

Antoine Loisel, le dernier des douze enfants issus
du mariage de Jean Loisel et de Catherine d'Auvergne,
naquit à Beauvais le 16 février 1836. A quatorze ans
son père l'envoya à Paris continuer au collége de
Presles, ses études qu'il avait commencées à Beauvais. Au sortir du collége, Loisel voulait s'adonner
à la médecine qui avait fait une si belle position à son
grand-oncle, médecin de Louis XII et de François Ier, mais son père l'engagea à se livrer de préférence à l'étude du droit qui pouvait le conduire aux
premières dignités de la magistrature.

Il étudia alors (juin 1854) à Toulouse, sous Cujas
qu'il suivit ensuite à Cahors, à Bourges, à Valence.
Au mois de février 1860, il se fit recevoir avocat à
Paris où il débuta seulement trois années après, à
l'âge de vingt-six ans. Ses débuts attirèrent sur lui
l'attention de l'avocat-général Du Mesnil qui lui offrit la main de Marie Goulas, sa nièce. Après quelques

hésitations, Loisel accepta; et le mariage fut célébré au mois d'août 1863. Il fut à cette époque nommé substitut du procureur-général, grâce à l'influence de M. Du Mesnil, qui le prévint cependant que « le » parquet trompait fort son maître, et qu'un écu ga- » gné comme avocat, valait mieux que dix gagnés » au parquet. »

Sauf une absence de deux mois qu'il fit pour assis- ter, en 1867, aux grands jours de Poitiers, il ne quitta point Paris jusqu'en 1573, année où il fut nommé avocat de Monsieur, frère du roi.

Quelques années après, il fut en même temps du conseil de la reine Catherine de Médicis, de M. d'Alen- çon, de Madame d'Angoulême, de la maison de Mont- morency et avocat du chapitre de Notre-Dame de Paris.

En 1570, il assista aux grands jours de Poitiers comme substitut du procureur-général et composa, alors, sur un sujet assez étrange, un petit poëme en vers latins (1).

Cette même année, consulté par le duc d'Anjou, sur son mariage avec Elisabeth d'Angleterre, il le détourna de cette union qui ne pouvait être utile « ni au bien général de la chrétienneté, ni à l'advantage du

_____

(1) Etienne Pasquier, en visite chez les dames Desroches, ayant aperçu une puce sur le sein de Mlle Desroches, s'écria que cette puce mériterait bien d'être enchâssée dans leurs papiers, et qu'il ferait volontiers des vers sur un pareil sujet. Les vers furent faits; et Pasquier fut imité par Loisel, Brisson, Binet, Choppin, Scaliger, Odet, Turnèbe, Raoul Callier, Lhommeau et quelques autres savants de l'époque.

royaume de France, ni à l'honneur et dignité du futur époux. »

En 1581, Henri III le nomma avocat-général près la cour de justice établie en Guyenne, qu'il ne quitta qu'après deux ans et demi de séjour, ayant pris la parole dans plus de deux mille affaires, ayant prononcé à Bordeaux, à Agen, à Périgueux, à Saintes, des remontrances qui augmentèrent singulièrement sa réputation.

Lorsqu'en 1584 il revint à Paris, le duc d'Anjou qui lui donnait, comme son avocat, cinq écus et demi par jour, était mort, et il s'aperçut qu'il avait été oublié au palais : on ne me connaissait quasi plus, dit-il. Il refusa néanmoins la place de substitut, qui était devenu un office vénal et se livra exclusivement à la profession d'avocat.

En 1588, le duc de Guise, entré dans Paris malgré le roi, l'avait bravé jusque dans le Louvre, le peuple avait élevé des barricades en faveur du duc dont il était fou, le roi avait été obligé de fuir à Chartres. Loisel ne voulut point assister à toutes ces luttes, il se retira à Beauvais où il resta cinq années attendant que le calme fut revenu et s'occupant d'un ouvrage sur la noblesse, le profit et le plaisir de l'Agriculture.

Rentré à Paris en 1594, il usa de son influence sur Luillier, prévôt des marchands, pour l'amener à consentir la reddition de la ville qu'assiégeait alors Henri IV.

L'année suivante ayant abandonné la plaidoierie pour

la consultation, il put s'occuper de belles-lettres et fit imprimer un vieux poëme sur la mort, composé en 1200 par Hélinand, religieux de l'abbaye de Froidmont. Cette même année 1595 et celle qui suivit furent marquées pour lui par d'amères douleurs : il perdit sa femme, deux de ses enfants et P. Pithou le meilleur de ses amis, son frère, comme il l'appelle souvent, qui mourut à Nogent, le jour de la Toussaint.

En 1600, il fit paraître la vie de l'avocat-général Du Mesnil, oncle de sa femme, et celle de Pithou qui a esté, dit-il, pendant qu'il a vécu, comme un magistrat privé et perpétuel de la France.

En 1605 parurent les principales remontrances qu'il avait prononcées en Guyenne et à Alençon.

Avec l'âge arrivaient les infirmités et à la suite de quelques indispositions, il eut, au mois de juin, une défaillance dans la grande salle du palais. Sa santé se rétablit cependant si bien qu'il put, en 1607, faire imprimer ses institutes coutumières auxquelles il avait travaillé pendant plus de quarante ans. C'est, disent MM. Dupin et Laboulaye, l'abrégé le plus exact, le résumé le plus précis et le plus complet des principes généraux de notre ancien droit coutumier. Comme Dumoulin dans ses notes sur les coutumes, comme Coquille et comme Bacquet, Loisel voulait arriver à fondre toutes les coutumes en une seule loi générale, et ses institutes sont une sorte d'avant-projet de cette fusion en un seul code.

De 1609 à 1612, Loisel fit paraître le Recueil de ses

poésies ; mit en ordre les proverbes ruraux vulgaires, anciens et modernes, recueillis de ses vieux livres; commença son journal des affaires du temps et donna au public l'histoire du Nivernais de Coquille. En 1610, pendant que lui-même était à Chevilly, souffrant d'un mal d'yeux qui lui dura quatre mois, il perdit son fils aîné, qui mourut le 23 décembre.

Lors de la réunion des Etats de Blois, en 1614, il fit quelques mémoires pour démontrer que les gens de justice ne devaient pas être compris dans le Tiers-Etat : l'exercice de la justice étant le propre des nobles et des chevaliers. Dans l'un d'eux il exprime le vœu que le roi établisse une chambre pour juger en dernier ressort des contraventions aux édits, et ordonnances qui auraient été faits aux Etats. C'eût été quelque chose comme notre Cour de cassation actuelle.

Son grand âge et les maladies l'avertissaient de penser à la mort; il s'occupa presque exclusivement à lire l'Ecriture sainte, surtout les psaumes.

Il put cependant, en 1613, livrer au public ses mémoires du Beauvoisis, mais ce fut son dernier ouvrage, il l'annonce lui-même en ces termes :

Extremum hunc mihi, Christe Deus, concede laborem,
Gratus ut in patriam moriar, vivamque superstes.

Dans les premiers jours de mars 1617, la fièvre le força à garder la chambre. Bientôt après, une inflammation de poumon vint aggraver sa maladie, et le 28 avril il succomba, âgé de 81 ans, après avoir vivement recommandé qu'on prît soin de ses livres, de ses papiers, de ses tableaux, et chargeant Guy Loisel, son fils, de choisir avec ses amis, « ce qu'ils trou- » veront de bon entre ses papiers, et singulièrement » ses vers et ses avocats. » Ses vers sont peu connus, mais son dialogue des avocats devrait être le *vade me-cum* de tous ceux qui, magistrats ou avocats, cherchent dans les anciens auteurs, des leçons et des exemples de tout genre.

BIBLIOGRAPHIE ET EXPLICATION

des renvois et abréviations.

D'AGUESSEAU. Né à Limoges le 7 nov. 1668, fut, à 22 ans, nommé avocat-général au Parlement de Paris, mourut le 9 février 1751.

27e plaid., p. 642. 2e Volume, 27e plaidoyer, page 642, édition 1761.

D'ARGENTRÉ. Voir page 48.

Art. 411, gl. 1, p. 1510. *Commentarii in patrius Britonum leges seu consuetudines generales antiquissimæ ducatûs Britanniæ.* Édition 1646, article 411, glose première, page 1510.

AUZANET. Barthélemy, avocat au Parlement de Paris, nommé conseiller d'État par Louis XIV, naquit en 1591 et mourut en 1673, à 82 ans.

Art. 232. Notes sur la coutume de Paris, article 232, édition 1708.

BACQUET. Voir page 62.

Chap. 21, no 312. *Traité des Droicts de justice haulte, moienne et basse.* Chapitre 21, numéro 312.

BILLECART. Louis, avocat au Parlement.

Art. 19, p. 19. Coutumes de Châlons, article 19, page 19, 1re colonne, édition 1728, dans le tome 1er du *Coutumier de Vermandois.*

BOUHIER. Né à Dijon, le 16 mars 1673, fut reçu en 1692, à 19 ans, conseiller, et en 1704 nommé président au Parlement de Bourgogne, mourut en 1746. — Voltaire lui succéda à l'Académie dont il avait été nommé membre en 1727, quoique ne résidant pas à Paris. D'Alembert a dit de lui : « Jurisprudence, philologie, critique, langues savantes et étrangères, histoire ancienne et moderne, histoire littéraire, traductions, éloquence et poésie, il remua tout, il embrassa tout, il fit ses preuves dans tous les genres, et dans la plupart, il fit des preuves distinguées et dignes de lui. »

Chap. 76, p. 981. Œuvres de jurisprudence, mises en ordre par M. Joly de Bévy, volume second, chapitre 76, page 981, édition 1787.

BOURJON. François, avocat au Parlement. Il a dit de lui-même : « Je ne me » trouve par un travail dur et pé- » nible, qu'un portefaix de juris- » prudence ; juste appréciation » qui, me renfermant dans ma » sphère, est inalliable avec l'or- » gueil que la malignité seule » pourrait m'imputer. »

6ᵉ part., chap. 2, sect. 3, nᵒ 26. *Droit commun de la France.* — Tome Iᵉʳ, sixième partie de la communauté, chapitre 2, section 3, numéro 26, édition 1770.

BRODEAU. Avocat au Parlement, né en 1585, mourut en 1653. Jacques Godefroy, dans une note sur le code théodosien, le qualifie de *Insignis apud Pragmaticos*. Il est plein d'érudition mais d'un style très-diffus. Nous l'avons souvent consulté,

pour notre notice sur Dumoulin.
V. Louet.

Art. 187.   Coustume de la prévôté et vicomté
                de Paris. Art. 187, édition 1669.

CARONDAS.   Voir page 67.
liv.13.rép.97.p.657. *Réponses et Décisions du droit
                français.* Livre 13, réponse 97,
                page 657, édit. 1637. Nos citations
                se réfèrent aussi à l'édit. de 1612.

id. art. 223.   Sur la coutume de Paris, ou droit
                civil parisien, art. 223, édit. 1614.

CHASSANÉE.   Barthélemy de Chasseneus, né en
                1480, à Issy-l'Evèque près Autun,
                étudia le droit dans les Universités
                de Dôle, de Poitiers, de Turin et
                de Pavie. Il revint ensuite se fixer
                à Autun où, comme avocat, il
                défendit entre autres causes celles
                des rats qu'on voulait excommu-
                nier, et soutint qu'on ne pouvait
                les juger sans les avoir entendus
                au moins par procureur. Il fut en-
                suite avocat du roi en la même
                ville, puis nommé par François Ier,
                conseiller au Parlement de Paris,
                et en 1532, président au Parlement
                de Provence. Il était encore à la
                tête de ce Parlement lorsque fut
                prononcée par défaut, le 18 no-
                vembre 1540, la sentence contre
                les Vaudois. Cependant il en sus-
                pendit l'exécution lorsqu'on lui
                eût fait remarquer que les Vaudois
                n'avaient point été représentés et
                qu'ils ne devaient point être traités
                plus rigoureusement que les rats
                dont lui-même s'était autrefois
                constitué le défenseur. Il fut em-
                poisonné en 1542 par ceux qui
                voulaient à toute force le massacre
                des Vaudois, et la sentence fut
                exécutée par son successeur, le

premier président Meynier, baron d'Oppède, de sinistre mémoire, qui se vengeait ainsi des dédains que lui avait fait subir la dame de Cental.

Tiraqueau a dit de Chassanée (de nobilit. c. 31, § 18, p. 172.) à l'occasion de son *Catalogus gloria mundi* : *Nunc paginas aliorum impudenter suffurans, nunc cùm aliquid ex suâ moneta cudit, toto cœlo aberrans.* De Thou cependant l'appelle : *Jurisconsultus magni nominis,* et ses *consilia* ainsi que son commentaire sur la coutume de Bourgogne ont joui d'une certaine réputation. C'est dans l'un de ces *consilia* qu'il examine si les habitants de Beaune sont fondés à présenter une requête à l'Official d'Autun, pour qu'il somme les hannetons d'évacuer leur territoire à peine d'excommunication. Il décide qu'il faut les citer au moins par procureur, et établit qu'il suffit que le procureur se présente sans être désavoué pour qu'il soit réputé avoir tous les pouvoirs nécessaires.

Rub. 4. § 2.   *Commentaire sur la Coutume de Bourgogne; — Des Droits appartenant à Gens mariés.* Rubrique 4, § 2.

CHOPPIN.   Voir page 63.
L. 2, t. 4, nº 13.   *De civilibus Parisiorum moribus ac institutis libri tres,* livre 2, titre 1er, numéro 13, édition 1603.

COQUILLE.   Voir page 55.
T. 2, cap. 23, art. 31.   Œuvres de Guy Coquille, édition 1703, volume 2, coutume de Nivernais, titre 2, chapitre 23, art. 31.

DELALANDE. Art. 187. p. 210.	Jacques, conseiller à Orléans. Coutumes des duché bailliage prévosté d'Orléans, article 187, page 210, édition 1673.
DENIZART. Remploi n° 19.	Jean-Baptiste, est né à Iron, canton de Guise, en 1713, mourut le 4 février 1765. *Collection des Décisions nouvelles* au mot remploi, nombre 19, édit. 1768, revue par M. de Varicourt.
DESPEISSES. Vol. 1. t. 1. sect. 4. n° 5, p. 26.	Antoine, exerça d'abord la profession d'avocat à Paris, puis revint se fixer à Montpellier où il était né en 1594, et où il mourut subitement en 1658, au moment où traitant de la vente de ses manuscrits, il quittait son cabinet pour se rendre dans une chambre voisine. Il avait fait imprimer séparément, en 1623, un traité des successions qu'il avait composé en commun avec Charles de Bouques, son compatriote. Volume 1er, partie 1re, titre 1er, section 4, numéro 5, page 26, édition de 1660.
DOMAT.	Jean, naquit à Clermont, le 30 novembre 1625, et mourut à Paris le 14 mars 1695. D'Aguesseau a dit de lui : « On peut appeler Domat le jurisconsulte des magistrats, et quiconque posséderait bien son ouvrage ne serait peut-être pas le plus profond des jurisconsultes, mais il serait le plus solide et le plus sûr de tous les juges. » On lira avec intérêt l'article que M. Moulin a publié sur Domat, dans la Revue critique de jurisprudence, année 1852, numéro d'août, p. 496.

T. 9, sect. 3, n° 14. Les lois civiles dans leur ordre
naturel, édition 1767, livre 1er,
titre 9, section 3, nombre 14.

DUMOULIN.   Voir page 16.
T. 1, § 33, gl. 1, n° 44. *Commentarii in priores tres titu-
los consuetudinis Parisiensis*,
Titre 1er, § 33, glose 1, numéro 44,
édition 1658.
Quelquefois nous nous sommes servi
de l'édition de Lausanne de 1572.

DUPLESSIS.   Claude, originaire du Perche, fit
toutes ses études à Paris, s'y fixa
comme avocat, et après une vie
toute de labeur et d'honorabilité,
y mourut en 1683.

Liv. 2, p. 447.   *Traité sur la Coutume de Paris.*
Volume 1er, livre 2, titre 10,
chapitre 4, section 2, page 447,
édition 1726.

DURAND.   Estienne, avocat au Parlement,
demeurant à Rethel.
Coutume du Bailliage de Vitry.
Edition 1722.

FERRIÈRE.   Claude, né à Paris en 1639, professeur à la Faculté de droit de Reims
jusqu'au moment de sa mort,
arrivée le 11 mai 1714. Tous ses
ouvrages indiquent bien plus un
esprit compilateur qu'un talent
original, on y remarque cependant de la méthode et de la clarté;
s'ils n'ont pas fait faire de progrès
à la science, ils l'ont au moins
vulgarisée.

Art. 232, n° 80. *Corps et compilation de tous les
Commentateurs anciens et mo-
dernes sur la Coutume de Paris.*
Article 232, numéro 80, édit. 1685.

HENRYS.   Claude, né à Montbrison, en 1615,
mourut en 1661. « La facilité de
» son esprit lui avait acquis toutes
» sortes de connaissances. Il com-

» posait avec une promptitude
» admirable. Il fut fait avocat du
» roi lorsque fut créé le siége pré-
» sidial au bailliage de Forez, et
» ce présidial ayant été supprimé
» dix ans après, Sa Majesté lui
» donna des marques de distinc-
» tion en lui conservant sa charge
» d'avocat du roi au bailliage,
» quoiqu'il y en eût un autre. »

Liv. 3, quest. 44, n° 6. Œuvres, livre 3, question 44, numéro 6, édition 1772.

JOVET. Laurent, avocat au parlement, né
à Laon. Il dit lui-même qu'il s'est
assuré aux greffes des Parlements
de Paris et de Rouen de l'exacti-
tude des arrêts qu'il rapporte.
*Bibliothèque des Arrêts de tous
les Parlements de France.* Édition 1669.

LAMOIGNON. Guillaume Ier (DE), né en 1617, maître
des requêtes en 1644, premier pré-
sident en 1658, mourut en 1677.
Son père avait été élève de Cujas,
et son grand'père avait étudié sous
Alciat. Si l'on peut avec quelque
raison lui reprocher la mort de
Fargues, 27 mars 1667, dont il
recueillit la fortune ; on se rappel-
lera toujours sa réponse à ceux qui
le pressaient de rentrer dans la
commission chargée de juger
Fouquet, de laquelle il s'était retiré volontairement: *Lavari manus
meas quomodò inquinabo eas ?*

N° 88. *Arrêtés de M. le premier Président.*
Édition 1702. *De la Communauté
de biens*, numéro 55, page 395.

LEBRUN. Denis, avocat au Parlement, mort
en 1708. Son traité de la communauté n'a paru qu'après sa mort,
et fut publié par les soins de Louis
Hideux.

6

Liv.1, chap.5, sect.1, dist. 1, nᵒˢ 9 et 10.

Traité de la Communauté, édition 1754, livre 1ᵉʳ, chapitre 5, distinction 1ʳᵉ, numéros 9 et 10.

LEPRESTRE. Claude, conseiller au Parlement de Paris au 17ᵉ siècle. Les arrêts les plus récents qu'il ait cités ne s'éloignent guère de 1621, ils peuvent guider pour l'époque de sa mort.

Questions notables de Droit, édition 1695.

L'HOMMEAU. Pierre (DE), sieur du Verger, conseiller du roi à Saumur, au commencement du 17ᵉ siècle.

Liv. 3, p. 287. *Maximes générales du Droit français*, divisées en trois livres, édition 1665, livre 3, *Des Droits des Particuliers*, chapitre de la communauté, page 287.

LOISEL. Voir page 69.

Liv. 1, T. 2, R. 17. *Institutes coutumières*, édition 1846, livre 1ᵉʳ, titre 2, règle 17, numéro 119.

LOUET. Georges, conseiller au Parlement de Paris, mort en 1608. Vingt éditions de son ouvrage témoignent assez de l'estime dont il a joui pendant longtemps.

Let. R. S. 30. *Recueil d'aucuns notables Arrêts pris des Mémoires de Louet*, édition 1666, revue par Julien Brodeau, lettre R., sommaire ou numéro 30.

LOYSEAU. Né à Nogent-le-Roi, en 1566, mourut à Paris, en 1627, après avoir été dix ans lieutenant au Présidial de Sens, ensuite bailli de Châteaudun. D'Aguesseau a dit de lui dans son cinquante-quatrième plaidoyer, qu'il aurait mérité, par la profondeur de son jugement, de naître dans le siècle des Papinien et des Africains. Vol. 4. page 619.

Liv. 3, chap. 9, n° 61. *Des offices vénaux*, livre 3, chapitre 9, numéro 61, édition 1660.

MAYNARD. Gérauld (DE), conseiller au Parlement de Toulouse. Il fixe lui-même en ces termes l'époque où il étudiait : « M. Fernand, vrai juris-
» consulte du passé, père et pro-
» tecteur en son temps de l'Uni-
» versité, quant au droit civil en
» Tholose, et sous lequel nous
» ayons faict notre profession, et
» passé nos degrés audit Tholose,
» ès années 1552, 1553, 1554,
» 1555, 1556 et 1557. »
Il mourut en 1607, à Saint-Céré, où il s'était retiré depuis une dizaine d'années, *loing du palais et des affaires.*

Liv. 3, chap. 59, n° 1. *Notables et singulières questions de Droit escrit*, édition 1628, livre 3, chapitre 59, numéro 1. L'édition de 1628 porte par erreur chap. 49.

PELEUS. Julien, est né à Angers vers le milieu du 16e siècle ; le dernier plaidoyer que nous ayons de lui porte la date de 1613. Il fut conseiller d'État et historiographe de France sous Henri IV.

Liv. 3, act. 6. *Actions forenses singulières et remarquables*, livre 3, action 6, page 144, édition 1630.

PITHOU. Pierre, seigneur de Savoye, naquit à Troyes le 1er novembre 1539 ; il fut l'élève de Turnèbe et de Cujas, mais quoiqu'il eut dignement profité de leurs leçons il lui fut toujours impossible de plaider : après un seul essai il se livra exclusivement aux travaux du cabinet et acquit bientôt une réputation telle que Cujas l'appelle *Flos et delicium veteris et novæ jurisprudentiæ.* Il mourut à Nogent-sur-Seine le 1er novembre 1596 ; son corps fut transporté à Troyes par les soins de sa veuve Catherine Palluau qu'il avait épousée en 1579. *Commentaire sur la coutume de Troyes.*

POTHIER. Robert-Joseph , né en 1699 , mort en 1772. Il y a longtemps que l'on a dit de lui : Son éloge est partout, sa critique nulle part.

N° 198. *Traité de la Communauté*, numéro 198 , édition 1770 ou 1845 , revue par M. Bugnet.

PRÉVOT de la JANNÈS. Conseiller au Présidial d'Orléans , professeur de droit en l'Université de cette ville ; né à Orléans en 1695, vivait encore à la fin de 1747.

Tit. 5, sect. 5, n° 369. *Les Principes de la Jurisprudence française*, édition 1759, volume 2, titre 5, section 5, numéro 369.

RENUSSON. Philippe (DE) , naquit au Mans le 11 septembre 1632. Les traditions de famille le destinaient naturellement à la profession d'avocat que son père et son aïeul avaient parcourue avec distinction. Il acheva à Paris ses études qu'il avait commencées au Mans. Il fut reçu avocat le 21 juillet 1653, et mourut au mois d'août 1699, d'une maladie de langueur causée par une retraite trop sévère et un travail excessif.

Part. 1, chap. 3 n° 16. *Traité de la Communauté*, édition 1760, première partie, chapitre 3, numéro 16.

Prop., chap. 4, sect. 1, n° 3. *Traité des Propres*, chapitre 4, section 1, numéro 3.

RICARD. · Jean-Marie, né à Beauvais, en 1622, mort en 1678, fut peut-être l'avocat consultant le plus occupé de son temps.

Art. 232, p. 259. *La Coustume de Paris conférée avec les autres Coustumes*, commencée par Fortin, augmentée par Ricard, édition 1666, article 232, page 259.

SERVIN. Louis, exerça les fonctions d'avocat-général au Parlement depuis 1589, jusqu'en 1627, époque de sa mort.

Plaid. 104. · Plaidoyer cent-quatrième.

LA THAUMASSIÈRE. Gaspard - Thaumas (DE), sieur de Puy-Ferrand, né à Bourges, mourut en 1702 selon Moreri; peut-être faut-il cependant lire 1712.

T. 8, art. 1. *Coutumes générales de Berry*, édition 1701, titre 8, article 1.

TRONÇON. Jean, avocat au Parlement, seigneur de Chaumontel - la - Ville et du Preslay, mort vers 1650. L'arrêt le plus récent qu'il cite est du mois d'août 1629.

Art. 232, p. 518. *Le Droict françois et Coustume de Paris*, édition 1652, article 232, page 518.

VALIN. René-Josué, avocat au Présidial de la Rochelle.

Art. 46, §2, n° 112. *Nouveau commentaire sur la Coutume de la Rochelle et du pays d'Aunis*, édition 1756. *De la Communauté*, article 46, § 2, nombre 112, volume 2.

VALLA. Nicolas-Duval, conseiller au Parlement. Il siégeait dans cette séance du mois de juin 1559 à laquelle vint subitement assister Henri II, *pour entendre en quels termes en étaient les choses*, et eut le courage de se prononcer contre les mesures de rigueur que le roi désirait voir voter contre les huguenots. Aussi eut-il l'honneur d'être désigné pour être arrêté avec les conseillers Anne Du Bourg, De Foix, Du Faur, De La Porte et le président du Ferrier, le maître de Cujas, et il ne dut son salut qu'au zèle de ses amis qui le firent évader.

Son recueil contient les questions controversées qu'il avait pu remarquer pendant les trente années qu'il avait été conseiller aux Parlements de Bretagne et de Paris. Il ne faut pas le confondre avec Nicolas Valla, docteur en droit, chanoine de Saint-Pierre de Rome qui traduisit une partie de l'*Iliade* en vers latins.

De rebus Dubiis, édition latine 1567, édition française, 1608.

Auteurs modernes.

BÉNECH. n° 36. *De l'emploi et du remploi de la dot,* édition 1847, numéro 36.

CHAMPIONNIÈRE. *Traité des Droits d'enregistrement,* Vol. 3, n° 2019. 1re édition, volume 3, numéro 2019.

CUBAIN. n° 229. *Traité des Droits des Femmes,* 1842, numéro 229.

DALLOZ. n° 656. *Répertoire de Législation, verbo* contrat de mariage, volume 13, publié en 1852, numéro 656.

DEMANTE. *Cours de Droit civil,* édition 1840, Vol. 3, n° 84. volume 3, numéro 84.

DURANTON, *Cours de Droit français,* édition 1831, Vol. 14, n° 389. volume 14, numéro 389.

GLANDAZ. n° 255. *Encyclopédie du Droit, verbo* communauté, numéro 255, publiée en 1845.

GRENIER. *Traité des Donations*, édition 1812,
Don. n° 164. première partie, chapitre 3, numéro 164.

LABOULAYE. *Recherches sur la Condition des*
Liv. 2, chap. 5, sect. 2. *Femmes* (1843), livre 2, chapitre 5, section 2.

MALEVILLE. *Analyse raisonnée de la discussion*
Art. 1435. *du Code civil*, article 1455.

MARCADÉ. *Cours élémentaire de Droit civil*
Art. 1433. § 1. *français*, article 1455, § 1.

MERLIN. *Répertoire universel et raisonné de*
V° Remploi § 2. n° 2. *Jurisprudence*, édition 1815, au
mot Remploi, § 2, numéro 2.

ODIER. *Traité du Contrat de mariage*, édi-
Vol. 1. n° 77. tion 1847, volume 1er, numéro 77.

PONT ET RODIÈRE. *Traité du Contrat de mariage*, édi-
N° 714. tion 1847, volume 1er, numéro 714.
C'est à ces deux ouvrages que nous
avons le plus emprunté.

PROUDHON. *Traité des Droits d'usufruit*; édi-
Vol. 5. n° 2075. tion 1821, volume 5, numéro 2075.

ROLLAND DE VILLARGUES. *Répertoire du notariat*,
C¹⁶ n° 93. au mot Communauté numéro 93 ;
Remploi n° 56. au mot Remploi numéro 56.

TAULIER. *Théorie raisonnée du Code civil*,
Vol. 5. p. 100. volume 5, page 100.

TOULLIER. *Le Droit civil français suivant l'or-*
Vol. 13. n° 152. *dre du Code*, 6° édition, vol. 13,
numéro 152.

TROPLONG. *Du Contrat de mariage et des*
Vol. 2. n° 1090. *Droits respectifs des époux*, volume 2, numéro 1090.

ZACHARIÆ. *Cours de Droit civil français*, édi-
Vol. 3. § 511. n° 4. tion 1839, volume 3, paragraphe
511, note 4.

Jurisprudence.

Les arrêts antérieurs à 1830, sont suffisamment indiqués par leur date. On les trouvera sous cette date dans les recueils de Sirey et de Ledru-Rollin.

DEVILL.   DE VILLENEUVE et CARETTE.
81. 2. 369.   Année 1851, 2ᵉ partie, page 369.

DALL.   DALLOZ.
82. 2. 290.   Année 1852, 2ᵉ partie, page 290.

REVUE de JURISP.   *Revue critique de la Jurisprudence,*
1852. 654.   fondée en 1850 par Marcadé, année 1852, page 654.

Jˡ des NOT. an. 1841.   *Journal des Notaires,* année 1841,
Art. 11108.   article 11108.

DES RÉCOMPENSES.

Origine des Récompenses. — Division.

La loi a consacré le principe de la révocabilité des donations faites pendant le mariage (art. 1096) « pour
» qu'un époux qui aurait tout donné ne soit pas expo-
» sé au mépris et à l'abandon, pour ne pas introduire
» entre les époux qui se doivent toute leur affection,
» des vues d'intérêt et de séduction » (1). — Se pla-
çant à un autre point de vue, le Législateur, pour
empêcher des fraudes envers des tiers intéressés à
connaître le régime réellement adopté par les époux,
a décrété l'immutabilité des conventions matrimoniales. Elles ne peuvent, dit l'art. 1395, recevoir aucun
changement après la célébration du mariage.

Mais les pouvoirs si larges, si étendus donnés au
mari sur les biens de la communauté, et même sur
ceux de sa femme, — ceux qu'il tient de son titre de

_____

(1) Rapport au tribunat par le citoyen Jaubert, du 9 floréal
an XI.

propriétaire sur les siens propres, pouvaient souvent changer l'économie de la loi, amener une confusion d'intérêts, un empiètement de droits, qui auraient été une source d'avantages indirects, irrévocables en fait, ou qui auraient modifié matériellement la composition de la communauté et par suite changé les conventions originairement arrêtées.

Il était nécessaire d'empêcher ces conséquences de la puissance maritale. Tel a été le but du législateur en consacrant le principe des récompenses entre époux. « La nature des biens qui composent la communauté, » disait M. Duveyrier (1), et le mode de son adminis- » tration, la puissance absolue du mari, l'incapacité » absolue de la femme, donnent naissance à des droits » différents....... Ces droits se développent en indem- » nités et récompenses. »

Ces indemnités sont régies par un double principe qui domine toute la matière : 1° la communauté ne doit point s'enrichir aux dépens des époux ; 2° ceux-ci ne doivent point s'enrichir au détriment de la com- munauté. Ce principe doit être le flambeau qui éclai- rera les questions les plus délicates, et il nous trace la division la plus naturelle à suivre : dans une première partie, nous verrons les récompenses dues aux époux par la communauté (1433-1436) ; dans une seconde, les récompenses dues par les époux à la commu- nauté (1437).

(1) Rapport au tribunal du 10 pluviôse an XII.

PREMIÈRE PARTIE.

Récompenses dues par la Communauté.

CHAPITRE PREMIER.

— 4 —

10° *Quid* si l'époux qui délaisse reçoit une indemnité pour améliorations.
20° *Quid* si sur l'action en rescision l'époux payait le supplément du prix.
21° Transaction sur un droit personnel.
22° Le partage d'une succession mixte donne-t-il lieu à récompense ?
23° La solution sera-t-elle la même pour une succession immobilière ?
24° *Quid* si le partage a eu lieu avant le mariage ?
25° Rachat de services fonciers dus par un immeuble propre.
26° Mines et carrières ouvertes pendant la communauté.
27° Suite.
28° Coupes de bois.
29° Récoltes.
30° *Quid* du trésor trouvé sur le fonds de l'un des époux ?
31° Engagements qui profitent à la communauté.—Art. 1431.
32° Suite. — Exception.
33° La présomption est que la femme est simple caution.
34° Dettes résultant des successions.
35° *Quid* si l'héritier est en même temps créancier.
36° Suite.
37° *Quid* si l'héritier est en même temps légataire.
38° Les dommages-intérêts obtenus par l'un des époux donnent-ils lieu à récompense ?

I. — On chercherait en vain dans les seize articles de l'ancienne coutume de Paris relatifs à la communauté (1), une trace des récompenses entre époux (2). Dans le partage à faire, lors de la dissolution du mariage, tout était soumis au principe posé dans l'ar-

(1) Titre 10, art. 104 à 119.
(2) Renusson, 2ᵉ partie, 3ᵉ chapitre, signale les différentes significations des mots : *Remplois, reprises, récompenses.* Pour notre travail nous attachons peu d'importance à ces nuances ; on pourra recourir à cet auteur.

ticle 110 que « hommes et femmes conjoints ensemble
» par mariage sont communs en biens, meubles et
» conquêts immeubles faits durant et constant le
» mariage. »

Le mari ne pouvait vendre l'immeuble de sa femme
qu'avec le consentement de celle-ci (1); dès qu'elle
avait consenti on présumait que l'aliénation était faite
dans son intérêt personnel, et le prix, tombant en
communauté, sans récompense, profitait à la femme
ou était perdu pour elle selon que la communauté était
bonne ou mauvaise. *Pretium ipsorum in commune
referebatur*, dit Choppin (2), *jure nuptialis consortii
rerum mobilium*. La femme subissait ainsi entièrement les conséquences d'une aliénation qu'elle avait
pu empêcher; la seule protection que lui accordât la
loi, c'était une résistance passive à l'aliénation de ses
immeubles.

Cette jurisprudence était un vague souvenir, une
dernière tradition de notre ancien droit français qui,
faisant un emprunt aux principes du *mundium* ger-
main, avait considéré le mari comme *mainburnissière*,
et à ce titre lui avait donné toute puissance sur la per-

---

(1) Mais voirs est que li treffons de l'iretage qui est de par
le feme, ne pot li maris vendre, si ce n'est de l'otroi et de le
volunté de se fem. Beaumanoir, chap. 21, § 2.

On peut voir aussi Loisel, instit., liv. 1, tit. 2, règle 17,
n° 119.

(2) Choppin *de Morib. Paris.*, liv. 1, tit. 1, n° 24. — Il dit
également au liv. 2, tit. 1, n° 13 : *Hujus pretium rei censetur
promiscue conjugalium bonorum communioni mixtum atque con-
fusum.*

sonne, et l'avait investi de la propriété de tous les *meubles* (1) de sa femme à la charge de payer ses dettes. Le prix de l'immeuble aliéné du consentement de la femme suivait, comme meuble, la condition des autres meubles, il devenait la propriété du mari. Aussi à l'époque de Loisel se rappelait-on encore la maxime « que le mari se devait relever trois fois la nuit pour » vendre le bien de sa femme » (2).

L'abus était sensible. Il se corrigea par son exagération même. Bientôt on pensa que le consentement donné par la femme pouvait n'être dû qu'à l'influence du mari (3) ; qu'à des obsessions auxquelles elle ne pouvait se soustraire entièrement; on suspecta vivement la spontanéité de ce consentement, et quelques Parlements accordèrent à la femme une récompense qu'en fait on commençait à stipuler assez souvent dans les contrats de mariage (4).

(1) Ceci n'était rigoureusement exact que pour le mari noble qui ne devait aucun compte à sa femme ou à ses héritiers ; — quant au mari roturier mainburnissière, il ne pouvait retenir que la moitié des meubles. Comme mainburnissière, le mari jouissait des droits de *mainbournie* (puissance sur la personne), et de *bail* (administration et investiture de la propriété des meubles). On peut, sur ce point, consulter l'excellent ouvrage de M. Laboulaye, Recherches sur la condit. des fem. Liv. 2, chap. 5, sect. 2. Liv. 4, tit. 2, chap. 2, sect. 1re, *et passim.*

(2) Liv. 1, tit. 2, § 14, n° 116, édit. Laboulaye et Dupin.

(3) *Ab auctoritate et potestate mariti quam habere præsumitur in ducendâ uxore ad obligationes contrahendas sive artibus sive illecebris.... ideòque meritò consuetudini suspectus fuit consensus mulierum.* d'Argentré, art. 411, gl. 1re, cout. de Bret.

(4) Antérieurement on avait fait un premier progrès. —

On fit un pas de plus, et lors de la réformation de la coutume de Paris, 4 mars 1580, on introduisit une disposition nouvelle, le Législateur consacra positivement le droit à l'indemnité. « Si durant le mariage, dit » l'art. 252, est vendu aucun héritage ou rente propre » appartenant à l'un ou à l'autre des conjoints par » mariage, ou si ladite rente est rachetée, le prix de » la vente ou rachat est repris sur les biens de la » communauté, au profit de celuy auquel appartenait » l'héritage ou rente » (1).

Bientôt (2) on reconnut que dans toutes les coutumes qui ne s'en étaient pas autrement expliquées, la femme pourrait réclamer une récompense pour les biens vendus, *super massâ communi*, dit Dumoulin, sur l'art. 164 de la coutume de Blois; et Loisel put ériger en règle ce principe que « dette des propres de la » femme aliénés est de communauté » (3).

on distinguait entre le cas où la vente était forcée, et celui où elle était volontaire. Dans la première hypothèse on accordait une récompense qu'on refusait dans la seconde. V. Choppin de *Morib. Parisiorum.* Livre 1, titre 1, n° 21. — Brodeau sur Louet, lettre R., som. 30. — D'Argentré, art. 419.

(1) Les coutumes d'Orléans et de Calais, réformées en 1583, consacrèrent le même principe.

(2) Jusqu'en mai 1603 les arrêts refusèrent le remploi dans les coutumes muettes. — Carondas, liv. 13, rép. 97, page 657, cite un arrêt du 31 décembre 1601 qui accorde remploi sous l'empire de la coutume de Poitou. En 1613, le bailly de Guise n'ayant pas voulu admettre le remploi non stipulé, vit son jugement infirmé par arrêt du 26 avril 1614.

(3) Liv. 1, tit. 2, § 18, n° 120. Loyseau, mort en 1627, quoique nourri de la jurisprudence du 16ᵉ siècle, disait : Comme les mauvaises pratiques se corrigent peu à peu avec

— 8 —

La disposition de l'art. 252 se généralisa de plus en plus ; en s'appliquant au mari comme à la femme, elle fut acceptée comme droit commun de la France, « attendu que sans cela les conjoints seraient maîtres » de s'avantager en augmentant la communauté par » la vente de leurs propres » (1).

Remarquons même qu'en se généralisant, cette disposition fut encore étendue dans la pratique ; elle fut considérée comme un principe qu'il fallait appliquer non-seulement à une aliénation quelconque, mais encore à tous les actes, sans exception, qui pourraient enrichir la masse commune.

11. — Ce dernier état du droit a passé dans notre Code, et il a été nettement formulé dans l'art. 1433 ainsi conçu : « S'il est vendu un immeuble apparte- » nant à l'un des époux, de même que si l'on s'est » rédimé en argent de services fonciers dus à des » héritages propres à l'un d'eux, et que le *prix en* » *ait été versé dans la communauté*, le *tout sans* » *remploi*, il y a lieu au prélèvement de ce prix sur » la communauté au profit de l'époux qui était pro- » priétaire soit de l'immeuble, soit des services rache-

le temps.... Les plus judicieux observent à bon droit le remploi par toute la France, comme droit commun, et espèrent qu'enfin cet usage s'établira à cause de son équité toute apparente. Liv. 3, chap. 9, p. 293 des offices vénaux, éd. 1660.

(1) Bourjon, 6e partie, chap. 2, sect. 3, no 26. — Les coutumes de Sens (285), Bar (83-84), Blois (164-165), Melun (225), Metz (titre 6, art. 11), Bourbonnais (238) n'admirent le remploi qu'autant qu'il était stipulé par le contrat de mariage, ou l'acte de vente.

» tés. » Cet article prévoit les deux hypothèses les plus remarquables, et en même temps les plus simples dans lesquelles il y a lieu à récompense, mais il n'est évidemment pas limitatif. Reproduction du droit ancien que nous venons de signaler, il doit s'interpréter *sensu lato*, et nous aurons, pour le compléter, à examiner d'autres hypothèses indiquées dans différents articles du Code.

III. — La première condition pour qu'en cas d'aliénation la récompense soit due, c'est que l'immeuble vendu n'ait point été remplacé, au profit de l'époux propriétaire, par un autre de même valeur; il faut qu'il n'y ait pas eu remploi. En effet, l'immeuble acquis en remploi tient lieu de l'immeuble vendu, lui est subrogé et reste la propriété de l'époux vendeur qui n'a, par suite, droit à aucune indemnité.

Nous aurons à examiner dans un autre chapitre les conditions de ce remploi.

IV. — Le Législateur veut pour seconde condition que le prix ait été versé dans la communauté. C'est ce qu'exprimait déjà Pothier (1) lorsqu'il disait : « L'époux doit » lors de la dissolution de la communauté avoir la » reprise sur les biens de la communauté, de tout » ce qui est *parvenu à la communauté*. » C'est ce qu'avant lui avait plus nettement formulé Coquille dans le passage suivant : (2) « Si les deniers promis » pour la vente de l'héritage de la femme ou du mary

(1) De la communauté, n° 585.
(2) Cout. de Nivernais, tome 2, chap. 23, art. 31. — Dum. sur Anjou, 296.

7

» sont encore dus, ils seront et demeureront propres
» à celui de qui l'héritage aura été vendu. »

Tant que le prix n'est pas parvenu à la communauté, tant qu'il n'y a pas été versé, il appartient exclusivement à l'époux dont l'immeuble a été aliéné ; c'est une créance qui se trouve substituée à la propriété immobilière de l'un des époux, créance qui doit être régie par les règles auxquelles était soumise la propriété immobilière elle-même, c'est-à-dire exclue de la communauté (1). Si l'immeuble vendu avait appartenu à la femme, les créanciers du mari ne pourraient même saisir ce prix entre les mains de l'acquéreur qui ne se serait pas libéré (2), et la délégation que voudrait leur en faire le mari serait frappée de nullité.

Remarquons toutefois que la récompense pourrait être due à la femme, même sans que le prix ait été payé. Ce serait dans le cas où le mari aurait négligé d'agir contre l'acquéreur devenu ensuite insolvable.

(1) Toullier, vol. 13, nº 152. — Duranton, vol. 14, nº 359. — Glandaz, Encyclopédie du droit, vº, cté, nº 256. — Rodière et Pont, vol. 1, nºs 430 et 709. — Dalloz, vº, cté, nºs 656 et 657. — Roll. de Villargues, vº, cté nºs 93, 94 et 206. — Odier, vol. 1, nº 311. — Nancy, 20 août 1827. Brocard c. Fortier. — 7 février 1840. Aubel c. Perrin. Devill, 1840, 2, 484. — Au reste, il faudrait considérer comme versé dans la communauté le prix qui, touché, au moment de la vente, par le mari, aurait été immédiatement donné par lui de la main à la main à un tiers. — Angers, 7 mars 1845. Jollivet c. Jollivet. — V. cependant Bourges, 6 août 1834, Barbereau c. Danglien.

(2) Douai, 11 novembre 1812, Fauqueux c. Bernard. — Besançon, 20 mars 1850, Dall, 52, 2, 287, aff. Guillaume contrà Duranton, v. 14, nº 318.

Le mari, responsable de cette insolvabilité, aurait grevé la communauté de la dette créée par sa négligence, et la femme pourrait répéter une indemnité contre la communauté (1).

V.— Dès que la condition de la récompense est le versement du prix dans la communauté, ce versement doit être prouvé, et c'est à celui qui réclame la récompense à justifier de l'accomplissement de la condition exigée par la loi. C'est l'application de la maxime : *Onus probandi incumbit actori*, consacrée en ces termes par l'art. 1315 : « Celui qui réclame l'exécution » d'une obligation doit la prouver. » En vain prétendrait-on que l'art. 1315 ne doit s'appliquer qu'au cas où une partie poursuit l'exécution d'une obligation contractée par son adversaire lui-même ; l'article ne fait aucune distinction, nous ne devons en faire aucune (2).

La généralité du principe posé dans l'article 1315 devrait nous conduire logiquement à exiger que la preuve fût faite par le réclamant quel qu'il fût, la femme aussi bien que le mari. Cependant nous ne pouvons accepter cette conséquence, en ce qui concerne la femme, quand l'époque fixée pour le paie-

(1) Art. 1428, *in fine.*, Glandaz, n° 255. — Marcadé, sur l'art. 1433, § 1. — Zachariæ, § 511, page 452. — Pothier, n° 609.

Si extraneus sit qui dotem promisit, isque defectus sit facultatibus, imputabitur marito cur eum non convenerit. D. de jure dotium, liv. 23, tit. 3, loi 33, v. aussi loi 71.

(2) Arrêt du 13 août 1832, cassant un arrêt de Bourges du 27 avril 1827. Affaire Douhet-Pradat c. Lecamus-Rochette.

ment du prix est arrivée. Le mari administre avec des pouvoirs très-étendus les biens personnels de sa femme, il peut exercer seul les actions mobilières qui lui appartiennent ; s'il vend les immeubles il est présumé en toucher le prix à l'échéance, et le faire entrer dans la communauté.

Ce sera donc à lui à prouver que le prix est encore dû, ou qu'il a été touché directement par la femme depuis l'époque où elle aura pu le recevoir seule et en son propre nom. Celle-ci, pendant la communauté, ne prend aucune part active à l'administration, elle n'aura par conséquent presque jamais aucun moyen de connaître l'emploi des deniers; la présomption devra donc être en sa faveur et contre le mari (1).

VI. — L'art. 1433 suppose que l'immeuble est vendu pendant le mariage; que devrait-on décider si la vente avait eu lieu avant le mariage, mais entre le contrat et la célébration? La récompense serait-elle due? Tous les auteurs reconnaissent aujourd'hui que « pour juger si un droit de créance personnelle est » mobilier ou immobilier, et s'il doit en conséquence » entrer ou non dans la communauté légale, on ne » considère que la chose qui en est l'objet, c'est-à-» dire la chose due, et on n'a aucun égard à la cause » d'où le droit de créance procède » (2). Or, ici la

(1) Arg¹. art. 1450. — Zachariæ, vol. 3, § 511, note 4.— Glandaz, n° 255-261. — Rodière et Pont, v. 1, n° 711. — Marcadé, sur l'art. 1433, § 2. — Metz, 18 juillet 1820, Morin c. Dubois de Riocourt.

(2) Pothier, communauté, n° 77.

chose due est une somme d'argent, chose mobilière
entre toutes, et conformément à l'article 1401 § 1,
elle doit entrer en communauté sans récompense.
Cependant Pothier, dans l'ancien droit, se prononçait
positivement pour la récompense : « La raison est,
» dit-il, que des futurs conjoints peuvent bien se faire
» tels avantages que bon leur semble par leur contrat
» de mariage ; mais dans le temps intermédiaire entre
» le contrat et la célébration, il ne leur est plus permis
» d'en changer les conditions et de se faire aucun
» avantage ni direct ni indirect..... L'affectation qu'ils
» ont eue de les dissimuler lors de leur contrat de
» mariage fait présumer qu'ils sont dictés par la pas-
» sion puisqu'ils ont honte de les faire » (1).

Sous l'empire du Code-Napoléon, M. Duranton a
soutenu la même opinion. (2) « La vente apporterait,
» dit-il, un changement notable aux conventions ma-
» trimoniales.... et comme l'avantage indirect procuré
» par là au conjoint serait irrévocable, c'est une rai-
» son de plus pour ne point admettre un système qui

(1) Traité de la Communauté, nᵒˢ 603 et 281. — Sic, Lebrun, liv. 1, chap. 4, nᵒˢ 11 et 12 ; mais l'autorité de Lebrun
se trouve singulièrement diminuée par cette observation que
cet auteur décidait, *d'une manière absolue*, que le prix d'un
immeuble vendu avant le mariage n'entrait point en communauté, parce qu'on devait examiner l'origine de la dette.
V. liv. 1, chap. 5, sect. 1, distinct. 1, nᵒˢ 9, 10 et 16. — Valin,
art. 48, § 2, nᵒ 4, p. 708.
(2) Vol. 14, nᵒˢ 184 et 330. — Glandaz, nᵒˢ 81 et 254. —
Zachariæ, vol. 3, § 507, note 3. — Troplong, vol. 1, nᵒˢ 364
et 572. — Dalloz, vᵒ, cᵗᵉ. nᵒ 736. — V. Pothier, introd. au
tit. 10 de la cout. d'Orléans, chap. 5, nᵒ 112.

» aurait de très-graves inconvénients dans beaucoup
» de cas. » Nous avouons que nous sommes fort peu
touché de cette double raison d'un changement aux
conventions matrimoniales, et de l'irrévocabilité de
l'avantage indirect, et nous croyons que la communauté ne doit aucune récompense. L'opinion de M. Duranton est la contre-partie de l'art. 1404, qui décide
que l'immeuble acquis depuis le contrat et avant la
célébration, doit entrer dans la communauté. Mais
précisément ne pouvons-nous pas dire que les rédacteurs en reproduisant, sur ce dernier point, l'opinion
de Pothier qui fait exceptionnellement entrer en communauté un immeuble acquis avant le mariage, sans
reproduire, dans aucun article, la seconde solution du
même auteur pour l'hypothèse inverse, n'ont pas voulu
consacrer cette dernière solution, et permettre qu'on
généralisât une exception qui ferait commencer la
communauté avant le mariage, contrairement à l'article 1399. Est-ce que l'on peut sérieusement prétendre
rencontrer, dans l'hypothèse que nous examinons, les
mêmes motifs que pour faire tomber dans la communauté l'immeuble acquis entre le contrat et la célébration? Evidemment non. Quand un des futurs convertit
en immeuble le mobilier qu'il avait lors du contrat de
mariage, il veut soustraire à la communauté et par
suite à l'autre conjoint, un objet qui devait faire partie
de la masse commune, il veut tromper son conjoint.
Alors on décide que l'immeuble entre dans la communauté comme y serait entré le mobilier, *ne illudatur
alterutri conjugum.* « Cela est jugé volontiers par

» forme de dédommagement ; car, encore une fois, la
» communauté n'a lieu que du jour de la célébra-
» tion » (1). Le seul motif pour lequel l'immeuble
tombe en communauté, c'est donc que l'époux ne doit
pas être trompé, qu'il lui faut un *dédommagement*. Ce
motif disparaît certainement dans l'hypothèse inverse.
Si le futur convertit un immeuble en argent l'autre
futur ne sera pas lésé, il ne pourra jamais y avoir présomption de fraude ; il faudra par suite appliquer ce
principe rappelé récemment par nous que la communauté n'a lieu que du jour de la célébration.

La loi pour faire tomber en communauté l'immeuble
acquis entre le contrat de mariage et la célébration,
ne s'est nullement préoccupée de l'idée que la conversion du mobilier en immeuble apportait un changement aux conventions matrimoniales, elle n'a obéi
qu'au désir d'empêcher une fraude possible. Inverse-
ment dans la conversion d'un immeuble en argent,
comme il ne peut y avoir fraude, il n'y aura jamais lieu
à récompense, alors même que l'on prétendrait voir,
dans cette conversion, un changement aux conventions
matrimoniales. Au surplus, cette aliénation n'est réellement point un changement dans le sens de l'article 1395; c'est seulement, et nous le reconnaissons,
un avantage indirect, dans lequel il n'y a ni fraude, ni
collusion. Or, si en dehors d'un contrat de mariage,
les futurs, tous deux majeurs, se faisaient une donation, personne ne songerait à en demander l'annula-

(1) Lebrun, liv. 1er, chap. 4, nos 8 et 9.

tion, en la considérant comme un changement aux conventions matrimoniales; elle serait au contraire respectée, comme donation ordinaire, irrévocable, que les futurs époux peuvent se faire avant le mariage. Il faut de même respecter la vente faite par l'un des époux entre le contrat et la célébration, et faire entrer le prix dans la communauté, sans aucune récompense (1).

VII. — Il en serait ainsi à plus forte raison, et sans aucun doute possible, si l'immeuble avait été vendu avant le contrat de mariage moyennant un prix stipulé payable sous une condition venant à se réaliser pendant le mariage ou même après sa dissolution. L'effet rétroactif attaché à la condition qui se réalise, donne *ab initio* à la créance un caractère mobilier qui la fait tomber en communauté sans indemnité pour l'époux vendeur. *Certum est purificatis conditionibus actum retrò ad tempus ejus referri, et ex eo tempore valere* (2).

VIII. — Le quantùm de la récompense est fixé par l'article 1436. Dans tous les cas, c'est-à-dire soit que l'immeuble ait appartenu au mari, soit au contraire qu'il ait été propre à la femme, quelque allégation qui soit faite touchant la valeur de l'immeuble aliéné, la récompense n'a lieu que sur le

_____

(1) Toullier, vol. 12, nos 171 et 352. — Rodière et Pont, vol. 1, no 329. — Odier, vol. 1, no 77. — Marcadé sur l'art. 1406, § 1. — Bugnet sur Pothier, page 316. — Roll. de Vill., vo, cté, no 177.

(2) D'Argentré, art. 418, glose 3, no 9, page 1543.

pied de la vente (3). Celui qui a droit à l'indemnité ne pourrait prétendre que l'immeuble a été vendu à vil prix; qu'il était d'une valeur supérieure; et que la récompense doit être du montant de la valeur réelle. La loi a voulu couper court à toutes les réclamations, empêcher des expertises souvent incertaines. La récompense doit être de ce qui est parvenu à la communauté, peu importe ce dont l'époux s'est appauvri par la vente de son propre.

IX.—Avec Pothier nous dirons : « Le prix de la vente » doit s'entendre non-seulement du prix principal mais » de tout ce qui est accessoire de ce prix, et dont la » communauté a profité, comme de ce qui a été reçu » pour pot de vin, pour épingles ou sous quelqu'autre » dénomination que ce soit, soit en argent, soit en » effets mobiliers (n° 587). Par la même raison on doit » comprendre dans le prix de la vente dont la reprise » est due, celui des charges appréciables à prix d'ar- » gent qui ont été imposées à l'acheteur et dont la » communauté a profité (n° 588). Mais la communauté » ne doit les intérêts du prix de la vente de l'héritage » propre de l'un des conjoints qu'elle a reçu, que du

---

(3) Telle était en général l'ancienne jurisprudence. V. Louet-R., som. 30, page 291.— Pothier, n° 586. Cependant d'Argentré avait fait introduire un autre principe dans la nouvelle coutume de Bretagne, dont l'art. **439** est ainsi conçu : Et aura la femme récompense de l'aliénation de son propre, eu égard à *l'estimation des choses vendues*,... et l'auteur ajoute : *hic articulus novi juris est monente me additus, cùm graves sæpè controversias motas de eo* ᵛ *nissem, et diversa judicata parùm prond Themide.*

» jour de la dissolution de la communauté ; elle n'en
» doit point pour tout le temps qui a couru depuis
» qu'elle a reçu ce prix, jusqu'au temps de la dissolu-
» tion de la communauté ; car ils lui tiennent lieu des
» fruits de l'héritage qu'elle eût eus , si l'héritage n'eût
» point été vendu » (n° 389).

Nous verrons plus loin , à l'occasion d'une question
sur laquelle nous nous séparons de Pothier, que cette
dernière règle doit recevoir son application d'une manière absolue , même dans l'hypothèse où les intérêts
du prix seraient supérieurs ou inférieurs aux revenus
de l'immeuble aliéné.

X. — La loi (art. 1096) a défendu aux époux de se
faire des donations irrévocables, et elle ne veut pas
que, soit directement, soit indirectement , ils puissent
arriver à ce résultat. Si donc le prix véritable avait été
dissimulé dans le contrat, si on en avait caché une
partie plus ou moins forte, nous admettrions l'époux
vendeur à prouver par témoins le chiffre réel du prix.
L'article 1436 nous permet cette interprétation com-
mandée d'ailleurs par l'article 1096. La loi ne dit pas
que la récompense a lieu sur le prix déclaré, mais
bien sur le *pied de la vente;* rien ne s'oppose donc à ce
que l'on prouve quel est le *pied réel,* le pied véritable
de la vente. En vain prétendrait-on que l'article 1341
prohibe la preuve testimoniale contre et outre le contenu aux actes ; — avec l'article 1348 nous répondrions
que ce principe est ici entièrement inapplicable puisque
le mari, en recevant l'intégralité du prix de l'acquéreur, se trouve engagé à restitution vis-à-vis de sa

femme par un quasi-contrat, bien plus que par l'acte de vente lui-même (1); avec l'art. 1353 nous dirions les magistrats peuvent admettre des présomptions graves, précises et concordantes, chaque fois qu'un acte est attaqué pour cause de fraude et de dol. Or, dans l'espèce il est certain qu'il y a fraude à la loi. En déguisant une partie du prix, on a voulu ou frauder l'administration de l'enregistrement, ou violer plus directement encore la loi en faisant une donation indirecte qui serait irrévocable (2).

Cette dernière considération nous conduira même à décider que la preuve du montant du prix moyennant lequel on a réellement vendu, pourra être faite, non-seulement par la femme qui aurait concouru à l'acte, mais encore par le mari qui l'aurait fait spontanément, comme propriétaire de l'immeuble vendu. La loi doit avant tout être respectée.

XI. — Lorsque nous avons dit, n° viii, que l'époux propriétaire ne pourrait prétendre que l'immeuble avait

(1) Nous avons vu plus haut, n° iv, que c'est par la réception du prix et non par la vente que la communauté est tenue à récompense.

(2) Arrêt de cassation du 14 février 1843. Devill., 1843, 1, 193, cassant un arrêt de Lyon du 11 février 1842. Berne, C. Bruyn. — Arrêt de Besançon du 21 juin 1845. Dame Chevalier c. syndics Chevalier. — Douai, 28 avril 1851. Devill., 1851, 2, 309. Dall. 52, 2, 290. Aff. Cannoune c. Avis. — Odier, vol. 1, n° 307. — Rodière et Pont, vol. 1, n° 713. — Revue de jurisp., anno 1852, page 632. — Marcadé, sur l'art. 1436, § 1. — Toullier, vol. 12, n° 345. — Le désir de combattre M. Delvincourt a porté Toullier à se contredire, vol. 13, n° 181.

une valeur supérieure à celle pour laquelle il a été vendu, nous avons supposé le cas le plus ordinaire; — celui où la vente était faite du consentement du propriétaire véritable. Mais si le mari, sortant des limites de son droit, abusant de son pouvoir, avait vendu l'immeuble de sa femme sans le consentement de celle-ci, et qu'elle renonçât à son droit de revendication, elle pourrait réclamer contre la communauté, non-seulement le prix qui y aurait été versé, mais la valeur réelle de l'objet aliéné. La femme, maîtresse de ne pas demander la nullité de la vente, ne saurait être forcée d'accepter comme définitif un prix qui aurait été fixé sans elle, et qui pourrait être de beaucoup inférieur à la valeur réelle de l'immeuble vendu (1).

(1) Duranton, vol. 14, n° 338. — Taulier, vol. 5, page 106. Cette hypothèse d'une vente faite par un mari, sans l'assentiment de la femme, peut donner lieu, en cas d'acceptation de la communauté par celle-ci, à des difficultés qui ont été résolues différemment par les auteurs.

Prévot de la Jannès décide que la femme qui « revendique » après la dissolution du mariage, ne peut le faire que pour » moitié si elle ne renonce à la communauté; ou du moins » qu'elle n'abandonne tous les biens qu'elle en a eu, autre- » ment elle serait tenue pour moitié de la garantie qui est » une dette de la communauté; or, cette dette consiste dans » l'obligation de faire jouir l'acquéreur, et il est clair qu'elle » ne peut évincer celui qu'elle est obligée de faire jouir. »

Prévot de la Jannès, princ., vol. 2, page 19, n° 313, § 3. — Pothier, v^{te}, n° 179. — Toullier, vol. 12, n° 226. — Troplong, v^{te}, vol. 1, n° 463, c^{te}, n° 730 et s.—Glandaz, n° 240. — Marcadé, art. 1428, § 3. — Amiens, 18 juin 1814.

Lebrun, au contraire, prétend qu'il faut aller plus loin, et dire que la femme est en droit de revendiquer, non la moitié seulement, mais le total de son héritage, parce que c'est une

XII.— « Lorsque l'héritage a été vendu pour un seul
» prix avec les fruits pendants, si la communauté a
» duré au-delà de la récolte de ces fruits, on doit, dit
» Pothier, déduire sur ce prix celui des fruits pendants,
» car la communauté ne profite pas du prix desdits
» fruits, lesquels lui auraient appartenu, s'ils n'eussent
» pas été vendus; elle ne profite que du surplus, elle
» ne doit donc la reprise que du surplus. »
» Par la même raison, ajoute-t-il, lorsque l'un des
» conjoints a vendu, durant la communauté, son héri-

condition de la communauté que le mari ne vende pas l'héritage de la femme sans son consentement. Ainsi, on ne peut
pas opposer le droit de communauté pour soutenir une vente
qui est contraire aux lois de la communauté et qui est nulle
de plein droit; en sorte que la question ne peut être que de
savoir si en ce cas la femme porte sa part des dommages-
intérêts.... Ce qui a été arrêté ci-dessus contre la femme.
liv. 2, chap. 4¹, sect. 1, page 340, n° 13. — Sic, Renusson,
cᵗᵉ, part. 1ʳᵉ, chap. 6, n° 64 à 69, page 39, et part. 2, chap. 6,
n° 41 à 46, page 161. — Bourjon, vol. 1, part. 4 de la cᵗᵉ,
chap. 2, n° 12, page 573. — Ferrière, vol. 2, art. 226, n° 7,
page 537. — Valin, art. 46, § 3, n° 31, page 617. — Duranton, vol. 14, n° 321. — Zachariæ, vol. 3, § 510, page 450,
note. — Pont et Rodière, vol. 1, n° 686. — Odier, vol. 1,
n° 279.— Dalloz, n° 1315. — Trib. civ. de Laon, 6 mai 1813.
Enfin, Choppin accorde à la femme le droit de revendiquer
l'immeuble entier sans même l'astreindre à aucun paiement
de dommages-intérêts. *Etsi namque tenditur emptori, in ad
quod interest, obligatus sit : Hujus tamen nominis, onerisque num-
marii particeps non est consorsque famina. De morib. Paris.*
liv. 2, tit. 1ᵉʳ, n° 30, page 201 — En effet, si cela avait lieu,
dit Duplessis sur l'article 226, pages 395 (note) et 397, on élu-

(¹) *Faute d'impression.* — Le livre 2 n'a que 3 chapitres : c'est liv. 2,
chap. 3, sect. 1, n° 38 à 39 qu'il faut lire; en ce passage, l'auteur oblige
la femme au paiement de moitié du prix et des dommages-intérêts

» tage propre, pour un certain prix, que l'acheteur,
» qui entrerait en jouissance du jour du contrat, ne
» paierait néanmoins qu'au bout de trois ans sans
» intérêt ; si la communauté a duré jusques et au-delà
» des trois ans, le conjoint ne peut prétendre la reprise
» de ce prix que sous la déduction de celui des trois
» années de jouissance qui auraient appartenu à la
» communauté, et qui est entré dans ce prix (1). »

derait la disposition de la coutume qui défend au mari
d'aliéner les propres de sa femme sans son consentement :
car étant tenue des dommages-intérêts..... cela produirait
le même effet, et la femme ne revendiquerait point son
héritage.

Sic, annotateur de Renusson, page 163. — L'Hommeau,
liv. 3, chap. de la c^{té} p. 287. — Delalande, art. 187, page 210.
— Pothier, c^{té}, n° 253. — Merlin, répert., v°, c^{té}, § 3, n° 6,
page 569. — Glandaz, v°, c^{té}, n° 166. — Taulier, vol. 5,
page 100.

Dans le premier système, pour lequel nous penchons, en
lui appliquant toutefois la restriction indiquée par l'art. 1483,
la femme aura une récompense qui comprendra les frais de
la demande en revendication, et la valeur réelle de la moitié
de l'immeuble qu'elle ne pourra revendiquer.

Dans le second, la femme devra être indemnisée en outre
du montant des dommages-intérêts qu'elle aura été obligée
de payer.

Enfin, dans le troisième, elle ne pourra évidemment avoir
de recours que pour les frais de la demande en revendication.

Du reste, dans toutes ces hypothèses, pour que l'indemnité
soit exactement calculée, il faudra avoir soin de ne jamais
oublier de se rendre compte de ce que la communauté a touché sur le prix de l'immeuble vendu sans le consentement de
la femme.

(1) Communauté, n° 590. — Introd. au titre 10 de la cout.
d'Orléans, chap. 5, n° 103.

Cette double opinion que M. Duranton considère comme parfaitement fondée (1) , nous paraît entièrement erronée. Elle repose sur cette idée que chacun des conjoints doit , pendant toute la durée du mariage, garantir à la communauté l'intégralité des revenus de ses immeubles personnels, alors même qu'ils auraient été vendus. Or, cette garantie nous ne la trouvons nulle part écrite dans la loi. La communauté n'a point un droit acquis *à priori* sur la jouissance de tel immeuble en particulier, elle ne peut dire tel bien est la propriété d'un des époux, j'en ai la jouissance , et cette jouissance personne ne peut me l'enlever. Elle n'a qu'un droit vague, indéterminé, flottant sur la jouissance de l'ensemble des immeubles qui sont ou seront la propriété des époux. Chacun peut disposer de cette jouissance, comme bon lui semble , sans être tenu à aucune garantie envers la communauté.

Contrairement à l'opinion de Pothier, nous dirons donc que la communauté devra récompense de l'intégralité du prix; « il n'y a pas eu deux ventes, une » du fonds et une des fruits; ce n'est qu'une seule » vente de l'immeuble tel qu'il est. *Fructus pendentes* » *pars fundi sunt* (2). »

Si le point de départ du système opposé était vrai, si la communauté avait droit à la garantie *à priori* de la jouissance des immeubles propres, elle y aurait droit d'une manière absolue, dans toutes les hypo-

(1) Vol. 14, n° 340. — Roll. de Villarg , v°, Repris. matrim., n°ˢ 42 et 43.
(2) Buguet, sur le n° 500 de Pothier. — Rodière et Pont, vol. 1, n° 718. — Marcadé, sur l'art. 1430, § 2.

thèses où cette prétendue règle pourrait recevoir son application. Ainsi, dans le cas où la communauté acquerrait, moyennant 100,000 francs, une propriété immobilière qui serait payée avec les deniers de l'un des époux et qu'on louerait ensuite 3,000 francs; la communauté, qui jouissait des 5,000 francs d'intérêts produits par le capital, ne devrait récompense du capital de 100,000 francs, à l'époux dont les deniers ont servi au paiement, que sous la déduction de la capitalisation des 2,000 francs de revenus annuels produits en moins par le loyer de l'immeuble. Certes, personne n'oserait soutenir cette solution qui est cependant la conséquence logique du système de Pothier; c'est assez dire que le système est faux; que le principe de la garantie de la jouissance des immeubles propres n'est point fondé et qu'il ne peut servir à résoudre la question que nous venons d'examiner.

Remarquons en outre, en fait, que dans les deux hypothèses prévues par Pothier, le prix de vente se trouvera plus élevé précisément à cause des circonstances de la vente, et que par suite, l'intérêt de ce prix sera annuellement plus considérable, de sorte que si la communauté dure un laps de temps assez long, après la vente, il pourra se faire qu'elle reçoive plus, dans l'opinion que nous embrassons, qu'elle n'aurait reçu en suivant l'opinion contraire. Enfin, presque toujours les intérêts du capital produit par la vente seront supérieurs aux revenus de l'immeuble, et la communauté trouvera dans cette différence une compensation bien suffisante.

XIII. —Le prix de l'aliénation, au lieu d'être un capital fixe, un droit perpétuel, peut consister en une rente viagère, droit essentiellement temporaire. Comment devrons-nous appliquer les règles sur les récompenses à cette hypothèse dans laquelle il y aura presque toujours une différence entre le revenu du droit temporaire et celui du droit perpétuel? Pothier qui examine cette question, choisit l'exemple suivant : « Un héritage, dont le revenu était, toutes charges et » risques déduits, de 600 livres par chacun an, a été » aliéné pour une rente annuelle et viagère de 1,000 » livres, et la communauté a duré dix ans depuis » l'aliénation de cet héritage; la rente viagère excède » de 400 livres, par chacun an, le revenu de l'héritage; » c'est pour les dix années qui en ont couru pendant » la communauté, une somme de 4,000 livres dont la » communauté a profité, et dont l'époux qui a aliéné » son héritage doit avoir la reprise. » (n° 594.)

L'opinion de Pothier avait été résumée en ces termes par Prévot de la Jannès : « Le remploi n'est que de ce » dont la rente viagère a excédé, pendant tout le temps » que le mariage a duré, le revenu qu'aurait produit » cet héritage, car c'est tout ce dont la communauté a » profité de cette aliénation » (1).

Bourjon l'avait relevée comme droit commun de la France (2) : « Après la dissolution de la communauté, » si la rente viagère a été assise sur la tête de celui dont

---

(1) Princip. de la jurispr., tit. 5, sect. 5, n° 369.
(2) Vol, 1, tit. 10, 2ᵉ partie, chap. 11, sect. 6, distinct. 2, n° 37; et 6ᵉ partie, chap. 2, sect. 3, distinct. 3, n° 38.

» le propre a été ainsi aliéné, il jouit seul de cette rente
» viagère.... elle est représentative de son fonds, et
» sauf en outre sa récompense qui se réduit à retirer
» de la communauté l'excédant des arrérages qu'elle a
» perçu au par-dessus de ce qu'elle aurait touché si
» telle aliénation n'eût pas été faite, et qu'on eût con-
» servé le propre en nature. »

Au contraire, Lebrun voulait que la communauté
remboursât à l'époux vendeur la totalité des annuités
qu'elle aurait reçues, et dont elle pouvait seulement
jouir pendant sa durée : « Il faut, dit-il, rendre au mari
» toutes les années de jouissance que la communauté
» a perçues depuis sa constitution du fonds perdu,
» parce qu'elles sont le prix de l'aliénation; mais sur
» chacune de ces années il en faut déduire l'intérêt;
» ...... ainsi le mari aura son remploi, et la commu-
» nauté l'usage du prix du propre aliéné » (1).

Enfin, d'autres auteurs considéraient l'aliénation
comme une vente ordinaire, et donnaient à l'époux
propriétaire la récompense de la valeur de l'héritage.

Ces deux derniers systèmes ont été entièrement
abandonnés; ils n'ont été, à notre connaissance, repro-
duits par aucun des auteurs qui ont écrit sur cette
matière.

Le premier, que soutenait Pothier, fut au contraire
suivi par d'excellens esprits. Le seul motif que l'on
trouve exprimé à l'appui de leur opinion, c'est que « la
» communauté n'a réellement profité de l'aliénation

_____

(1) Liv. 1er, chap. 8, sect. 2, distinct. 2, nomb. 17, p. 126.

» que pour cet excédant de la rente sur le revenu » (1).

Nous croyons ces divers systèmes également erronés. Les annuités de la rente viagère ne représentent pas le prix de l'aliénation, mais seulement les revenus de cette aliénation ; le prix c'est la rente elle-même, c'est-à-dire le droit de percevoir et d'exiger les arrérages. Ce prix, la communauté ne l'a pas touché, il existe toujours en nature, il reste propre à l'époux vendeur, qui le reprend lors de la dissolution de la communauté. Celle-ci ne l'ayant pas reçu ne doit aucune récompense (2). Sans doute la communauté touchera des revenus plus élevés que ceux qu'aurait produits le capital perpétuel aliéné, mais elle a droit, en général, aux revenus de tous les propres des époux quelle que soit leur origine ; et ce droit est subordonné à celui que les époux eux-mêmes ont sur leurs biens. Dans l'espèce, la rente, le droit de réclamer les arrérages, reste propre à l'époux, les arrérages en sont le revenu, la communauté peut les toucher. L'époux vendeur a, il est vrai, modifié sa position, mais à ses risques et périls ; il a converti un droit perpétuel en un autre temporaire ; si le second lui est moins avantageux c'est sa faute ; si

---

(1) Toullier, vol. 12, n° 350 — Glandaz, *loco citato*, n° 260. — Zachariæ, vol. 3, n° 511, lettre d. — Odier, vol. 1, n° 308. — Taulier, vol. 5, page 106. — Troplong, vol. 2, n° 1090. — Roll. de Villarg., v°, repris. matr., n° 45 et s.

(2) *Suprà*, n° 4. — Bugnet sur Pothier, n° 594. — Proudhon, usufruit, vol. 5, n° 2675 et s. — Rodière et Pont, vol. 1, n° 716. — Marcadé, sur l'art. 1436, § 2. — Cour de Nancy, 3 juin 1853, *Gazette des Tribunaux* du 20 juillet 1853, page 690. Aff. Lasnier.

même il périt entièrement, il périt pour l'époux qui est
resté propriétaire.

L'opinion contraire est la continuation de l'erreur
qui donne à la communauté un droit fixe, déterminé, sur
la jouissance des biens des époux. Cette erreur que nous
retrouvons dans la question suivante, a été par nous
relevée au numéro précédent; il est inutile d'y revenir.

Au surplus, les conséquences du système que nous
repoussons sont telles qu'elles lui portent le dernier
coup et le condamnent entièrement. Ainsi, dans
l'exemple que nous avons emprunté à Pothier, si nous
supposons que la dissolution n'arrive que quarante ans
après la vente, la communauté devra une récompense
de 16,000 fr.

Le droit perpétuel produisant 600 fr. pouvait ne valoir
que 12,000 fr.; au lieu de cette somme, l'époux vendeur
toucherait 16,000 fr. de récompense produisant 800 fr.
d'intérêt, et resterait encore propriétaire du droit temporaire contre lequel il aurait échangé son droit perpétuel.

L'absurdité du résultat logiquement déduit du principe en démontre assez la fausseté pour que nous
n'ayons pas à insister.

XIV. — Réciproquement, si l'immeuble aliéné était
un usufruit propre à l'un des époux, et produisant plus
que les intérêts du capital perpétuel moyennant lequel
il aurait été vendu, comment devra-t-on calculer la récompense due par la communauté? Dans le droit ancien, Pothier avait d'abord fait une distinction fondée
sur la cause qui amenait la dissolution de la commu-

nauté. « Si c'est par le prédécès de l'époux vendeur
» que la communauté a été dissoute, ses héritiers, dit-
» il, ne peuvent prétendre aucun remploi du prix : car,
» comme en ce cas, ce droit, s'il n'eût pas été vendu, se
» serait entièrement confondu dans la communauté,
» sans qu'il en restât rien au conjoint lors de la disso-
» lution de la communauté, c'est la communauté qui
» doit seule profiter du prix pour lequel il a été vendu.
» — Si le conjoint à qui ce droit appartenait a survécu
» à la dissolution de la communauté, il doit avoir la
» reprise d'une partie seulement du prix, pour raison
» du temps incertain qui reste dudit usufruit : par
» exemple, si la communauté a duré cinq ans depuis
» la vente de l'usufruit, et qu'on estime à dix ans le
» temps incertain qui en reste à courir, le conjoint
» aura la reprise des deux tiers du prix » (1).

D'autres auteurs refusaient de se préoccuper de la
mort de l'usufruitier; ils accordaient à l'époux vendeur la récompense sur le pied de la vente, « mais,
» disaient-ils, il faut déduire ce dont les revenus de
» cet usufruit auraient excédé les intérêts de la
» somme reçue pendant tout le temps que le mariage
» a duré; car la communauté n'a profité de la somme
» qu'elle a reçue que sous cette déduction, puisque
» les revenus de cet usufruit auraient dû tomber dans
» la communauté » (2).

Ce dernier système paraît avoir rallié la majorité

(1) Cout. d'Orléans, introd. au titre 10, chap. 8, n° 106,
page 309.
(2) Prévot de la Jannès, *loco citato*, page 86.

des auteurs. Il a même été adopté par Pothier, qui avait d'abord soutenu le premier; et il en fait ainsi l'application (n° 592) : « Je suppose qu'un droit d'usu-
» fruit dont le revenu était de 1,000 livres par chacun
» an, ait été vendu pour le prix de 12,000 livres,
» et que la communauté ait duré dix ans; ..... cet
» usufruit, s'il n'eût pas été vendu, aurait, pendant les
» dix ans, couru depuis la vente jusqu'à la dissolu-
» tion de communauté, produit, par chacun an, 400
» livres de plus que l'intérêt des 12,000 livres, ce qui
» fait pour les dix ans 4,000 livres; le conjoint ne doit
» donc avoir la reprise de la somme de 12,000 livres
» pour laquelle son propre a été vendu, que sous la
» déduction de ladite somme de 4,000 livres. »

Dans notre droit actuel, nous ne connaissons que M. Duranton qui suive le premier système, et prenne encore en considération la cause de la dissolution de la communauté (1). C'est à nos yeux une erreur évidente repoussée par la généralité des termes de l'article 1433, qui, sans distinction aucune, accorde une récompense à l'époux dont un des immeubles a été vendu pendant la communauté. Évidemment la communauté a profité du prix de la vente de l'usufruit. Peu importe ensuite la perte du droit d'usufruit par la mort du propriétaire; la vente avait été consommée, l'époux avait une créance fixe, déterminée par le prix de vente, créance qui ne s'éteint pas par la mort du propriétaire, mais passe au contraire à ses héritiers.

En vain M. Duranton prétend-il que la communauté

(1) Vol. 14, n° 340.

ne s'est pas enrichie aux dépens de l'usufruitier, puisque l'usufruit aurait cessé par sa mort. Il y a dans ce
raisonnement plus de subtilité que de logique. Si par
un cas fortuit l'époux ne perd pas, il n'en est pas moins
vrai que la communauté s'enrichit aux dépens de l'immeuble de l'usufruitier. D'ailleurs, si l'époux a converti son droit viager en un droit perpétuel, n'est-ce pas
dans l'intérêt de ses héritiers, pour parer aux éventualités d'une mort qui les aurait dépouillés en mettant
fin à l'usufruit, avant qu'il n'eût pu, sur ses revenus
plus élevés, faire des économies qui devaient leur
rester? Sous ce point de vue, la communauté se serait
donc enrichie aux dépens des prévisions et des espérances sérieuses de l'époux vendeur. En outre, l'argument de M. Duranton prouverait beaucoup trop; car il
conduirait à dire que quel que soit l'immeuble qui
aura été vendu il ne sera pas dû récompense, si au
moment de la dissolution, l'immeuble se trouvait détruit
entre les mains du tiers acquéreur par une circonstance
qui l'aurait également fait périr entre les mains de
l'époux vendeur.

L'opinion de M. Duranton est donc inadmissible;
nous dirons avec Pothier (n° 592) : « Il n'importe que
» la dissolution de la communauté soit arrivée par le
» prédécès de celui des conjoints à qui appartenait l'usu-
» fruit, ou par celui de l'autre conjoint ; la reprise du
» prix se règle de même manière en l'un et l'autre cas.»

Si nous repoussons le système qui interroge la cause
de la dissolution de la communauté, nous n'acceptons
pas davantage le calcul de la récompense basé sur la

différence des revenus de l'usufruit avec les intérêts du capital. Ce système cependant compte en sa faveur de graves autorités ; MM. Merlin (1), Toullier (2), Duranton (3), Zachariæ (4), Taulier (5), Odier (6) et Glandaz (7) lui ont prêté l'appui de leurs noms. Ce dernier auteur va même jusqu'à dire que l'opinion de Pothier est implicitement consacrée par les articles 1433-1436. — Pour nous, nous croyons qu'il sera dû récompense du montant du prix sans aucune déduction ; ou, pour nous servir des expressions des art. 1433 - 1436, qui nous paraissent avoir consacré notre opinion , il y aura lieu au prélèvement du prix de l'usufruit sur la communauté au profit de l'époux qui était propriétaire, sur le pied de la vente, quelqu'allégation qui soit faite touchant la valeur de l'usufruit aliéné.

Deux hypothèses montreront combien est illogique et erroné le système que nous repoussons. Un des conjoints est propriétaire d'une maison produisant 1,000 fr. de loyer annuel, et d'un usufruit dont le revenu s'élève à même somme; il dispose à titre gratuit de ces deux immeubles ; aucun jurisconsulte n'osera soutenir qu'il est dû à la communauté récompense du montant des revenus perdus pour elle. Dans la même hypothèse l'époux propriétaire , au lieu de disposer à titre gratuit,

(1) V°, remploi, § 2, n° 2.
(2) Vol. 12, n°⁸ 347 et 348.
(3) Vol. 14, n° 340.
(4) Vol. 3, § 511, texte et note 6, page 454.
(5) Vol. 5, pag. 106 et 107.
(6) Vol. 1, n° 309.
(7) *Loco citato*, n° 260.— Roll. de Vill., v°, repris. matrim., n° 56.

vend la maison 10,000 fr. et l'usufruit même somme. Si la dissolution de la communauté arrive avant le paiement, le prix est resté propre à l'époux vendeur, aucune question de récompense ne peut être soulevée. Au contraire, si la communauté a touché le prix, elle en est débitrice, elle en doit l'intégralité, personne, en ce qui concerne la vente de la maison, n'oserait prétendre que, le prix de cette maison n'ayant pas produit autant que le loyer qu'on en retirait, la communauté a le droit de déduire, sur le montant du prix, les annuités formées par la différence entre les loyers et les intérêts du prix. Si cette prétention ne peut trouver le moindre appui dans la loi pour la vente d'un héritage ordinaire, comment oser la soutenir pour la vente d'un droit d'usufruit ? Est-ce que les principes ne sont pas les mêmes ? Est-ce qu'il est dû à la communauté garantie des revenus dans un cas plutôt que dans l'autre ?

Si l'époux a pu donner et enlever à la communauté tout le revenu, sans indemnité, comment prétendre que, parce qu'il aura vendu un immeuble temporaire, et que les intérêts du prix de vente, seront tombés dans la communauté, il devra tenir compte à celle-ci de la différence de revenu ? Évidemment c'est un non-sens.

Les partisans du système de Pothier ont cru devoir faire ici l'application de ce principe incontestable que les époux ne doivent pas s'enrichir aux dépens de la communauté. Mais l'application de ce principe à l'espèce actuelle nous paraît singulièrement contestable. Si nous embrassons d'un coup-d'œil les principes géné-

raux sur la communauté, sur les récompenses, nous
verrons que la loi ne s'est préoccupée des fruits, de la
jouissance des immeubles, qu'autant que ces immeubles
sont encore en la possession des époux. Pour le Législateur les bénéfices faits sur la différence des revenus
ne sont pas un avantage dont on doive tenir compte.
(1527 *in fine.*) L'époux échangeant un immeuble
propre en plein rapport, contre un autre qui serait à
la charge de la communauté, et ne produirait que longtemps après la dissolution, ne pourrait, même dans
l'opinion opposée à la nôtre, être tenu à récompense.

Nous repoussons donc d'une manière formelle le
système de Pothier, qui, dans l'exemple par lui cité,
en supposant 40 ans de durée à la communauté depuis
la vente, aurait pour résultat de faire rendre à l'époux
vendeur 16,000 francs alors que la communauté ne lui
en aurait dû que 12,000; ce qui la constituerait en
perte de 4,000 francs. Cette conséquence emporte avec
elle la condamnation entière du système.

Nous déciderons donc que l'époux qui a vendu un
droit d'usufruit, doit être indemnisé de la totalité du
prix, comme il le serait pour la vente de tout autre
immeuble (1). C'est le cas de dire avec la loi 28 § 2 :
*Magis placuit nullam habendam earum rationem, et
sanè non amarè, nec tanquam inter infestos jus....
tractandum est., sed ut inter conjunctos maximo
affectu, et solam inopiam timentes* (2).

(1) Lebrun, livre 1er, chap. 5, sect. 2, dist. 2, nomb. 10,
page 127. — Proudhon, de l'usufruit, vol. 5, n° 2672 et s. —
Rodière et Pont, *loco citato.* — Marcadé, sur l'art. 1436, § 3.
(2) D., liv. 24, tit. 1er.

XV. — L'immeuble vendu peut avoir été acheté par l'époux vendeur, antérieurement au mariage, mais sous une condition qui s'est réalisée pendant sa durée; dans cette hypothèse la récompense sera également due. Avant le mariage, l'époux avait en effet sur l'immeuble, un droit qu'on ne pouvait lui enlever, et d'ailleurs, l'effet rétroactif de la condition accomplie, fait remonter la propriété sur sa tête, jusqu'à l'époque où est intervenue la convention originaire; l'immeuble était donc propre à l'époux vendeur.

C'était dans l'ancien droit un point incontestable; Dumoulin disait (1) : *Non enim omnis nova acquisitio communicatur inter virum et uxorem, sed solum ea quæ fit constante matrimonio, et non dependet à jure jam alterutri eorum antè matrimonium quæsito.*

XVI. — Au lieu d'être le résultat d'une vente, l'aliénation d'un droit propre à l'époux peut être la conséquence d'un autre acte; la communauté n'en devra pas moins récompense chaque fois que l'acte lui aura procuré quelque avantage appréciable. Ainsi, dans un échange, avec soulte, d'immeubles propres à l'un des époux, cette soulte ne doit pas tomber en communauté; elle restera propre comme l'immeuble reçu en contre-échange par l'époux originairement propriétaire

_____

(1) Comm. sur Paris, tit. 1er des fiefs. § 43, n° 187, p. 1063. — D'Argentré sur Bretagne, art. 418, gl. 3, n° 9, cité plus haut. Plus récemment cette solution fut donnée par Lebrun, liv. 1er, chap. 5, sect. 3, n° 13, page 182, par Pothier, n° 157 et 320; — elle est généralement adoptée aujourd'hui.

des immeubles échangés ; et si elle est versée dans la communauté, il y aura lieu à récompense en faveur de l'époux échangiste (1407). *Si patrimonialis alterius conjugum fundus datus sit, is qui acceptus est vicissim ejus patrimonialis sit, et proprius... Breviter dico quodcumque nomine supplementi datum sit, id principalis contractus naturæ accedere, ideòque in ejus naturam transgredi* (1).

XVII. — De même, « lorsque pendant la commu-
» nauté l'un des conjoints a été obligé de délaisser un
» de ses héritages propres, sur une action de réméré,
» il est créancier de la communauté, de la reprise du
» prix de l'héritage qui lui a été rendu sur ladite
» action de réméré » (2). L'époux avait un droit personnel sur l'immeuble, ce droit immobilier se trouve
aliéné par l'action qu'a intentée le vendeur, il est de
toute justice que la communauté doive une indemnité
du montant de ce dont elle s'est enrichie.

XVIII. — Si l'époux, propriétaire de l'immeuble, était
poursuivi pour lésion de plus des sept douzièmes, et
qu'il rendit l'immeuble en reprenant le prix qu'il
avait payé, ce prix versé dans la communauté, don-
nerait-il lieu à récompense ? Contrairement à l'opinion
par lui soutenue en matière de délaissement sur une

(1) D'Argentré, sur l'art. 418, gl. 2, nos 1 et 3. — Sur les effets de la subrogation résultant d'échange, on peut consulter Pothier, no 197. — Choppin disait : *Qui à me recipitur fundus reciprocâ alterius communicatione, induit naturam ejus omninò cui compermutatus est*, liv. 2, tit. 1er, no 26.

(2) Pothier, de la Communauté, no 597.

action de réméré, Pothier dans l'espèce se prononçait
pour la négative. « La vente qui lui a été faite de cet
» héritage, étant rescindée par le jugement qui inter-
» vient sur cette action, il est censé, dit-il, n'en avoir
» jamais été propriétaire. Le délais qu'il en fait sur cette
» action ne peut donc passer pour une aliénation de
» son héritage propre, et la somme qui lui est rendue
» sur cette action par le vendeur, ne peut passer pour
» le prix de son héritage propre, il est censé avoir seu-
» lement été créancier pour la répétition de cette
» somme, *condictione sinè causâ*, comme l'ayant
» payée en vertu d'un contrat nul. Cette créance étant
» la créance d'une somme d'argent, et par conséquent
» une créance mobilière, est tombée dans la commu-
» nauté, sans que le conjoint en puisse avoir aucune
» reprise » (1).

Nous ne pouvons admettre cette opinion. Au moment du mariage l'époux était en possession de l'immeuble; c'était pour lui un droit personnel que sa
nature mettait hors de la communauté. Si ce droit
disparaît, s'il est éteint par un motif ou par un autre,
et qu'à son occasion il y ait, nous ne dirons pas un
prix, mais une valeur quelconque versée dans la
communauté, il y a lieu à récompense, parce que,
s'il en était autrement, cette valeur enrichirait la
communauté aux dépens de celui qui était en possession du droit. Sans doute ce droit s'est trouvé annulé,
et l'époux est devenu créancier d'une somme mobi-

(1) Pothier, n° 598, et cout. d'Orléans, introd. au tit. 10,
chap. 5, n° 108, page 310.

lière, mais cette créance est née de l'existence momentanée du droit propre à l'époux, et cela suffit pour que celui-ci puisse prétendre à une récompense (1).

L'opinion contraire aurait pour résultat de nuire ou d'être avantageuse à la communauté selon que l'époux opterait pour le paiement du supplément ou pour le délaissement de l'immeuble. On ouvrirait ainsi la porte aux avantages indirects et irrévocables que la loi repousse avec soin (2).

XIX. — Dans les deux hypothèses que nous venons d'examiner, si, outre la restitution du prix, l'époux délaissant « a reçu du demandeur une certaine somme » d'argent pour le prix des méliorations faites par » lui ou par ses auteurs sur cet héritage *avant son* » *mariage,* il est créancier de la communauté de la » reprise de cette somme; car ces méliorations étant » quelque chose qui fait partie de l'héritage sur lequel » elles ont été faites, la somme qu'il a reçue pour le » prix de ces méliorations, est une somme qu'il a » reçue durant la communauté pour le prix de son » propre, qu'il a été obligé de délaisser et d'aliéner » pendant la communauté » (3).

(1) Voir dans ce sens. — Choppin de *Morib. Parisior.* liv. 1, tit. 1, n° 29, où il cite un arrêt du Parlement de Rennes, dans lequel *pronuntiatum est adversùs mobilium donatariam,* an. 1563. — Carondas en ses réponses, liv. 6, rép. 55, page 222. — Lebrun, liv. 1er, chap. 5, sect. 3, nombre 16, page 152.

(2) *Sic,* Toullier, vol. 12, n° 189. — Duranton, vol. 14, n° 346. — Rodière et Pont, nos 419-434. — Roll. de Vill., vo, cté, n° 154. — Glandaz, n° 88 — Troplong, vol. 1, n° 446. — Dalloz, réport., vo, contrat de mariage, n° 750, 2e édition.

(3) Pothier, auquel nous empruntons ce passage, n° 599,

XX. — Si l'acquéreur d'un immeuble originairement propre à l'un des époux payait le supplément du juste prix sur la poursuite en rescision dirigée contre lui pour cause de lésion de plus des sept douzièmes ; la communauté qui toucherait le supplément devrait-elle la récompense? La solution de cette question dépend de cette autre : Quelle est la nature de l'action qu'exerce l'époux vendeur? Car si la somme remplace un droit immobilier elle se trouvera exclue de la communauté et à ce titre donnera lieu à récompense si elle est touchée par la communauté. Au contraire, si elle représente un droit mobilier elle tombera définitivement dans la communauté, sans que puisse s'élever de question de récompense. Pour résoudre cette première question il ne faut pas perdre de vue ce principe que ce n'est pas toujours par le résultat obtenu

ne l'applique pas, on le conçoit, à l'hypothèse prévue par notre numéro précédent; mais si l'on adopte la solution donnée par nous sous ce numéro, il faut évidemment appliquer la conséquence que nous signalons. Si l'époux qui a fait des améliorations délaissait par suite d'une action en revendication; Pothier, n° 600, lui refuse la reprise de la somme qu'il a reçue pour prix de ces améliorations, parce que l'héritage n'a jamais appartenu à cet époux qui n'a jamais eu qu'une créance contre le revendicant ou contre son vendeur ; créance mobilière représentant le prix des améliorations et qui est tombée dans la communauté. M. Bugnet considère cette opinion comme peu équitable, mais il n'ose cependant la combattre de front; elle repose, en effet, sur les vrais principes, et peut même, selon nous, se justifier en équité. L'époux, s'il n'avait pas fait les améliorations, aurait eu dans ses mains une valeur mobilière plus considérable qui serait tombée dans la communauté.

que l'on doit apprécier la nature de l'action que le
créancier pouvait exercer. Dans les obligations alter-
natives, les deux choses se trouvent comprises dans
l'obligation (art. 1189), le paiement fait par le débiteur
fixe la nature mobilière ou immobilière de la créance,
puisque ce paiement porte sur une chose réellement
due. Dans les obligations facultatives, au contraire,
il n'y a qu'une seule chose due, le créancier ne peut
réclamer que cette chose, et si le débiteur peut se
libérer autrement, l'objet avec lequel il paie n'étant
pas compris dans l'obligation, ne figurant que *solutionis gratiâ*, la nature de l'action est déterminée par la
seule chose que pouvait exiger le créancier, et non par
celle que facultativement le débiteur pouvait payer.

Ceci dit, nous croyons que l'action en rescision est
essentiellement immobilière. Le vendeur ne peut réclamer qu'une chose, l'anéantissement du contrat de
vente, et la remise entre ses mains de l'immeuble
vendu, ce n'est que facultativement que l'acquéreur
peut payer le supplément du prix. Toutefois cette
solution avait souffert quelques difficultés dans l'ancien droit; et aujourd'hui encore M. Taulier veut voir
dans cette action un droit alternatif, mobilier si le
supplément du prix est payé et par suite tombant dans
la communauté; immobilier, au contraire, si l'immeuble est rendu. « Il serait bizarre, dit-il, que le
» paiement du supplément, réparation si directe et si
» naturelle, n'occupât dans les obligations de l'acqué-
» reur qu'une place secondaire » (1).

(1) Vol. 5, page 44.

Dans notre ancienne jurisprudence, Despeisses disait aussi (1) : « Néanmoins si le vendeur a été » lézé par-dessus la moitié du juste prix, l'acheteur » est obligé de le parfaire ou bien de rendre la chose » en reprenant son prix. » Pour lui la dette de l'acquéreur était alternative, et c'était en définitive le paiement qui indiquait la nature de l'action. Il appuyait son système sur la loi 2, *de Rescindendâ venditione*, ainsi conçue (2) : *Rem majoris pretii, si... minoris distraxeris, humanum est ut, vel pretium te restituente emptoribus, fundum venundatum recipias... vel si emptor elegerit quod deest justo pretio, recipias.* C'est en effet dans cette loi que nous trouvons l'origine de l'action en rescision dont nous recherchons la nature, c'est cette loi qui doit nous donner la solution.

Mais remarquons d'abord que l'opinion de Despeisses était repoussée par la majorité des auteurs qui ont écrit sur notre droit coutumier. Dumoulin considérait l'action en rescision comme purement immobilière : *quod sufficit maximè cùm sola rescisio et restitutio sit in obligatione, suppletio autem pretii in facultate quæ non est in consideratione* (3). Après lui Pothier avait professé la même doctrine. « L'obligation de l'acheteur, dit-il (4), n'est que d'une

---

(1) Vol. 1, tit. 1, sect. 4, n° 5, page 26.
(2) Code, liv. 4, tit. 44.
(3) Cout. de Paris, tit. 1, § 33, glose 1re, n° 44, page 776.
(4) Traité de la vente, n° 349. — *Sic*, Lebrun, liv. 1, chap. 5, section 3, § 15, page 152. — Bacquet, droit de just., chap. 21, n° 312.

» seule chose, savoir, de la restitution de l'héritage, il
» n'est en aucune manière débiteur du supplément du
» juste prix, ne s'étant jamais obligé qu'au prix porté
» par son contrat, et à rien de plus. Le choix que la loi
» lui donne de payer le supplément du juste prix n'est
» qu'une faculté qu'elle lui donne de se rédimer de
» l'obligation de rendre l'héritage, par le paiement de
» ce supplément. Ce supplément n'est que *in facultate*
» *solutionis et luitionis,* il n'est pas *in obligatione.* »

C'était bien là en effet le véritable sens de la loi
romaine. Le choix réservé à l'acheteur, *si emptor ele-*
gerit, de répondre à l'action en rescision par le paiement du supplément du prix, indique qu'il y a seulement faculté laissée à celui-ci. « La restitution et
» rescision, dit un vieil auteur (1), sont seules qui
» entrent en obligation, sans qu'autrement ledit sup-
» plément y vienne, n'y que de tous deux ensemble
» on puisse faire une obligation alternative, comme
» Bartole a estimé bien que suivy par le vulgaire des
» praticiens contre ce que Accurse en avait dit sur la
» glose de ladite constitution principale approuvée
» presque par tous les autres interprètes du droit. »

Cette interprétation reçoit sous notre Code un nouveau caractère d'évidence de l'art. 891, qui, dans une

(1) Maynard, liv. 3, chap. 89, n° 1. — *Sic,* Carondas, liv. 6,
rép. 67; et liv. 7, rép. 113. — On peut voir dans un arrêt
rendu en faveur de la reine d'Ecosse, tenant en douaire le
comté de Poictou, comment l'ancienne jurisprudence appré-
ciait le supplément de prix. Maynard donne à cet arrêt la date
du 5 janvier 1503. Carondas le rapporte aux deux dates, 5
janvier 1565, 5 janvier 1595.

espèce analogue, autorise le défendeur en rescision *à arrêter le cours de la demande en fournissant au demandeur le supplément.* Ces expressions indiquent suffisamment qu'il ne peut y avoir dans les conclusions du demandeur que la demande immobilière afin de rescision puisqu'on en arrête le cours en fournissant le supplément. L'article 1674 tranche d'ailleurs la question dans le même sens, puisqu'il donne au vendeur un seul droit, celui de demander la rescision de la vente; c'est là seulement l'objet direct de son action, et si plus tard l'acquéreur peut se libérer autrement (1681), c'est quand l'action immobilière en rescision a été déclarée fondée (1).

La conséquence forcée, c'est que l'action est immobilière, que la somme payée à titre de supplément de prix remplace un droit immobilier pour l'époux vendeur et que la communauté qui aura reçu sera débitrice de la somme et en devra récompense.

C'est en vain que M. Taulier se retranche, pour repousser cette opinion, derrière cette considération que le prix d'une vente antérieure au mariage tombant dans la communauté « la raison, le sens intime ne

---

(1) Pothier, nᵒ 598, §2; et cout. d'Orl., *loc. cit.*, chap. 5, nᵒ 107. — Toullier, vol. 12, nᵒ 187. — Duranton, vol. 14, nᵒˢ 114-331. — Troplong, de la vente, vol. 2, nᵒ 808. — Zachariæ, vol. 3, § 507, p. 417. — Grenier, des donat., nᵒ 164. — Glandaz, nᵒ 86 — Roll. de Vill., vᵒ, cᵗᵉ, nᵒ 153. — Odier, vol. 1, nᵒ 89. — Rod. et Pont, nᵒ 433. — Dalloz, 2ᵉ édit., nᵒ 659. — Bourges, 25 janvier 1832. Devill., 1832, 2, 556. Aff. Lariche. — *Contrà* cassation, 23 prairial an XII, et 14 mai 1806.

» seraient pas satisfaits si le supplément n'y tombait
» pas, et cela pour le plus grand honneur de je ne sais,
» dit-il, quelles susceptibilités juridiques. » M. Taulier
s'en prend à tort à ce qu'il appelle des susceptibilités
juridiques, à ce qui n'est que l'application logique de
principes très-sérieux. Il oublie que si la vente originaire avait eu lieu pendant le mariage, tout le prix
donnerait lieu à récompense, et que l'époux a droit à
cette récompense précisément parce qu'il avait conservé un droit immobilier qui n'est point entré en
communauté et qu'il a aliéné pendant le mariage.
L'autre époux n'a point dû compter sur ce supplément
de prix pour augmenter la communauté, et si la vente
originaire avait été portée à sa véritable valeur,
l'époux vendeur aurait peut-être exclu de la communauté cette somme qui eût été son actif mobilier le
plus clair.

XXI. — Un époux aurait également droit à une indemnité pour ce qui aurait été touché par la communauté
à l'occasion d'une transaction intervenue sur des droits
immobiliers litigieux qui lui étaient propres, ou pour
prix du désistement d'une demande en revendication
par lui intentée. La somme que reçoit la communauté
dans ces deux hypothèses est réellement le prix de
l'abandon d'un propre de l'époux (1).

(1) *Quia non ob id censetur ab eo jus aliquod novum recipere, sed
in pristino jure contrà transigentem.... manere.* Dum. sur Paris,
tit. 1, § 78, gl. 3, n° 16, p. 1493. — *Sic*, d'Argentré, sur
l'art. 418, cout. de Bretagne, gl. 1, n° 12, p. 1533, — qui
distingue, avec raison, entre la transaction sur difficulté réelle
et celle sur un droit incontestable et qui n'est que simulée.

XXII.—A l'examen des questions de récompense que peut soulever l'aliénation d'un droit personnel, se rattachent les difficultés qui peuvent naître du partage d'une succession à laquelle l'un des époux se trouve appelé. En effet, quoique le Législateur, par des motifs faciles à justifier, ait refusé de voir, dans un partage, un acte attributif d'une propriété nouvelle ; qu'il l'ait au contraire considéré comme déclaratif d'une propriété préexistante, il est cependant certain que, dans un partage, chaque co-partageant abandonne une partie de ses droits au profit des autres co-partageans, et réciproquement. Que décider dans le cas où il est attribué à l'un des époux, appelé conjointement avec d'autres au partage d'une succession, des valeurs mobilières pour une somme supérieure à celle qui devait lui revenir, et compensativement des valeurs immobilières pour une somme moindre? La communauté qui s'enrichit aux dépens des droits de l'époux co-partageant devra-t-elle une indemnité ?

Lebrun se prononçait autrefois pour la récompense. « On doit, dit-il, se défaire de tous les préjugés de la » matière des successions, et il ne s'agit plus de dire » que les partages ont un effet rétroactif; qu'on est » censé avoir eu au moment du décès ce qu'on » a dans l'événement des partages...... Ces rai- » sons sont hors-d'œuvre en fait de récompenses » de communauté qui ne touchent point aux par- » tages de succession, et les laissent comme ils » sont, mais qui indemnisent le conjoint de ce » qu'il devait avoir, et sont un remède nécessaire

» pour conserver l'égalité entre conjoints » (1).

Pothier, au contraire, n'accordait dans l'hypothèse que nous examinons aucune récompense. « On ne
» peut pas dire en ce cas que ce que l'époux a eu en
» mobilier dans son lot de plus que le montant de sa
» part dans le mobilier de la succession lui tienne
» lieu, et soit subrogé à ce qu'il a eu de moins que
» sa part dans la masse immobilière. Les meubles et
» les immeubles de cette succession ne composent
» qu'une même succession, dans laquelle le conjoint
» est censé n'avoir jamais eu de droit qu'aux choses
» échues dans son lot par lequel il est rempli de sa
» portion héréditaire » (2).

Ce dernier système est celui que nous croyons devoir être suivi aujourd'hui. Il a pour lui l'autorité du raisonnement de Pothier, et il s'appuie d'une manière invincible sur le texte de l'article 1401 qui fait tomber, sans récompense, dans la communauté tout le mobilier qui échoit aux époux pendant le mariage à titre de succession, sans distinguer si cette succession est toute mobilière ou mixte.

Consacrée par la jurisprudence (3), cette opinion a

(1) Liv. 1er, chap. 5, sect. 2, distinct. 1, n° 81.

(2) N° 100. Sic, Renusson, 1re partie, chap. 3, n°s 4 et 5, page 5, traité de la c°. — En rapprochant, dans d'Argentré, un passage de la note 1, § 10, in fine, sur l'art. 73, page 307, de la glose 2, n° 7, de l'art. 418, page 1537, on voit que cet auteur ne croyait pas qu'il y eût lieu à récompense.

(3) Rennes, 31 juillet 1811. — Caen, 9 mars 1830. Devill., an. 1830, 2, 351. Aff. Roland c. Péronny. — Toullier, vol. 12, n° 119. — Duranton, vol. 14, n° 117. — Zachariæ, vol. 3, § 507, n°s 16 et 38. — Rodière et Pont, vol. 1,

été admise par la majorité des auteurs, avec cette modification de toute justice, que s'il y avait eu collusion entre les co-héritiers dans la vue d'avantager la
communauté, et par suite l'autre époux, la récompense serait due. Il faut en effet éviter tout ce qui
aurait pour résultat intentionnel d'éluder les dispositions prohibitives de l'article 1096. Et nous pourrons
voir une collusion suffisante dans ce fait que l'époux
aura pris, sans aucune formalité, tel lot plutôt que
tel autre, alors qu'il avait liberté pleine et entière de
choisir. La solution dépendra des circonstances. *Dolus
est si quis*, dit Ulpien, *nolit persequi quod persequi potest, aut si quis non exigerit quod exigere
solet* (1).

XXIII. —Dans la question qui précède, nous avons,
en fait, appliqué à la communauté le principe, pro-
clamé par l'article 883, que chaque co-héritier est
censé avoir succédé seul et immédiatement à tous les
effets compris dans son lot, ou à lui échus sur licitation, et n'avoir jamais eu la propriété des autres
effets de la succession. L'application de ce principe
devra-t-elle se faire dans une succession purement

---

n° 356. — Odier, vol. 1, n° 78. — Roll. de Vill.,
v°, c^t, n° 96. — Marcadé, sur l'art. 1406, § 2. — Troplong, vol. 1, n° 370. — Sous le n° 119 M. Duranton adopte,
à tort, une opinion contraire, quand l'époux n'a eu que *des
créances*. Cependant si ces créances étaient prises en dehors
de l'hérédité, nous croyons qu'il y aurait lieu à récompense,
comme dans l'hypothèse prévue dans le n° 23. — Rejet du
11 décembre 1850. Dall, 51, 1, 287.

(1) Digest., liv. 17, tit. 1 (*mandati vel contrà*), loi 41.

immobilière, aux soultes ou retours de lots, payés à
l'époux, et tombés dans la communauté, et encore à
la part dans le prix d'immeubles licités pendant le
mariage entre lui et ses co-héritiers ; ou au contraire
la communauté sera-t-elle tenue à une récompense?

Lebrun, qui a examiné cette question, disait : « Il est
» dû récompense (1) au conjoint si on lui forme une
» soulte de partage mobilière pour des droits immobi-
» liers à lui échus. De même si son propre est adjugé
» par licitation à son co-héritier. » Renusson donnait
la même solution (2). « Si le partage a été fait du-
» rant le mariage, dit-il, la soulte qui en est due
» n'entre pas en la communauté quoiqu'elle ait été
» payée durant le mariage. Elle doit être considérée
» en la personne de celui auquel elle est due, de
» même que le prix d'un héritage propre appartenant
» à l'un ou l'autre des conjoints. »

Bourjon au contraire repoussait la récompense,
« parce que le partage a un effet rétroactif et que le
» conjoint est censé n'avoir jamais eu de droit qu'en
» la soulte pour cette portion d'immeubles dont elle
» lui tient lieu, sauf toujours l'effet de la fraude » (3).
Mais ses annotateurs ont abandonné son opinion pour
suivre celle de Renusson qu'ils se sont contentés de

(1) Liv. 3, chap. 2, sect. 1, distinct. 10, n° 2 ; et distinct. 8
du même livre. V. aussi liv. 1, chap. 8, sect. 1, distinct. 1.

(2) Cte, 1re partie, chap. 3, n° 16. — Sic, Propr., chap. 4,
sect. 1, n° 3.

(3) Droit commun, 6e part., tit. 10, chap. 2, sect. 4, dist. 3,
n° 67.

copier sans même indiquer la source où ils prenaient leur décision (1).

Entre ces deux systèmes Pothier s'était prononcé pour le premier, et les raisons sur lesquelles il s'appuie doivent encore être suivies aujourd'hui. Nous ne pouvons mieux faire que de les reproduire textuellement. « Ce serait à tort, dit-il, que se fondant sur » ce que le partage ayant dans notre jurisprudence un » effet rétroactif, on prétendrait que le conjoint est » censé avoir succédé directement au retour en de- » niers dont son co-héritier est chargé envers lui, » retour en deniers qui doit tomber dans la commu- » nauté. — La réponse est que ce retour n'est pas un » simple effet mobilier de la succession, auquel on » puisse dire que le conjoint a succédé, on ne peut » dire que ce soit un effet de la succession, puisque la » succession était toute immobilière et que ce n'est » pas dans la bourse de la succession, mais dans la » bourse particulière du co-héritier qui en est chargé » que doit se prendre ce retour. Ce retour en deniers... » doit donc passer pour une créance contre son co- » héritier, mobilière, à la vérité, mais qui... lui est » provenue durant le mariage du droit qu'il avait à » une succession immobilière et par conséquent d'un » droit immobilier : elle doit donc, quoiqu'elle soit » mobilière en soi, être exclue de la commu- » nauté » (2).

(1) 2e partie, tit. 10, chap. 3, no 7, note.
(2) No 100. Sic, Nancy, 3 mars 1837. Devil., 39, 2, 202. Aff. Beugnot c. Mourot. — Douai, 9 mai 1849. Devil., 50, 2,

Le conjoint qui aura touché une somme d'argent tombée en communauté, pour sa part dans une succession immobilière, devra donc être indemnisé par la communauté. La somme était substituée au droit immobilier : *immobile enim hoc vulgò creditur, quasi in vicem hæreditatis, successorium pretium*, dit Choppin (1). Nous devons suivre les mêmes principes que dans l'hypothèse où l'immeuble propre à l'un des époux a été vendu pendant le mariage ; l'analogie est complète.

XXIV. — Nous avons supposé jusqu'à présent que le partage ou la licitation avait eu lieu pendant le mariage, mais si ces opérations étaient terminées avant la célébration, si le conjoint était seulement créancier de la soulte ou du prix, en ce cas, dit Renusson, « la » somme de deniers qui lui était due pour soulte et » retour de partage est entrée en la communauté : car » au temps que le mariage a été contracté, il était » véritable de dire que le conjoint auquel la soulte » était due n'avait plus de part dans l'immeuble échu » à son co-héritier et co-partageant ; il ne lui était dû » qu'une somme de deniers, qui est une chose pure- » ment mobilière qui entre en la communauté. Après » la dissolution de la communauté, il ne lui en est dû

180. Aff. Carpentier. — Rejet, 11 décembre 1850. Aff. de Grandval. Dall., 51, 1, 287. — Toullier, vol. 12, n° 118. — Duranton, vol. 14, n° 118. — Rodière et Pont, vol. 1, n° 431. Revue de jurisp., 2e année, page 139. — Odier, vol. 1, n° 200. — Roll. de Vill., v°, cté, n° 95. — Marcadé, sur l'art. 1408, § 8. — Troplong, vol. 1, n° 444.

(1) *De Morib. Paris.*, liv. 1, tit. 1, § 21, page 37.

» aucun remploi ni récompense. Cela a ainsi été jugé
» par un arrêt qui a confirmé une sentence rendue
» par le sénéchal du Maine le 2 juin 1655 » (1).

Lebrun ne voulait pas voir quel était l'objet de l'action qu'avait l'époux vendeur ou co-partageant, il en recherchait la cause, et comme il la trouvait dans l'aliénation d'un droit immobilier, il adoptait une solution contraire (2). Mais la majorité des auteurs avait refusé de le suivre dans ce système. Presque tous disaient avec Dumoulin (3) : « *Actio judicatur secun-* » *dum qualitatem rei ad quam competit;* » la nature de l'action se détermine par la nature de la chose qui en est l'objet, et ils rejetaient la récompense dans l'espèce que nous examinons.

Sous l'empire de notre droit actuel, en présence de la règle générale posée dans l'article 1401, nous dirons que le droit du co-partageant contre son co-partageant ou contre un tiers, étant un droit mobilier qui ne s'exerce pas à l'occasion d'un immeuble dont il est encore en possession au moment du mariage, il ne peut y avoir lieu à aucune question de récompense (4).

(1) Comm., 1re part., chap. 3, no 15, page 7. — Propres, chap. 4, sect. 1, no 3, l'auteur cite le même arrêt en lui donnant la date du 2 juin 1635.

(2) Liv. 1, chap. 5, sect. 1, distinct. 1, nos 10 à 21. Pour combattre l'autorité résultant de l'arrêt du mois de juin 1635 ou 1655, — il en altère les termes, en change la signification.

(3) Tit. 1er des fiefs, § 20.

(4) *Sic,* Pothier, nos 69 et 77. — Glandaz, vo, cté, no 20. — Toullier, vol. 12, no 104. — Duranton, vol. 14, no 112. — Rodière et Pont, vol. 1, no 330.

XXV. — Si un tiers s'est rédimé de services fonciers dus à des héritages propres à l'un des époux, il y a lieu au prélèvement de ce prix sur la communauté au profit de l'époux propriétaire des services rachetés. Cette seconde hypothèse de l'article 1433 rentre jusqu'à un certain point dans la première qu'avait prévue la loi, et elle devait être mise sur la même ligne. La servitude en effet est un démembrement de la propriété, l'aliénation qu'en fait le propriétaire du fonds dominant, constitue de sa part la vente d'un droit personnel qui a diminué la valeur de ce fonds; le prix touché par la communauté doit donc donner lieu à récompense.

Il en serait de même pour l'hypothèse contraire où l'un des époux aurait consenti, au profit d'un tiers, une servitude sur un de ses immeubles moyennant une somme qui aurait été versée dans la communauté.

Enfin, il y aurait encore lieu à récompense si, au moyen d'une concession ou d'une renonciation faite au préjudice de ses biens propres, l'un des conjoints affranchissait des biens de la communauté et augmentait ainsi leur valeur (1).

Les développements par nous précédemment donnés nous dispensent de tous détails sur cette cause de récompense. Le principe pourra, sans difficulté sérieuse, recevoir son application dans la pratique.

XXVI. — Nous avons déjà dit que le Législateur avait posé dans l'article 1433 un principe général d'équité

(1) Pothier, cté, n° 607.

qui imposait à la communauté l'obligation d'une récompense chaque fois qu'elle avait profité d'un droit qui, par sa nature, était propre à l'un des époux. Comme conséquence, les droits de la communauté sur les immeubles propres à chacun des époux étant limités par la loi aux fruits, revenus, intérêts et arrérages perçus ou échus pendant le mariage (1401 § 2), chaque fois qu'en dehors des règles ordinaires de cette perception un produit quelconque d'un propre aura profité à la communauté, il y aura lieu à indemnité en faveur de l'époux propriétaire.

Ainsi et par extension du mot *fruit* (1), le Législateur fait tomber dans la communauté, sans récompense, le produit des mines et carrières qui sont en exploitation au moment du mariage. Mais si les carrières et mines ont été ouvertes pendant le mariage, les produits n'en tombent dans la communauté que sauf récompense ou indemnité *à celui des époux à qui elle pourra être due* (1403-598). Malgré ces dernières expressions, nous pensons que l'indemnité ne peut jamais être due qu'à celui des époux qui était propriétaire du fonds, ou à la communauté, selon que les produits de l'extraction auront été supérieurs ou inférieurs aux déboursés faits pour arriver à l'exploitation. Jamais la récompense ne pourra profiter directement à l'époux non-propriétaire.

Cette inexactitude de rédaction dans l'article 1403 a été, pour la première fois, relevée par M. Delvincourt que M. Toullier a critiqué fort mal à propos sur ce

_____

(1) *Nec est in fructu marmor.*, loi 7, § 13. D. soluto matrim...

point. Pour soutenir la rédaction de l'article 1403, Toullier suppose (1) que les héritiers de la femme qui était propriétaire du terrain et débitrice de la récompense (parce que les produits ont été inférieurs aux déboursés) renoncent à la communauté, et il décide qu'ils devront au mari seul « l'indemnité de toutes les dé- » penses utiles qu'il a faites pour la mise en activité » de l'exploitation d'une mine qui améliore considéra- » blement le fonds de la femme. » Mais Toullier n'a point vu que le mari touchait la récompense, non comme ayant fait les dépenses, mais comme successeur de la communauté à laquelle les héritiers de la femme ont renoncé, et à laquelle seule ils devaient la récompense.

Toullier a pris pour point de départ de sa solution, l'opinion par lui soutenue que la communauté commençait seulement au jour de la dissolution du mariage. Dans l'espèce il disait : « Il n'y a jamais eu » communauté, on ne peut pas dire que l'indemnité » soit due à la communauté. » Mais cette opinion est aujourd'hui proscrite à ce point qu'il est inutile de la combattre, la communauté commence du jour du mariage et finit avec lui. L'exemple choisi par Toullier, loin de détruire l'observation que nous avons faite sur la rédaction de l'article 1403, la confirme de la manière la plus péremptoire. C'est à l'époux propriétaire ou à la communauté que la récompense sera due (2).

(1) Vol. 12, n° 128.
(2) Si le mari, propriétaire du terrain, était débiteur de l'indemnité, et que la femme renonçât à la communauté, elle n'aurait aucun droit à cette indemnité.

M. Troplong semble cependant adopter l'opinion de Toullier : « Du reste, dit-il, il n'est pas impossible, » par contre, qu'une indemnité soit due à l'époux non-» propriétaire qui, pour ouvrir la carrière, a fait des » dépenses profitables à l'époux propriétaire » (1).

Si M. Troplong suppose que les dépenses ont été faites, à l'aide des ressources fournies par un propre de l'époux non-propriétaire, il a parfaitement raison ; il y a créance de l'un des époux sur l'autre. Mais s'il admet l'opinion de Toullier sans s'y être arrêté, parce qu'il pense que payer l'indemnité à la communauté elle-même, ou au mari successeur de la communauté les conséquences sont les mêmes ; il y a erreur grave. Les articles 1479, 1492, 1493, montrent l'importance de la question, et nous forcent à maintenir la critique que nous avons faite de la rédaction employée par le Législateur.

XXVII. — Aux termes de l'article 16 de la loi du 21 avril 1810 le gouvernement peut accorder une concession de mine à tout autre qu'au propriétaire du terrain. Si la concession a été faite avant le mariage, le produit annuel de la redevance sera versé dans la communauté sans donner lieu à récompense. Mais le droit à la redevance, en lui-même, abstraction faite de ses produits, restera propre à l'époux propriétaire, comme droit immobilier distinct de la propriété de la surface ; et la vente qui en serait faite pendant le mariage donnerait lieu à récompense en faveur de l'époux propriétaire du droit (art. 18 et 19 de la même loi).

(1) Contrat de mar., vol. 1, n° 863.

XXVIII.—Ainsi encore, la communauté qui a droit aux coupes de bois et futaies aménagées (1403-590-592), ne peut rien prétendre sur les arbres ou même les taillis qui seraient coupés en dehors des règles de l'usufruit. Si une coupe quelconque était faite, si un abattage d'arbres avait lieu contrairement aux droits usufructuaires de la communauté, il y aurait lieu à récompense en faveur de l'époux propriétaire pour le profit qu'en aurait retiré la communauté. *Sed si grandes arbores essent, non posse eas cædere*, dit le jurisconsulte Paul (1). En effet, les arbres de haute futaie ne sont pas considérés comme fruits.

« Mais, dit Lebrun, ceux que les passans ont arra-
» chés ou que la force des vents a déracinés appar-
» tiennent à la communauté parce que son droit est
» plus considérable que celui d'un usufruitier ordi-
» naire » (2). Nous croyons au contraire qu'il faut suivre l'opinion d'Ulpien et que, comme dans l'hypothèse précédente, récompense sera due à l'époux propriétaire. *Sed et si vi tempestatis ceciderunt, dici oportet pretium earum restituendum mulieri, nec in fructum cedere* (3). Seulement et comme correctif, nous accorderons au mari le droit d'employer ces arbres, sans récompense, pour faire les réparations dont il est tenu (4).

(1) Loi 11 *de usufructu*, D., liv. 7, tit. 1.
(2) Liv. 1, chap. 5, distinct. 2, n° 2.
(3) Loi 7, § 12 D. *soluto matrim...*, liv. 24, tit. 3.
(4) Art. 592. C'est la consécration de la loi 12. *D. de usufructu*.

XXIX.—La loi ne s'est pas préoccupée de l'hypothèse dans laquelle une récolte serait faite avant la maturité des fruits ; c'est qu'alors, en effet, l'anticipation ne peut être que de quelques jours à peine et qu'en général il ne peut y avoir lieu à récompense. Il en devrait cependant être autrement, si dans la prévision de la mort très prochaine de son conjoint, l'autre faisait par anticipation, une récolte qui, retardée jusqu'au jour de la maturité, n'aurait eu lieu qu'après le décès de celui qui était malade. En effet, si l'on n'avait fait la récolte qu'au moment de la maturité, la dissolution de la communauté serait survenue dans l'intervalle, et l'époux propriétaire du fonds aurait profité de toute la récolte qui, par suite de l'anticipation, profitera à la communauté. Il y aura donc lieu à récompense en faveur de l'époux propriétaire du fonds sur lequel la récolte aurait été faite par anticipation (1).

La récolte doit être considérée comme faite aussitôt que les fruits sont détachés de la terre, alors même qu'ils ne seraient pas rentrés. *Si fructuarius messem fecit et decessit, stipulam quæ in messe jacet, heredis ejus, Labeo ait : spicam quæ terrâ teneatur domini fundi esse* (2).

(1) Taulier, vol. 5, page 51. — Pothier, nos 210-211. — La loi 48 D. *de usufructu* paraît consacrer un principe contraire : *Silvam cæduam etiamsi intempestivè cæsa sit*, *in fructu esse constat : sicut olea immatura lecta : item fœnum immaturum cæsum in fructu est*. Mais Africanus a établi la véritable règle à suivre dans la loi 35, § 1 D. *locat. cond. Tu cum tuus annus exiturus esset, consultò fructum insequentis anni corrupisti, præstabitur à te mihi damnum.*

(2) Loi 13, D. liv. 7, tit. 4, *quib. mod. usufr. amitt.*

10

XXX.—Aux questions que nous examinons actuellement peut se rattacher celle de savoir s'il sera dû récompense à l'époux propriétaire du fonds dans lequel aurait été trouvé un trésor touché par la communauté. M. Toullier (1) recherche si le trésor a été trouvé par un autre que l'époux propriétaire du fonds, ou au contraire par le propriétaire lui-même. Dans la première hypothèse il prétend que la moitié revenant au propriétaire, aux termes de l'article 716, ne pouvant être considérée comme un fruit, ni un revenu du fonds, ne doit être versée dans la communauté qu'à charge de récompense. Quant à la moitié revenant à l'inventeur, Toullier ne s'en préoccupe pas, mais il résulte de son numéro 130, qu'elle doit tomber sans récompense dans la communauté. Dans la deuxième hypothèse, quand c'est l'époux propriétaire du fonds qui trouve lui-même le trésor, Toullier veut que la totalité en appartienne et reste propre, *jure soli*, à l'époux dans le fonds duquel se trouvait le trésor. Il appuie sa solution sur l'art. 552 qui décide que la propriété du sol emporte la propriété du dessus et du dessous, et sur l'article 716 qui dit que la propriété d'un trésor appartient à celui qui le trouve dans son propre fonds.

L'auteur fait prédominer la qualité de propriétaire sur celle d'inventeur, et au propriétaire il laisse en propre, ce qu'il appelle un meuble provenu de son fonds, mais qui n'est ni un fruit ni un revenu de ce fonds.

En partageant l'opinion de Toullier dans la première hypothèse, M. Duranton s'en sépare dans la seconde,

(1) Vol. 12, nos 129-130-131.

et décide que l'époux inventeur et propriétaire du
fonds n'a droit qu'à la moitié du trésor, comme propriétaire, l'autre moitié devant tomber dans la communauté. « D'abord, dit-il (1), l'article 716 en disant
» que la propriété du trésor appartient à celui qui le
» trouve dans son propre fonds, statue par opposi-
» tion au cas... où le trésor est trouvé par un tiers,
» cas dans lequel le propriétaire du fonds n'en a que
» la moitié. Cet article n'a pas eu pour objet de dire
» que le maître du fonds qui a trouvé lui-même le
» trésor l'a en totalité à titre de propriétaire; au con-
» traire il en a la moitié au même titre que si c'eût été
» un tiers qui l'eût trouvé, et l'autre moitié à titre
» de propriétaire. »

Cette prédominance du titre de propriétaire sur celui
d'inventeur est donc entièrement arbitraire; si elle
était vraie le Législateur aurait eu tort d'attribuer à l'inventeur une part égale à celle du propriétaire du fonds.

. « Et, ajoute M. Duranton, quant à la règle que la
» propriété du sol emporte la propriété du dessus et
» du dessous, M. Toullier en fait une bien étrange
» application en ce qui concerne la moitié du trésor,
» que nous prétendons devoir tomber dans la commu-
» nauté, quoique celui des époux qui l'a trouvé l'ait
» trouvé sur son propre fonds. Si cette règle était
» applicable, il faudrait dire aussi que tout le trésor
» doit appartenir à l'époux quoique ce fût un tiers qui
» l'eût trouvé. » Or, nous savons que le Législateur
n'a point consacré cette règle; qu'il accorde, au con-

(1) Vol. 14, n° 133.

traire, moitié à l'inventeur. La règle est donc fausse dans l'application qu'en veut faire Toullier.

M. Duranton pense donc « que la moitié du trésor » trouvé pendant le mariage par l'un des époux, » tombe en communauté, sans récompense; peu im- » porte que le trésor fût enfoui dans un fonds apparte- » nant à un tiers; ou qu'il le fût dans un fonds appar- » tenant à l'époux même qui l'a découvert » (1). L'autre moitié, dans ce système, reste propre à celui qui est propriétaire du fonds, et donne lieu à récompense si elle est versée dans la communauté.

Pour nous, nous avons soutenu, il y a déjà quelque temps, que la totalité du trésor trouvé par l'époux pro- priétaire du fonds, ou la moitié lui revenant en sa qua- lité de propriétaire quand l'inventeur était un tiers, devait tomber dans la communauté. Sans doute, l'ar- ticle 598 refuse à l'usufruitier tout droit au trésor trouvé sur le terrain dont il jouit, sans doute le trésor n'est pas un fruit; mais l'usufruitier n'a droit qu'aux fruits tandis que la communauté a droit à tous les meubles des époux; et quand le propriétaire du fonds a droit au trésor, ce droit essentiellement mobilier appartient à la communauté. Sans doute encore ce même article met sur la même ligne les mines et car- rières ouvertes pendant l'usufruit, et le trésor trouvé

(1) Sic, Zachariæ, vol. 3, § 507, page 413. — Marcadé, sur l'art. 1403, § 5. — Glandaz, n° 47. Cet auteur cite, à l'appui de son opinion, Lebrun, qui fait au contraire tomber dans la communauté la part revenant à la femme, propriétaire du fonds, à moins de stipulation contraire dans le contrat de mariage.

pendant sa durée, mais cette assimilation, bonne pour l'usufruitier qui n'a droit qu'aux fruits, eût été inexplicable pour la communauté dont les droits sont plus étendus ; aussi le Code ne l'a-t-il pas reproduite, et il a indiqué par là qu'il en repoussait l'application dans la matière qui nous occupe.

Et c'était avec raison. Les mines, les carrières, les tourbières font partie intégrante de l'immeuble : non-ouvertes encore elles sont immeubles, elles forment la plus grande richesse du fonds ; si on les exploite il y a appauvrissement du fonds par suite même de l'exploitation. Le trésor, au contraire, n'est qu'un accident dans le terrain ; c'est un fait ignoré, il n'ajoute rien à la valeur du fonds ; il n'en provient pas ; après sa découverte l'immeuble garde sa même valeur ; il n'y a pas appauvrissement comme dans l'hypothèse où la mine a été entièrement exploitée. Pour nous servir de l'expression de M. Duranton, « le trésor ne » faisait pas plus partie du fonds que les bêtes fauves » qui s'y trouvent n'en font partie. »

Pour n'être pas un fruit le trésor trouvé n'en est pas moins un meuble, ayant son individualité propre ; comme tel il faut bien qu'il tombe dans la communauté (1).

Cette opinion s'appuie, dans notre droit ancien, sur des autorités d'un très grand poids qui ont examiné sérieusement la question, et dont les rédacteurs du Code ont accepté tacitement la solution, en n'édictant pas une règle contraire. D'Argentré le premier avait

(1) Merlin, vᵒ, cté, § 2, nᵒ 4.

dit : *Nunc quidem (maritus) vendicare poterit et consumere, non uti in fundo uxorio repertum, sed quia in mobilium vim et numerum cadit. Ideòque et mariti arbitrium est* (1). Après lui Duplessis avait écrit : « Choppin dit que l'argent caché de temps » immémorial dans un lieu est réputé immobilier ; » mais cela n'est pas véritable parce que cet argent » n'est pas un fruit de l'héritage où il est trouvé, et » comme c'est une chose mobiliaire il doit par consé- » quent entrer en communauté » (2). Enfin Lebrun, dont on a invoqué l'autorité dans le système contraire, s'exprime en ces termes : (3) « J'estime que le mari » jouit de la part du trésor qui est dû à sa femme, » non pas comme usufruitier, car un trésor n'est pas » un fruit, ni civil, ni naturel, ni industrieux, mais » comme maître de la communauté dans laquelle cette » part de la femme doit entrer comme tout autre » meuble..... Régulièrement la propriété de cette part » qui reste à la femme comme propriétaire du fonds » doit aussi entrer en sa communauté. »

Depuis l'époque où, pour la première fois, nous avons émis cette opinion (4), elle a été suivie et développée par quelques auteurs modernes (5), elle a pour

(1) Cout. de Bretagne, art. 53, note 2, n° 8, page 212.
(2) C⁺ⁱ, liv. 1ᵉʳ, chap. 2, note II, page 363. — Voici le passage de Choppin : *Vetus prætereà depositio pecuniæ, cujus non extat memoria, immobili cuidam accensetur. De Mor. Paris. Liv. 1, tit. 1, n° 30, page 41.*
(3) C⁺ⁱ, liv. 1, chap. 5, sect. 2, dist. 2, n° 25, page 129.
(4) Thèse pour le doctorat, 1843.
(5) Odier, vol. 1, n° 86. — Rodière et Pont, vol. 1, n° 367. — Troplong, vol. 1, n° 417.

elle le texte de l'article 1401 § 1, et nous la croyons appelée à triompher entièrement, et à faire oublier celle contraire qu'avait présentée Pothier (1).

XXXI. — Les engagements contractés dans l'intérêt exclusif de la communauté par l'un ou l'autre des époux au profit de tiers, nous présentent un nouveau point de vue sous lequel nous apparaît la théorie des récompenses. Ces engagements profitant à la communauté devront nécessairement amener comme corollaire, la nécessité d'une récompense en faveur de l'époux qui se sera obligé. Pour le mari cette récompense ne pourra jamais être que de moitié de la somme formant l'importance de l'engagement contracté, puisqu'il était personnellement tenu de l'autre moitié comme commun en biens ; mais pour la femme elle pourra être de moitié ou de la totalité, selon que celle-ci acceptera ou répudiera la communauté.

La femme, dit l'article 1431, qui s'oblige solidairement avec son mari pour les affaires de la communauté, n'est réputée, à l'égard de celui-ci, s'être obligée que comme caution, elle doit être indemnisée de l'obligation qu'elle a contractée. La dépendance dans laquelle se trouve la femme vis-à-vis de son mari explique et justifie complètement cette disposition qui, d'abord repoussée dans notre ancien droit parce que la femme était tenue *en son nom et de son chef et non à cause de la communauté,* fut plus tard admise,

(1) C^{té}, n° 98. — Guyot, répert. de jurisp., v°, c^{té}, 2e partie, page 219, édit. 1777. Ces deux auteurs n'apportent aucun élément sérieux à l'appui de leur opinion.

« n'estant pas raisonnable, dit Bacquet (1), qu'elle
» paye aucunes debtes ou rentes deuës par la commu-
» nauté, attendu qu'elle a renoncé à icelle et perdu
» tout ce qu'elle avait apporté en ladite communauté...
» joint qu'il est facile à un mary ou bon ou sévère, ou
» accort de faire parler et obliger sa femme ès debtes
» qu'il créera, ou rentes qu'il constituera. »

Cette indemnité, limitée à moitié en cas d'acceptation de la communauté, s'étendra, ainsi que nous
venons de le dire, à la totalité de la dette payée par la
femme, dans le cas où elle renoncerait à la communauté.

Si, au lieu d'être obligée solidairement, la femme ne
l'était que conjointement avec son mari, elle ne pourrait jamais être tenue que de moitié de la dette (1487),
et ce ne serait qu'en cas de renonciation qu'elle pourrait réclamer une indemnité pour cette moitié. L'acceptation en effet la rendrait personnellement débitrice ;
jusqu'à concurrence de son émolument (1483), de la
dette due par la communauté, et, dans ces limites,
lui ôterait tout droit à une récompense (2).

XXXII. — L'article 1431 suppose évidemment que

(1) Droits de justice, chap. 21, n. 96, page 218. — Dumoulin dit aussi : *Cùm mulier cum marito in solidum vendidisset
domum mariti, fuit illa vidua per sententiam et arrestum condem-
nata etiam in totum, nonobstante renunciatione societatis, salvo suo
recursu contrà hæredis viri*, sur l'art. 245 de la cout. de Bourbonnais, vol. 4, page 391.

(2) Si l'obligation de la femme était dans l'intérêt du mari,
les relations de récompense, ou plutôt de créancière à débiteur, existeraient directement de la femme au mari; la
communauté y resterait étrangère.

l'obligation a été contractée pour les affaires de la
communauté, mais ce n'est là qu'une présomption
juris tantùm contre laquelle la preuve contraire
pourra, sans contredit, être admise. En fait les tribunaux examineront la portée du contrat qui est intervenu, le sens réel qu'il doit avoir, le *gestum* bien
plus que le *scriptum;* ils pourront décider que la
femme est tenue personnellement de la moitié de la
dette ou même de la totalité. Ainsi la cour de Lyon
a parfaitement pu déclarer que l'engagement contracté
solidairement par deux époux, dans le but de racheter
leur fils du service militaire, était dans un intérêt commun à tous deux ; « que la femme n'était pas simple-
» ment engagée en qualité de caution de son mari,
» mais en son nom personnel, et qu'il en était de cette
» espèce, comme du cas où une dot aurait été cons-
» tituée par le père et la mère conjointement (1). »
Ainsi encore c'est avec raison que la cour de Paris a
décidé que le cautionnement solidaire souscrit par une
femme et son second mari, dans l'intérêt d'enfants
qu'elle avait eus d'un premier mariage, constituait
une dette personnelle à chacun des époux, solidaire
à l'égard du créancier, mais divisible entre eux conformément aux principes généraux qui régissent le
cautionnement; dette pour laquelle en cas de renonciation de la part de la femme, elle n'aurait de recours
que pour la moitié seulement si elle avait payé le tout;

(1) 11 juin 1833. Devill., 33, 2, 654. — Rennes, 22 novembre 1848. Dall., 51, 2, 151. —Revue de jurisp., 2e année.
page 16.

et pour laquelle, dans la même hypothèse de renonciation, elle n'aurait aucune indemnité à réclamer si elle n'en avait payé que la moitié (1).

Cette question, examinée par la doctrine dans l'ancien droit, avait divisé les auteurs. Lebrun accordait en tout cas un recours à la femme, « parce qu'on a » donné l'indemnité à la femme qui renonce, à cause » de sa propre faiblesse et de la puissance du mari. » Or ces raisons ont encore plus de lieu quand les » conjoints se sont obligés sans en tirer aucun profit, » et quand ils ont cautionné autrui (2). » Au contraire, Bacquet disait (3) : « Si à cause des debtes person- » nelles, ou constitutions de rentes, ès quelles la » femme a parlé avec son mary, la communauté » d'entre le mary et la femme n'a ressenty aucun » profit n'y émolument quelconque parce que c'es- » taient responses faites pour quelques parents et » amis.... il semble qu'en ce cas la femme ou l'héri- » tier de la femme, encore qu'ils aient renoncé à la » communauté, après la dissolution du mariage, » estant poursuyvis pour lesdites rentes ou debtes » n'auront aucun recours. »

Les termes si précis de l'article 1431 condamnent formellement l'opinion soutenue autrefois par Lebrun et sanctionnent au contraire celle de Bacquet.

XXXIII. —Aux termes de l'article 1213 l'obligation

(1) 30 décembre 1841. *Journal du Palais*, vol. 1842, 1re part., page 294.
(2) Liv. 2, chap. 3, sect. 1re, page 261.
(3) *Loco citato*, n° 98, page 220.

contractée solidairement se divise de plein droit entre les débiteurs qui n'en sont tenus entre eux que chacun pour sa part et portion : la loi suppose en général que chaque co-débiteur a le même intérêt, que la dette est contractée dans l'intérêt de tous. Dans la matière qui nous occupe il en est autrement ; la présomption est en faveur de la femme; *elle n'est réputée que caution* (1431), ce sera au mari à faire la preuve contraire.

XXXIV.—Beaucoup de dettes à la charge de la communauté pour lesquelles l'un des époux sera engagé pourront avoir leur origine dans les successions qui viendront à échoir à l'un ou l'autre d'eux pendant le mariage. L'explication des différentes hypothèses qui se présenteront sera la meilleure application pratique des principes que nous venons d'exposer, et guidera dans la solution de toutes les questions qui pourront surgir.

Aux termes de l'article 1411, les dettes des successions purement mobilières échues aux époux pendant le mariage sont, pour le tout, à la charge de la communauté. Si la succession est échue au mari, celui-ci, en sa qualité d'héritier du défunt, reste personnellement engagé vis-à-vis des créanciers de la succession, et en cas de poursuite de leur part et de paiement par lui avec ses biens personnels, il doit être indemnisé par la communauté qui profite seule de toutes les valeurs comprises dans la succession. — Si c'est la femme qui est héritière, deux hypothèses peuvent se présenter : ou la femme a accepté avec l'autorisation de son mari, — ou au contraire, elle s'est fait autoriser par justice. Dans la première hypothèse, les créanciers peuvent poursuivre pour le tout, et la femme héritière du défunt et le mari qui a donné son consentement à l'acceptation (1419). Selon l'exigence et la direction de ces poursuites, le mari ou la femme, dont les biens personnels auront été atteints, pourra réclamer une indemnité à la communauté. Dans la seconde hypothèse il faut faire une sous-distinction : 1° Le mari a eu soin de faire inventaire; alors les créanciers ne peuvent poursuivre que les biens de la succession, et la nue-propriété des biens de la femme, sans jamais pouvoir atteindre le mari. Si la femme acquitte elle-même la dette, elle devra être indemnisée jusqu'à concurrence des valeurs actives dont aura profité la communauté (1411-1416 § 2 1417). 2° Le mari a négligé de faire procéder à l'inventaire, et d'empêcher la confusion du mobilier héréditaire avec le fonds commun; alors les droits des créanciers seront les mêmes que si le mari avait autorisé sa femme; et selon que les biens de la femme ou ceux du mari auront servi à l'extinction de la dette, récompense sera due à l'un ou à l'autre par la communauté.

L'article 1412 laisse les dettes d'une succession purement immobilière complètement à la charge de celui des époux qui hérite; par conséquent il ne peut jamais y avoir lieu à indemnité en faveur de celui qui aura payé la dette puisqu'il est débiteur de l'intégralité de cette dette. Si exceptionnellement la communauté peut être poursuivie, c'est à elle seule et non à la femme (1) que la récompense sera due, et ce n'est point ici que nous avons à nous occuper de cette hypothèse.

Les articles 1414-1416-1417 qui s'occupent du cas le plus ordinaire où la succession est mixte, c'est-à-dire partie mobilière, partie immobilière, nous montrent que le règlement de l'indemnité se fait comme dans le cas où la succession est purement mobilière (2). Il y a cependant cette différence, en cas d'inventaire, que la communauté n'étant tenue que dans la proportion de la valeur du mobilier comparée à celle des immeubles, l'époux héritier, poursuivi pour le tout, n'a de recours contre la communauté que jusqu'à concurrence de ce mobilier; — et que le mari, ayant autorisé sa femme à accepter, ou ayant négligé de faire procéder à un inventaire, ne pourra, s'il est poursuivi pour le tout, réclamer à la communauté d'indemnité que dans les mêmes limites, sauf à poursuivre directement contre sa femme héritière ou contre ses représentants le recouvrement du surplus de l'indemnité afférent à la valeur des immeubles

(1) 1412, § 2. Cet alinéa contient évidemment une erreur de rédaction lorsqu'il dit: Sauf la récompense due à la femme ou à ses héritiers.

(2) MM. Rod. et Pont, n° 583, pensent qu'en cas d'acceptation sans autorisation du mari, celui-ci qui a négligé de faire inventaire n'est pas personnellement tenu, parce qu'il a refusé de prendre aucune part à la succession; mais, en fait, la confusion qu'il laisse s'établir, détruit les conséquences de son abstention première.

de la succession. Ainsi, supposons une succession échue à la femme, se composant de valeurs mobilières s'élevant à 5,000 fr., et d'immeubles estimés 10,000 fr., grevée d'un passif de 6,000 francs. Si le mari, qui a autorisé sa femme à accepter, est poursuivi pour le tout, et paie de ses deniers personnels, il pourra réclamer à la communauté une somme de 2,000 francs, part contributoire du mobilier dans les dettes, et poursuivre le paiement des 4,000 francs de surplus contre sa femme qui seule était tenue comme profitant seule des immeubles. — Que si la communauté payait la totalité de la dette, elle aurait, contre l'héritier quel qu'il fût, droit à une indemnité pour ce qu'elle aurait payé au-delà de la part contributoire du mobilier dans la dette, eu égard à la valeur de ce mobilier comparée à celle des immeubles (1414).

XXXV. — L'époux auquel échoit une succession purement mobilière pouvait avoir contre le défunt une créance qui lui fût restée propre; aura-t-il le droit d'exiger de la communauté une indemnité égale au montant de sa créance, ou au contraire, la créance se trouvera-t-elle éteinte par la confusion, en la personne de l'héritier, de la qualité de créancier et de débiteur, et dès-lors la communauté ne sera-t-elle pas affranchie d'une dette qui n'aurait pu exister contre elle qu'après son extinction arrivée aussitôt l'ouverture de la succession? Nous adoptons sans difficulté la première opinion. La communauté est réellement ici cessionnaire des droits successifs de l'époux; elle devra subir le sort d'un cessionnaire ordinaire , dont la condition est réglée par l'art. 1698 ; *elle devra faire raison à l'époux héritier de tout ce dont il était créancier.* Ulpien avait déjà posé cette règle : *Cùm quis debitori suo heres exstitit; confusione creditor esse desinit : sed si vendidit hereditatem, æquissimum videtur, emptorem hereditatis vicem heredis obtinere, et idcircò teneri venditori hereditatis* (1).

XXXVI. — Si dans la même hypothèse d'une créance de la part de l'époux contre la succession à laquelle il est appelé , cette succession est partie immobilière , partie mobilière , nous appliquerons les mêmes principes *parte in quâ.* L'époux sera fondé à prétendre que la communauté lui doit faire raison pour la portion dont le mobilier de cette succession était tenu des dettes; — la confusion s'opérant pour le surplus, c'est-à-dire pour la portion de dettes restée activement ou passivement personnelle à l'époux (2). Ainsi supposons une succession composée de 50,000 francs de mobilier et de 50,000 francs de valeurs immobilières, et grevée de 18,000 francs de dettes se répartissant ainsi : 10,000 francs dus à l'époux héritier, et 8,000 francs dus à des tiers ; la liquidation devra s'opérer de la manière suivante : le mobilier formant moitié de la succession , la communauté sera tenue

(1) D. L. 2. § 18 , de Hered. vel. actio. vendit., liv. 18 . t. 4. — Pothier, n° 262. — Odier, n° 174. Zachariæ , vol. 3, § 513 , n° 1. — Rodière et Pont . n° 561.

(2) Duranton , vol. 14 , n° 243.—Toullier, vol. 12 , n° 293, et les mêmes autorités qu'à la note précédente.

directement de moitié de chacune des dettes ; savoir : cinq mille francs pour moitié de la dette due au conjoint héritier, et 4,000 francs pour moitié de celle due aux tiers, au total 9,000 francs. De son côté, le conjoint héritier compensera avec lui-même les 5,000 fr. faisant la seconde moitié des 10,000 francs qui lui sont dus ; il aura éteint par confusion sur lui-même cette portion de la dette afférente à la valeur des immeubles de la succession, et paiera aux tiers les 4,000 francs dont ils restent créanciers. De sorte qu'en définitive comme l'époux ne débourse réellement que 4,000 francs et que la communauté lui doit compte de 5,000 francs, il lui restera, comme résultat de la liquidation, une somme de 1,000 francs qui lui sera payée lors de la dissolution du mariage.

Si la communauté payait aux tiers les 8,000 francs faisant l'importance de leurs créances, le conjoint héritier lui devrait récompense jusqu'à concurrence de 4,000 francs, et celle-ci resterait au contraire débitrice envers lui des 5,000 francs étant moitié de sa créance.

Si au contraire la créance de l'époux héritier avait été par nous considérée comme éteinte par confusion, même pour la part afférente à la valeur du mobilier, nous serions arrivé à un tout autre résultat. En effet, la succession n'eût plus été grevée que de 13,000 fr. de dettes qui eussent été pour moitié (6500) à la charge de la communauté, et pour l'autre moitié (6500) à la charge de l'époux héritier. Celui-ci au lieu de toucher, comme résultat définitif, 1,000 francs de la communauté, aurait été obligé de prendre sur ses biens personnels une somme de 1,500 francs pour compléter le chiffre de 8,000 francs dus aux tiers; il eût ainsi perdu 2,500 francs qu'il conserve dans le calcul que nous avons indiqué plus haut.

XXXVII. — Au lieu d'être créancier de la succession, l'époux héritier pourrait avoir été institué par le défunt légataire, ou être son donataire d'objets mobiliers. Dans cette hypothèse il peut choisir entre les deux partis suivants : renoncer à la succession pour garder le montant du legs ou de la donation; ou accepter la succession et rapporter l'intégralité des objets dont le défunt l'a gratifié. Si l'époux renonçait à la succession pour ne pas voir son lot composé, en tout ou partie d'immeubles, et avantageait ainsi sa communauté des objets mobiliers qu'il conserve, ses héritiers auraient-ils plus tard le droit de demander une récompense pour l'avantage que la communauté a trouvé dans l'option faite par leur auteur? Lebrun se prononçait en ces termes pour l'affirmative : « Il est dû » récompense au conjoint, s'il se tient à un legs de » meubles et renonce à la succession immobilière.... » La raison est que se pouvant faire qu'il y ait de la » fraude, et étant constant que le conjoint y perd » quelque chose, l'équité et l'égalité demandent qu'il » en soit dû des récompenses » (1). Mais la négative nous paraît devoir être adoptée de préférence. L'époux héritier du défunt était créancier de sa succession sous une alternative; il pouvait à volonté réclamer ou

(1) Liv. 3, chap. 2, sect. 1, dist. 10, nos 2 et 3, page 437.

11

la succession ou le legs, les deux objets étaient *in obligatione*; par son choix il a précisé la créance, il lui a ôté ce qu'elle avait de vague, d'incertain; elle est devenue mobilière, elle devait, sans récompense, tomber dans la communauté. Une solution contraire, outre qu'elle serait en opposition avec les vrais principes, aurait d'ailleurs pour inconvénient de donner ouverture à de nombreuses difficultés pratiques, à des procès souvent bien délicats à juger puisqu'ils reposeraient toujours sur l'examen de l'intention qui a pu guider la volonté de l'époux dans le choix qu'il a fait.

XXXVIII. — On a agité la question de savoir si les dommages-intérêts accordés à l'un des époux pour crimes ou délits commis sur sa personne, constituent une créance propre pour laquelle il y aurait lieu à récompense, dans le cas où la communauté en toucherait le montant? La Cour de Colmar s'est avec raison prononcée pour la négative; voici les considérans de son arrêt : (1) « Attendu que, d'après les disposi- » tions de l'article 1401 du Code Napoléon, la commu- » nauté se compose activement de tout le mobilier des » époux ; — attendu que cette disposition est générale » et n'admet d'exception que pour le seul cas qu'elle » indique;... qu'il n'est donc pas permis d'établir une » autre exception en décidant que les dommages-inté- » rêts prononcés au profit de l'un des époux lui appar- » tiennent en propre et non à la communauté. — » Attendu d'ailleurs que ce n'est pas seulement l'époux » qui a souffert du dommage, mais bien plus encore

(1) Arrêt du 11 avril 1828. Aff. Halftmermeyer c. Schwey.

» la communauté puisque c'est celle-ci qui supporte la
» perte et les dépenses qui ont lieu lorsqu'un des
» époux se trouve incapable de concourir par son tra-
» vail à son entretien personnel et à celui du ménage;
» d'où il suit qu'il est aussi équitable que conforme à
» la loi que ce soit la communauté qui profite de l'in-
» demnité accordée à raison de la perte qu'elle a souf-
» ferte. »

Notre ancien droit coutumier allait même jusqu'à
dire : « Femme veuve prend part à la réparation civile
» adjugée pour la mort de son mari, ores qu'elle re-
» nonce à la communauté » (1). Et nous pensons
qu'aujourd'hui encore une veuve pourrait se présenter
avec succès devant nos tribunaux pour obtenir la
réparation du préjudice que lui aurait causé le meurtre
de son mari, sans que l'on fût fondé à lui opposer
comme fin de non-recevoir qu'elle n'était pas commune
en biens avec son mari. Elle pourrait victorieusement
répondre par ce passage de Choppin : « *Familiari*
» *jure veriùs quàm hæreditario defertur actio hujus-*
» *modi , et sanguinis intuitu agnationisque potiùs-*
» *quàm hæreditatis*» (2).Ou par cet autre plus explicite
encore : « *Abstinenti conjugalibus bonis mulieri ,*
» *salva et integra constant pleraque : mariti putà cœ-*
» *dem expians pecunià mulctatitià... hæc enim viduæ*
» *ac hæredibus dimidiatim appenditur : tametsi*

(1) Loisel , instit., liv. 3, tit. 4, règl. 22, n° 399, page 381.
— *Sic*, Lebrun, liv. 3, chap. 2, sect. 2, distinct. 2 , n° 42 ,
page 470 ; et liv. 1er, chap. 5, sect. 2, dist. 1, n° 98, page 119.
(2) Sur la cout. d'Anjou, liv. 1, chap. 73, n° 4, page 878.

» *conjugalium opum communionem superstes illa*
» *abnuerit* » (1).

(1) Liv. 2, tit. 1, § 23, page 194, de Morib. Parisior.

CHAPITRE II.

§ Ier. — *Du Remploi.*

1° Division.

2° L'origine du remploi est la même que celle des récompenses.

3° A l'égard du mari, conditions pour que le remploi ait lieu. Article 1434.

4° Double déclaration.

5° Epoque où cette déclaration doit être faite.

6° Motifs de ces formalités.

7° Faut-il des termes sacramentels ?

8° Suite.

9° Remploi à l'égard de la femme.

10° Quand l'acceptation doit-elle avoir lieu ?

11° Suite.

12° Suite.

13° Suite.

14° L'acceptation peut avoir lieu par acte sous seing-privé.

15° En quels termes doit-elle avoir lieu ?

16° L'autorisation du mari est inutile.

17° Effets du remploi.

§ 2. — *Du Remploi conventionnel.*

18° Souvent le remploi conventionnel se confond avec le remploi légal.

19° Différence entre le régime de la communauté et le régime dotal, en ce qui concerne les règles du remploi conventionnel.

20° Les tiers ne sont pas garans du défaut de remploi.

21° La femme n'a de recours que contre son mari.

22° Et seulement à la dissolution du mariage.

23° Validité d'une clause pénale.

24° L'acceptation est-elle nécessaire dans le remploi conventionnel ?

25° Le remploi peut-il se faire à l'occasion de deniers propres à l'un des époux ?

26° Peut-il avoir lieu en meubles?

27° Peut-il avoir lieu par anticipation?

28° *Quid* s'il y a une différence dans le prix des deux immeubles.

I.— Nous avons vu plus haut qu'il ne pouvait y avoir lieu à récompense pour l'aliénation d'un immeuble propre à l'un ou à l'autre des époux qu'autant 1° que le prix avait été versé dans la communauté, 2° qu'il n'y avait pas eu remploi. Nous avons suffisamment expliqué la première de ces conditions, réservant pour un autre moment les développements que comportait la seconde. C'est ici le lieu de nous en occuper.

Nous aurons à voir, dans ce chapitre, comment le remploi pourra s'effectuer, à quelle règle nous le soumettrons soit vis-à-vis du mari, soit vis-à-vis de la femme, soit qu'il ait lieu en vertu des stipulations arrêtées dans le contrat de mariage, soit qu'il se fasse en vertu des dispositions de la loi. Mais nous devons d'abord dire quelques mots de son origine, qui est la même que celle des récompenses dont le remploi n'est, pour ainsi dire, qu'une conséquence.

II.—La théorie des remplois, non plus que celle des récompenses, n'entra point d'un seul jet et tout organisée dans le mécanisme de notre ancienne jurisprudence. Introduite au contraire par les nécessités pratiques, elle ne fut admise que peu à peu par notre ancien droit, et ce ne fut qu'à la fin du 16° siècle qu'elle fut consacrée par le texte des coutumes et notamment par celle de Paris. L'ancienne coutume n'accordait, nous l'avons déjà dit , aucun recours à la femme qui avait consenti à l'aliénation de ses propres : c'était à elle à se protéger elle-même , par un refus, contre les obsessions soit amicales , soit tyranniques de son mari. Dès qu'elle avait consenti à la vente, le prix tombait à tout jamais dans la communauté dont il venait augmenter l'importance. Mais, en fait, la femme était dans une position à pouvoir rarement se refuser à une aliénation sollicitée par *son seigneur et maître;* il fallait consentir et souvent le consentement avait pour conséquence la ruine. On voulut faire disparaître ce danger, et les conventions des parties sauvegardèrent les droits de la femme que la loi n'avait point suffisamment protégée. Si pendant le mariage la femme est entièrement sous la dépendance de son mari; c'est souvent elle qui dicte des lois avant la célébration; ou tout au moins elle est sur un pied d'égalité parfaite au moment où le contrat de mariage est rédigé; elle peut défendre elle-même, ou ceux qui la représentent, peuvent, pour elle, défendre sérieusement ses intérêts. On prit l'habitude d'insérer dans le contrat de mariage la clause de remploi des biens aliénés : c'est-à-dire que le mari· fut tenu , par l'acte même , de remplacer l'immeuble propre à sa femme et vendu par lui, par un autre immeuble payé avec le prix provenant de l'aliénation du premier.

Bientôt cette clause se trouva dans tous les contrats ; elle devint, pour ainsi dire, de style; puis le Législateur, s'emparant de ce qu'il trouvait dans les mœurs de la nation , rompit brusquement, dans l'art. 232 de

la nouvelle coutume de Paris, avec la jurisprudence
établie sur les arrêts les plus solennels et les plus
récents (1). Il déclara qu'encore « qu'en vendant
» n'eust esté convenu du remploi et qu'il n'y ait eu
» aucune déclaration sur ce faite, la reprise se ferait
» sur les biens de la communauté. »

Dès que le Législateur eut consacré ce principe, et
introduit le remploi légal, le remploi conventionnel
perdit beaucoup de son importance et de son utilité;
il ne fut, le plus souvent, qu'une clause banale,
insérée sans réflexion, comme tradition de l'époque
où il ne pouvait exister sans stipulation expresse.

Nous pouvons donc aujourd'hui commencer l'explication de cette matière par le remploi légal, rejetant
sur le second plan l'examen des questions que soulève
le remploi conventionnel.

III. — A l'égard du mari le remploi est censé fait, dit
l'art. 1434, toutes les fois que, *lors d'une acquisition*,
il a déclaré qu'elle était faite des deniers provenant
de l'aliénation de l'immeuble qui lui était personnel;
et pour lui tenir lieu de remploi.

Ainsi quant à la forme, notre article paraît exiger
la double déclaration que l'acquisition est faite 1° des
deniers provenant de l'aliénation de l'immeuble personnel; 2° et pour lui tenir lieu de remploi. Quant à

(1) V. Arrêts en robes rouges des 14 août et 27 novembre
1574, et du 23 décembre 1579. Il faut consulter sur ce point :
Louet, lett. R, n° 30, page 290. — Renusson, des Propres,
chap. 4, sect. 3, page 185. — Duplessis, c**, liv. 2, chap. 4,
sect. 2, page 448. — Lebrun, c**, liv. 3, chap. 2, sect. 1,
dist. 2, page 349 et suiv.

l'époque où cette déclaration peut être faite, l'article dit positivement que ce doit être lors de la nouvelle acquisition.

Voyons si ces conditions sont de rigueur.

IV. — De nombreux et excellens esprits ont pensé que la double déclaration dont parle l'article n'était pas indispensable pour l'efficacité du remploi. « Nous
» pensons, dit Zachariæ (1), que le remploi s'opére-
» rait *soit* au moyen de la simple déclaration que le
» prix de l'acquisition nouvelle a été payé des deniers
» provenant de la vente d'un propre, *soit* par suite de
» la seule déclaration que les immeubles acquis sont
» destinés à tenir lieu de remploi du prix des propres
» aliénés. C'est du moins ce qui a *toujours* été re-
» connu, et ce que Pothier, n° 198, enseigna expres-
» sément. Aussi faut-il croire que ce n'est que par
» inadvertance que les rédacteurs du Code civil, qui
» ont évidemment extrait les art. 1434, 1435 du pas-
» sage précité de Pothier, ont substitué la conjonctive
» *et* à la disjonctive *ou*, dont cet auteur s'était servi.»
Telle est aussi l'opinion de MM. Duvergier (2), Duranton (3), Cubain (4), Rolland de Villargues (5) et
Odier (6). « C'est toujours ainsi, dit cet auteur qu'on
» l'a entendu dans l'ancienne jurisprudence.... La ri-
» gide exécution de l'article, ajoute-t-il, aboutirait à

(1) Vol. 3, § 507, page 424, texte et note 43.
(2) Sur Toullier, vol. 12, n° 370, note A.
(3) Vol. 14, n° 302, et vol. 15, n° 428.
(4) Traité des dr. des femm., n° 220.
(5) Répertoire du notariat, v°, Rempl. ent. époux, n° 36.
(6) Vol. 1, n° 325, page 308.

» fournir au mari un moyen de critiquer une décla-
» ration fort claire, du reste, et de se procurer ainsi
» d'avance un moyen de revenir, par esprit de fraude,
» sur son engagement de remploi. » On ne voit pas,
dit Taulier, pour quel motif la déclaration devrait nécessairement porter sur ces deux choses (1).

La jurisprudence tend cependant à consacrer l'opinion contraire. En effet, le 23 mai 1838, la Cour de
cassation, en jugeant qu'il n'était pas nécessaire de
termes formels pour la déclaration du remploi, décida
qu'il fallait que l'acte d'acquisition exprimât clairement la volonté du mari de faire un remploi, *et indi-
quât* l'origine des deniers employés au paiement (2).
Antérieurement, la Cour de Nancy avait également
jugé (3) que la simple déclaration que les deniers
employés provenaient de l'aliénation d'immeubles
propres ne suffisait pas pour opérer le remploi, s'il
n'était pas en même temps mentionné que la nouvelle
acquisition a été faite à titre de remploi.

Nous donnons notre assentiment plein et entier à
cette jurisprudence.

L'autorité historique sur laquelle s'appuient presque
exclusivement les auteurs que nous avons cités, leur
échappe entièrement. Il suffit d'ouvrir les anciens
docteurs qui ont écrit sur la matière pour voir qu'ils
exigeaient la double déclaration prescrite dans l'article 1434, et rappelée dans l'article 1435.

(1) Vol. 8, page 109.
(2) Aff. Mathieu c. Baulmont.
(3) Aff. de Follin c. Marchal et Tardieu, 26 juin 1833.

« Pour former le remploi, dit Duplessis (1), il faut
» que le mari, par le contrat d'acquisition qu'il fait
» de l'héritage,... déclare que c'est des deniers stipulés
» propres ou provenant de tels propres..... *et qu'il*
» *stipule en même temps* que ces héritages..... nou-
» vellement acquis demeureront propres pour lui servir
» de remploi, *sans lesquelles déclarations* le mari ni
» la femme ne sçauraient prétendre de remploi effectif
» sur cet immeuble qui entre dans la communauté. »
«—Quelquefois, dit aussi Lebrun, le mari fait le remploi
» durant le mariage, en acquérant un autre héritage,
» et faisant déclaration que c'est des deniers de celui qui
» a été vendu, *et pour tenir lieu de propre au conjoint*
» du côté duquel était l'héritage aliéné. En effet, il ne
» suffit pas que les deniers aient été employés, il faut
» que la destination du remploi soit marquée (2). »

La plupart des coutumes, dit d'Aguesseau (3), veulent que la subrogation de l'héritage à la place des deniers ait lieu lorsque le mari a déclaré en faisant l'acquisition que c'était des deniers de sa femme, *et pour*
lui tenir lieu de propre. Brodeau, sur Louet, rappor-

(1) Liv. 2, chap. 4, sect. 2, page 447. — Chassanée sur
Bourgogne, droits appart. à gens mariés. Rubriq. 4, § 2, *in
verbo acquets*, émet la même opinion. *Ità consulerem quod,
quandò maritus emit aliquid de pecuniis sui patrimonii, quod de-
claret in præsentiâ judicis, quod vult quod illa res empta de pecuniis sui patrimonii teneat locum sui patrimonii; aliàs non emisset
aliam rem.*

(2) Liv. 3, chap. 2, sect. 1, distinct. 2, no 69.
V. aussi Renusson des Propres, chap. 4, sect. 8, § 1 et 2.

(3) Aff. de la comtesse de Chaumont c. Elisab. de Fiennes,
27e plaidoyer.

tant un arrêt du 23 mars 1611, rappelait que « la subro-
» gation n'a lieu en chose particulière, n'ayant le mari
» déclaré lors de l'exécution du retrait, que c'était des
» deniers procédans de la vente de son propre *et* pour
» lui tenir lieu de propre » (1).

Enfin, Denizart, résumant une jurisprudence con-
temporaine de l'époque où écrivait Pothier, disait:
pour la validité du remploi, 1° il faut que le contrat
contienne une déclaration précise et formelle que
l'acquisition se fait, ou des deniers stipulés propres,
ou des deniers provenant de tels propres vendus ; 2° il
faut qu'il y soit expressément stipulé que tel héritage
est acquis pour le remploi de son propre et pour lui
tenir nature de propre (2).

L'ancienne jurisprudence, consultée dans les auteurs les plus recommandables, tranche donc la question en faveur de la double déclaration, et son autorité
se trouve singulièrement confirmée par le texte si
net et si positif dont s'est servi le Législateur.

Ce n'est donc pas sérieusement que l'on peut accuser
les rédacteurs du Code de cette grave inadvertance,
dont parle M. Zachariæ, inadvertance qui aurait pour
conséquence, selon cet auteur, de bouleverser en-

(1) Lettre R., somm. 30, page 201.
(2) V°, Remploi, n° 10, vol. 3, édit. de 1768. Dans ce passage Denizart s'occupe du remploi d'un propre à la femme,
et il ajoute : « 3° Il est nécessaire enfin que la femme parle
» dans l'acte par lequel se fait le remploi ; qu'elle l'accepte
» et le signe, ou du moins qu'elle le ratifie pendant le cours
» du mariage ou avant sa dissolution. »
Les deux premières conditions sont seules applicables au
remploi à l'égard du mari; mais elles le sont évidemment.

tièrement le système ancien pour en substituer un autre plus rigoureux. Le contraire résulte clairement des citations que nous venons de faire. Evidemment il n'y a aucune inadvertance à reprocher au Législateur qui a voulu sérieusement conserver la jurisprudence antérieure réellement suivie ; c'est bien volontairement qu'il a remplacé par la conjonctive *et* la disjonctive *ou* employée par Pothier, n° 198. Il suffit d'ailleurs de lire cet auteur pour voir qu'il n'examine nullement à quelle condition de forme le remploi sera soumis, il ne traite pas la question d'une manière expresse. Il se contente d'indiquer une hypothèse, de laquelle, par induction, on fait découler ce prétendu principe qu'il suffit de mentionner, dans la déclaration, soit l'origine des deniers, soit la volonté de remplacer l'objet aliéné par l'objet nouveau. L'induction est fausse et conduit à un principe démenti par l'histoire.

C'est en vain que M. Odier croit soutenir son système par cette considération, que l'application trop rigoureuse de l'art. 1434 pourrait procurer au mari les moyens de revenir, par esprit de fraude, sur son engagement. Nous avouons que nous ne pouvons être touché de cette considération qui se retourne énergiquement, selon nous, contre le système qu'elle paraît destinée à soutenir. En effet, si nous ne sommes pas, en cette matière, un peu formalistes, la rédaction se modifiera peu à peu, on exprimera la pensée par des équipollens, la déclaration se formulera incertaine, douteuse ; sous la plume d'un rédacteur inhabile elle pourra donner place à la discussion ; et bientôt, selon son intérêt, le mari fera plaider que le remploi a été complètement effectué ou au contraire qu'il n'a point eu lieu. On l'a dit : les meilleures lois sont celles qui laissent le moins à l'interprétation ; — que l'on respecte la double condition édictée par l'art. 1434, qu'on l'exige impérieusement, et il ne pourra jamais y avoir lieu à doute, à interprétation ; le mari ne pourra réclamer le remploi qu'en accomplissant les formalités voulues, et dès qu'elles auront été accomplies, il ne pourra revenir, par esprit de fraude, sur son engagement.

Deux hypothèses montreront à quels abus conduirait l'opinion contraire, et combien est préférable le système qui respecte les termes de la loi. Le mari, lors de l'acquisition, déclare qu'elle est faite avec les deniers provenant de l'immeuble propre vendu ; la déclaration est fort claire, dirait M. Odier, le remploi est fait. Mais le mari peut prétendre que cette déclaration *si claire*, indique seulement que le remploi est dû, mais nullement qu'il l'effectue actuellement, il pourrait donc revenir plus tard sur son engagement. Et certes dans l'espèce il pourrait être fondé dans sa prétention. Avec d'Aguesseau (1), il dirait : « Il est certain » que dans les règles du droit, celui dont les deniers » sont employés à acquérir un héritage n'en devient » point propriétaire ; qu'un bien acheté des deniers » communs ou d'un argent dérobé, ne devient ni » commun, ni subrogé à la place de la chose volée. »

(1) *Loco citato*, page 612. — *Ex pecuniâ dotali fundus à marito tuo comparatus, non tibi quæritur*, dit la loi 12 au Code de *Jure dotium*.

Avec Lebrun : « Il est vrai de dire qu'il paie le con-
» quêt de sa créance qui lui était propre, mais qu'il
» ne se fait pas un remploi actuel, s'il ne le déclare,
» car autre chose est de donner en paiement d'une
» terre une obligation qu'on avait comme propre,
» autre chose est de prendre précisément cette terre
» pour le remploi actuel de son obligation (1). »

Si après cette première acquisition le mari en faisait
une seconde dans laquelle il se contenterait de dire,
sans indication d'origine de deniers, qu'elle est faite
en remploi de son propre aliéné, les difficultés se
compliqueraient singulièrement. Le mari revenant,
selon son intérêt, sur l'un ou l'autre de ces deux
actes ferait à volonté porter le remploi sur l'une ou
l'autre acquisition.

Le seul parti à prendre est donc de s'en tenir au
texte ; une double déclaration peut seule effectuer le
remploi.

Ce système rentre d'ailleurs parfaitement dans la
théorie générale édictée par le Code en matière de
subrogation, théorie dont on trouve les dispositions
éparses dans les articles 1250 § 2, et 2105 §§ 2 et 5,
qui exigent la double déclaration d'origine des deniers
et d'emploi (2).

V.— Notre article 1434, en indiquant la forme de la
déclaration, précise en même temps le moment où elle

(1) *Loco citato*, n° 78, page 370.
(2) Benech, de l'emploi et du remploi, n° 36. — Rodière et
Pont, vol. 1, n° 504. — Troplong, n°⁸ 1140 et suiv. — Dalloz, 2ᵉ édit. n° 1410, en note. — Glandaz, n° 262.

doit être faite, *c'est lors de l'acquisition même.*

L'ancienne jurisprudence avait consacré les mêmes principes.

« La raison est qu'il n'est pas juste qu'il (le mari)
» voye venir la suite des temps pour prendre cette
» terre si elle est augmentée, et pour la refuser si elle
» est diminuée par la vicissitude des choses. Il doit
» donc déclarer *sur le champ,* s'il entend que la terre
» lui serve de remploi, autrement il a son remploi et
» la terre est conquêt (1).

» Il faut que cette déclaration soit faite *in continenti*
» par le contrat d'acquisition....... inutilement la
» ferait-on *ex intervallo,* car l'héritage ayant été fait
» conquêt lorsqu'il a été acquis, faute de cette décla-
» ration ; la communauté ne peut plus par cette décla-
» ration qu'on ferait *ex intervallo,* être privée d'une
» chose qui lui a été une fois acquise »(2).

Il semble cependant que Choppin et Dumoulin se
soient prononcés pour l'opinion contraire et permettent au mari comme à la femme de faire la déclaration après l'acquisition. « ...... *Licet alteri, in*
» *contrahendâ venditione, seu aliquantò post bonam*
» *fidem agnoscere, et initâ rerum estimatione in-*
» *demnem venditorem serrare, aliorum subrogatione*

(1) Lebrun, *loco citato,* page 370, il a son remploi, c'est-à-
dire son action pour avoir une récompense, un remploi à la
fin du mariage.

(2) Pothier, n° 108, *in fine,* et introd. au tit. 10 de la cout.
d'Orléans, chap. 1er, § 2, n° 19, page 282. — Renusson, des
Propres, chap. 4, sect. 5, page 190.

» *fundorum,* » dit le premier de ces auteurs (1). « *Et*
» *dico,* avait écrit Dumoulin (2), *quod consensus iste*
» *fieri potest ex intervallo, etiam in testamento :*
» *quia est recognitio bonæ fidei.* »

Mais ces auteurs, loin de s'occuper du remploi actuel,
préparaient seulement la voie pour faire accepter le
droit à la récompense , droit qui devait s'exercer lors
de la dissolution du mariage , et ils se contentaient
de dire, alors que ce droit n'avait point encore obtenu
ses grandes lettres de naturalisation dans notre législation, que cependant on pouvait, même après la
vente d'un propre, reconnaître loyalement qu'une récompense était due, récompense à laquelle on donnait
aussi le nom de remploi, et qui ne s'effectuait qu'à
la dissolution du mariage : *bonam fidem agnoscendo,*
recompensare , dit ailleurs Dumoulin (3).

Mais il resta constant qu'une déclaration *faite après*
coup n'estait aucunement considérable (4).

Cette opinion est aujourd'hui généralement adoptée,
et il est douteux qu'elle soit maintenant sérieusement
discutée devant les tribunaux (5).

VI. — Pourquoi ces formalités ? On ne voit pas pour

(1) *De Morib. Paris.,* liv. 2, tit. 1, n° 13, *in fine.*
(2) Sur l'art. 164 de la cout. de Blois, vol. 4 , page 378.
(3) Sur l'art. 238, cout. de Bourbonnais, vol. 4, page 392.
(4) Brodeau sur Louet, lett. R, n° 30, page 291. — Valin ,
art. 46, § 3, n° 35, page, 618.
(5) Toullier. vol. 12, n° 382. — Duranton, vol. 14, n° 392.
— Zachariæ, vol. 3, § 507, page 425. — Rolland de Vill., v°,
rempl., n°s 34 et 35. — Benech. *loco citato,* n° 33. — Odier ,
n° 319. — Rod. et Pont, vol. 1, n° 800. — Troplong, n° 1117.
— Bourges, 20 avril 1837. Devill. 1837, 2, 389.

quel motif la déclaration devrait nécessairement porter sur ces deux choses ? (1) Il suffit de se rappeler
les principes généraux en matière de communauté
pour comprendre les motifs de la sévérité de forme
dont le Législateur a entouré le remploi. En effet, en
règle générale, toute acquisition faite pendant le mariage forme un conquêt de communauté ; ce n'est qu'à
titre d'exception et dans certains cas déterminés par la
loi qu'il en est autrement, et que l'immeuble acquis
pendant le mariage reste propre. Les tiers ont le plus
grand intérêt à savoir quelle est la nature du bien
qu'ils trouvent entre les mains des époux, s'il est conquêt ou propre, et il faut éviter tout ce qui pourrait permettre l'entrée à la fraude. Pour que la présomption
de conquêt cesse, il faut que la volonté soit claire,
évidente, manifeste, il faut qu'il ne puisse y avoir lieu
à interprétation. La volonté elle-même paraîtra plus
sérieuse, plus réfléchie, si elle s'est astreinte à plus de
formalités, à plus de précautions.

VII. — Mais nous sommes à une époque où l'on ne
peut avoir la prétention d'emprisonner la volonté dans
la lettre morte d'un texte ; notre jurisprudence a banni
de ses brocards celui qu'invoquaient le plus souvent
nos anciens docteurs : *qui formâ cadit, causâ cadit.*
Notre Code a été rédigé dans un esprit trop philoso-
phique, pour exiger que la volonté humaine s'assujé-
tisse aux lisières toujours dangereuses d'une formule.
Toute énonciation de l'acte qui exprimera clairement
la volonté du mari de faire un remploi, et indiquera

(1) Taulier, voir *suprà*, n° 4.

l'origine des deniers employés, remplira suffisamment
le vœu de la loi. Disons seulement qu'en fait ces
énonciations devront être aussi explicites, aussi caté-
goriques que possible pour n'avoir rien à redouter des
interprétations que pourrait chercher à soulever un
esprit trop éristique (1).

VIII. — Nous dirons même, avec M. Benech, qu'il
n'est pas nécessaire d'établir que ce sont identiquement les deniers reçus par le mari qui ont servi à sol-
der le prix de l'acquisition. C'est en effet une règle
constante qu'en matière de choses fongibles (*quæ
vice alterius funguntur*), une chose en remplace
parfaitement une autre de même nature. *Tantumdem
est idem.*

IX. — Les formalités que nous venons d'indiquer,
suffisantes pour effectuer le remploi en ce qui concerne le mari, ont besoin d'un complément à l'égard
de la femme. Outre la déclaration que l'acquisition
est faite des deniers provenus de l'immeuble vendu
par la femme *et* pour lui servir de remploi, il faut
que ce remploi ait été formellement accepté par
celle-ci (1435).

X. — MM. Rodière et Pont (2) et M. Odier (3) pensent

(1) C. c., 23 mai 1838. Devill., 1838, 1, 526. — Rejet du
pourvoi contre un arrêt de Metz du 21 décembre 1836. Aff.
Mathieu c. Baulmont.— Rod. et Pont, v. 1, n° 808.—Zachariæ, vol. 3, page 428. — Benech, n°ˢ 36 et 38. — Glandaz,
n° 262. — Troplong, n° 1123. — Roll. de Villar., *loco citato,*
n° 37.

(2) Vol. 1, n° 807, page 444.

(3) Vol. 1, n° 321.

« qu'il convient d'appliquer ici les observations précé-
» dentes, tant en ce qui concerne l'origine des de-
» niers, que la forme de la déclaration, sans qu'il
» faille également faire dépendre l'efficacité du rem-
» ploi de cette circonstance que la double déclaration
» soit faite dans le contrat même d'acquisition. »

Telle était, selon eux, l'opinion qui avait prévalu
chez les anciens auteurs. A l'appui de cette thèse
M. Odier cite, entre autres autorités, celle de Duplessis qui a cependant dit positivement (1) « qu'il fallait
» que le mari, par le contrat d'acquisition, déclarât
» que c'était des deniers stipulés propres.... à sa
» femme, ou provenants de tels propres d'elle ven-
» dus, et qu'il stipulât *en même temps* que ces héri-
» tages nouvellement acquis demeureront propres
» pour servir de remploi. » MM. Rodière et Pont in-
voquent, au soutien de leur opinion, un passage de
Dumoulin que nous avons cité plus haut (2), et dans
lequel cet auteur ne parle que de l'action de remploi,
de la récompense lors de la dissolution du mariage, et
non du remploi actuel.

Au contraire, Denizart (3) et Pothier (4) ne font, en
ce qui concerne le moment où la déclaration doit être
faite, aucune différence entre le remploi du chef du
mari et le remploi du chef de la femme. Aussi M. Troplong (5) considère-t-il l'article 1435 comme un écho

(1) Livre 2, page 447.
(2) Suprà, n° 8.
(3) *Loco citato*, n° 38.
(4) Nos 198-199.
(5) Vol. 2, n° 1122.

du précédent, et exige-t-il que la déclaration du mari soit faite dans l'acte même ; sans quoi l'immeuble est conquêt et reste tel. Telle est aussi l'opinion de M. Duranton (1).

Nous pensons que le dissentiment entre ces auteurs est bien plus dans les mots que dans la chose. L'article 1595 § 2, invoqué par ceux qui donnent au mari le droit de faire la déclaration après coup, ne tranche sans doute pas la question, et ne dit pas que le remploi peut s'effectuer par une déclaration postérieure à l'acte, mais il permet au mari de vendre à sa femme des immeubles de communauté (2) pour lui tenir lieu des immeubles qui lui étaient propres. La conséquence forcée c'est que cette vente attribue à la femme, pour lui tenir lieu de remploi, des immeubles qui, entre ses mains, seront soumis aux mêmes conditions que si le remploi s'était effectué dans les termes de l'article 1435 (3). Peu importe donc la solution sur cette question, peu importe que l'on suive l'opinion de M. Troplong, ou que l'on accepte celle de MM. Rodière et Pont ; le résultat ultérieur sera le même si le mari

(1) Vol. 14, n° 306. Renusson dit que telle déclaration faite après coup ne peut rien opérer. Des Propres, chap. 6, sect. 7, n° 27, page 318.

(2) L'art. 1595 ne parle pas précisément de la vente des immeubles tombés en communauté ; mais le rapprochement des art. 1421 et 1595 justifie notre interprétation, consacrée au surplus par un arrêt de la Cour de cass. du 9 mars 1837. Aff. Poupillier c. Cattier.

(3) Pour le commerçant, V. l'art. 558 du Code de comm.

veut user de l'article 1595 (1). C'est dans le même sens que d'Argentré disait : « *Ipse vir, si lubet, constanti* » *matrimonio compensationem dare non vetatur,* » *assignando æquivalentia prædia, modò ex toto* » *valor respondeat valori, nec figurata donatio* » *pluris arguatur* (2). »

XI. — Il s'agit pour la femme de subroger un héri-» tage en la place de son propre, et de lui faire courir » le risque de la plus value ou de la moins value, de » l'augmentation ou de la diminution de cet héritage; » quand elle n'a point *consenti au remploi*, elle le » peut refuser lors de la dissolution de la commu-» nauté (3). »

Cette nécessité de l'acceptation de la part de la femme se justifie largement par la prépondérance des droits du mari. Sans cela, administrateur de la fortune commune et même de la fortune particulière de la femme, il eût pu faire profiter la communauté d'une plus value probable, en ne faisant pas de déclaration de remploi; et il eût pu, au contraire, nuire à sa femme en faisant cette déclaration quand l'opération devait être désavantageuse.

Les déclarations faites par le mari ne constituent donc qu'une offre soumise de la part de la femme à une acceptation qui pourra n'avoir lieu que longtemps

(1) Sans toutefois que cette vente puisse jamais nuire aux droits que des créanciers pourraient avoir acquis sur cet immeuble : jusqu'à la vente il a été conquêt de communauté, il ne devient propre à la femme que par la vente.

(2) Cout. de Bret., art. 419, gl. 8, n° 3, page 1865.

(3) Lebrun, liv. 3, chap. 2, sect. 1, dist. 2, n° 72, page 369.

après l'acquisition, pourvu que, dans l'intervalle, l'offre n'ait point été révoquée par le mari, et à la condition, bien entendu, que l'immeuble existera encore en nature. Mais, dans tous les cas, cette acceptation postérieure ne pourra jamais nuire aux droits que des tiers auraient acquis, dans l'intervalle, sur l'immeuble qui reste conquêt de communauté tant que l'acceptation de la femme ne lui a pas donné la qualité de propre (1).

XII.— « Mais on doit dire, de plus, que ce consente-
» ment doit être prêté durant le mariage, car il n'est
» pas juste que la femme qui n'a pas consenti en ce
» temps ait la faculté de prendre l'héritage, si la
» subrogation lui est avantageuse, et d'y renoncer si
» elle lui est désavantageuse (2)... Quand une chose,
» dit Duplessis, est sujette à cette incertitude et qu'il
» est en la liberté des parties d'exécuter un contrat ou
» de ne l'exécuter pas, il est vrai de dire qu'il n'y a
» pas de contrat, jusqu'à ce que les parties se soient
» liées les mains par une acceptation ou exécution
» formelle qui ne peut plus être faite ici, où les choses
» ne sont plus entières à cause de la dissolution de la
» communauté qui acquiert droit à chacun (3). »

(1) Tronchet. Séance du Conseil-d'Etat du 13 vendémiaire an XII. — Toullier, vol. 12, n° 361. — Zachariæ, vol. 3, § 507, page 425. — Duranton, vol. 14, n° 393. — Odier, vol. 1, n° 321. — Rodière et Pont, vol. 1, n° 809. — Maleville, sur l'art. 1438. — Troplong, vol. 2, n° 1125. — Pothier, n° 200; et cout. d'Orl., introd. au titre 10, nombre 20.

(2) Lebrun, *loco citato*, n° 74.

(3) Duplessis, *loco citato*, page 447.

Les termes de l'article 1435 démontrent que le Législateur a voulu consacrer l'opinion de Lebrun et de Duplessis. Si la femme, dit cet article, n'a pas accepté le remploi, elle a simplement droit, *lors de la dissolution* de la communauté, à la récompense du prix. L'acceptation doit précéder le moment où naît le droit à la récompense du prix en cas de non-acceptation; elle doit donc avoir lieu avant la dissolution de la communauté.

Cette doctrine s'appuie du reste, dans notre droit, sur les autorités doctrinales les plus imposantes (1), et les Cours d'appel de Besançon (2), Rouen (3), Grenoble (4), et Riom (5) ont indiqué leur tendance à admettre cette solution qu'a consacrée, en dernier ressort, la Cour de cassation par le rejet qu'elle a prononcé du pourvoi dirigé contre l'arrêt de Rouen du 5 décembre 1840 (6).

XIII. — Seuls entre les auteurs que nous avons cités, MM. Rodière et Pont, « modifiant la solution » généralement proposée, disent que si la communauté » était dissoute, soit par la mort de la femme, soit » par l'effet d'un jugement prononçant la séparation

(1) Merlin, v°, remploi, § 2, n° 5. — Toullier, vol. 12, n° 360. — Duranton, vol. 14, n° 393. — Benech, n° 93. — Zachariæ, § 507. — Odier, n° 322. — Troplong, n° 1126. — Taulier, vol. 5, page 110. — Marcadé, art. 1435, § 3.

(2) 11 janvier 1844. Aff. Barriot c. Grillet. — Dall. 45, 4, 452.

(3) 5 décembre 1840. Aff. Quesneville c. Cheramy.

(4) 7 avril 1840. Aff. Luc Giroud c. Comte.

(5) 26 juin 1839. Aff. Darrot c. Charbonnier. — Devill., 1840, 2, 145.

(6) 27 avril 1842. Devill. 1842, 1, 649.

» de biens entre les époux, les héritiers de la femme,
» dans le premier cas, et la femme elle-même dans le
» second, seraient encore à temps à accepter le rem-
» ploi offert par le mari. Car le mari est vivant dans
» l'une et dans l'autre hypothèse, et par conséquent
» l'offre émanée de lui subsiste, il n'y a donc pas d'obs-
» tacle légal à ce que la convention entamée arrive à
» sa perfection (1). »

La jurisprudence repousse à bon droit, selon nous,
cette modification que n'avait admise aucun auteur
dans notre ancien droit. Le mariage étant rompu, il
n'existe plus de biens de la communauté, le mari n'a
plus qualité pour disposer de ceux qui en ont fait
partie; la femme rentre dans l'exercice de tous ses
droits sur ses biens personnels, le mari a cessé d'être
le mandataire de celle-ci, il ne peut plus continuer
l'offre qu'il avait faite; cette offre ne peut plus subsister (2).

La discussion qui s'est ouverte au Conseil d'Etat,
sur cet article (3), quoique assez confuse, semble indiquer que telle était la pensée des rédacteurs du Code.
Pour que l'acceptation soit valable, répéterons-nous
avec Duplessis, il faut que les choses soient encore

(1) Vol. 1, n° 809.
(2) Lyon, 28 novembre 1842. Aff. Alloing c. Dumoulin. —
Devill., 43, 2, 418. — Besançon, 11 janvier 1844. Dall., 45,
4, 452. — Lyon, 24 mars 1847. Dall., 48, 2, 103. — Cubain,
n° 231. — Benech, n°s 88 et 45. — Contrà, Caen, 21 février
1845. Aff. Mehendy. Dall., 48, 2, 81.
(3) Séance du 13 vendémiaire an XII. V. aussi Maleville,
art. 1438.

entières, et elles ne le sont plus après la dissolution
de la communauté.

Seulement, après la liquidation des droits de chacun
des époux, une convention nouvelle pourra intervenir
entre le mari et sa femme, ou les héritiers de celle-ci,
et cette convention sera protégée par les dispositions
de l'article 1595, ou même ne sera que l'application
des règles ordinaires en matière de vente; ou un moyen
d'exécution des articles 1471 et 1472. Mais dans tous
les cas il faut une convention nouvelle, un consentement nouveau de la part du mari (1).

XIV. — MM. Duranton (2) et Taulier (3) enseignent
que l'acceptation de la femme, postérieure au contrat
d'acquisition, doit être faite par acte authentique,
« parce que si elle était faite par acte sous-seing privé,
» les époux pourraient, à leur gré, en détruisant cet
» acte, faire d'un propre un acquêt, et en le rétablis-
» sant ensuite faire d'un acquêt un propre. » Si cette
crainte était fondée, elle aurait pour conséquence de
proscrire tous les actes sous-seings privés destinés
à produire quelque effet vis-à-vis des tiers. Mais la
loi n'ayant, dans aucun texte, exigé l'authenticité, la

(1) C'est en ce sens qu'il faut interpréter quelques arrêts
qui paraissent contraires à l'opinion que nous soutenons; notamment l'arrêt de la Cour de Toulouse du 21 août 1848.
Aff. Brézetz c. Lalande. — Dall., 49, 2, 41.

(2) Vol. 14, n° 394.

(3) Vol. 8, page 110. Roll. de Vill., *loco citato*, n° 46.

M. Odier partage la même opinion, n° 323, mais cet auteur, professeur à Genève, écrit sous l'empire d'une loi (28
juin 1830), qui exige la forme authentique pour tout acte
translatif de propriété immobilière.

femme peut évidemment accepter par un acte sous-
seing privé qui n'aura toutefois d'efficacité contre les
tiers que du jour où il aura acquis date certaine (1528).
Nous dirons même, avec M. Cubain (1), que cet acte
devra être fait en double original; la convention qu'il
renferme est en effet synallagmatique, et chaque
époux a un intérêt contraire à celui de l'autre (1325).

XV. — Quant à l'expression qui doit servir à mani-
fester la volonté de la femme, le Législateur se contente de dire qu'elle doit accepter formellement. Est-ce
à dire que les termes de cette acceptation doivent être
sacramentels, ou suffit-il qu'il n'existe aucune incertitude, que la volonté soit claire, évidente, quelle que
soit l'expression qui a servi à la rendre? L'ancien droit
ne nous fournit sur cette question, que des données
vagues et qui ne présentent que des lueurs incertaines
pour éclairer la solution. Il faut que cette acceptation
soit formelle; l'acceptation formelle consomme le remploi, dit Bourjon. Pour Duplessis et Denizart, il faut
que la femme parle au contrat, qu'elle l'accepte, ou
le signe, ou le ratifie auparavant la dissolution de la
communauté; la femme doit consentir expressément,
dit Lebrun. Aucun d'eux ne s'explique sur la portée
des expressions qu'il exige pour l'acceptation, aucun
ne paraît réclamer des termes solennels; — Pothier,
plus rapproché de nous, et que les rédacteurs du Code
ont si souvent suivi pas à pas, se contente d'une
acceptation tacite : « Quoiqu'il ne soit pas dit *expres-*
» *sément* par le contrat, que la femme a accepté cet

(1) Droit des femmes, n° 234.

» héritage pour lui tenir lieu de son remploi, la pré-
» sence ou la souscription de la femme au contrat où
» cette déclaration est portée en est une suffisante
» acceptation (1). »

M. Benech (2) pense que les termes de l'art. 1435
repoussent la doctrine de Pothier, que le Code a eu,
en cela, un but fort sage, celui de prévenir tous les
doutes, toutes les difficultés d'interprétation. Pour
nous, nous croyons, avec M. Troplong (3), que si
l'acceptation résulte de faits irrécusables, on doit la
tenir pour expresse et formelle; avec MM. Rodière et
Pont (4) nous disons que s'il résulte des circonstances
dont l'appréciation « est dans le domaine des juges du
» fait que la présence de la femme implique un con-
» sentement de sa part (5), nous ne faisons pas de doute
» que les juges ne soient autorisés à proclamer la
» consommation du remploi sans avoir à redouter la
» censure de la Cour suprême » (6).

(1) Pothier, n° 200, et cout. d'Orl., introd. au titre 10, § 2,
n° 20, page 282.
(2) N° 43.
(3) Vol. 2, n° 1129.
(4) Vol. 1, n° 510. Odier, vol. 1, n° 323. — Taulier, *loco
citato.* — Cubain, n° 233. — Roll. de Vill., *loco citato*, n° 44.
— Zachariæ, vol. 3, page 425, n° 47.
(5) On sera d'autant plus sévère, dans l'appréciation, que
la femme est sous la dépendance du mari.
(6) La Cour de cassation a reconnu la vérité de ce principe
en décidant qu'il n'y a pas lieu à cassation de l'arrêt qui juge,
par interprétation, que le remploi des deniers d'une femme
mariée et l'acceptation par elle de ce remploi peuvent s'induire
des termes généraux du contrat d'acquisition. Arrêt du 17
août 1813. Aff. Bilbocq. V. Ledru-Rollin, répert. général,
tome 3, n° 864 et suiv.

XVI. — L'offre que fait le mari par sa déclaration dans l'acte implique virtuellement l'idée qu'il autorise sa femme à accepter le remploi ; celle-ci n'aura donc pas besoin d'une autorisation spéciale pour cette acceptation. D'ailleurs si, par cette acceptation, la femme ne fait pas toujours sa position meilleure, elle fait au moins un acte conservatoire qui ne doit pas tomber sous le coup de la règle édictée par l'article 217 (1).

XVII. — Jusqu'au moment où la femme accepte le remploi, l'immeuble reste entre les mains du mari qui l'administre comme tous les autres biens de la communauté, et, à ce titre, peut le vendre ou le grever de servitudes ou de charges hypothécaires. L'acceptation seule fait de cet immeuble la propriété exclusive de la femme, et elle le reprend dans l'état où il se trouve alors ; c'est seulement à partir de ce moment qu'il est à ses risques et périls.

La conséquence de l'acceptation, c'est la décharge, pour le mari, de son obligation de remploi. L'immeuble est devenu irrévocablement propre à la femme qui ne pourrait être relevée de son acceptation que pour les causes consacrées par le droit commun pour les actions en nullité ou rescision. Le mari voudrait en vain, pour rendre ultérieurement à cet immeuble la qualité de bien de communauté, prouver que les deniers de la femme n'ont pas servi au paiement ; on lui répondrait,

(1) Duranton, vol. 14, n° 398. — Troplong, vol. 2, n° 1133. — Taulier, vol. 8, page 110. — Rodière et Pont, vol. 1, n° 810. — Benech, n° 48. — Roll. de Vill., *loco citato*, n° 43.

avec juste raison, qu'il n'a pu dépendre de lui seul de porter atteinte à la validité d'un engagement synallag- matique, en se refusant à acquitter le prix avec les deniers existans dans ses mains (1).

Bien plus, si en fait la femme n'était point proprié- taire des immeubles vendus, si les acquéreurs venaient à être évincés, nous dirions encore que les immeubles acquis à titre de remploi resteraient propres à la femme. En vain argumenterait-on de ce que n'ayant pas existé, en réalit de propre à remplacer, il ne peut y avoir de propre d' ubrogation (2). Les articles 1402- 1404 repoussent cette argumentation, au moins dans ses termes absolus. Il suffit en effet pour que l'im- meuble n'entre pas en communauté que l'un des époux en ait la possession légale antérieurement au mariage ; cette possession suffira donc pour justifier le remploi en faveur de la femme, et faire conserver aux immeubles acquis à ce titre la nature de propre que l'acceptation leur avait donné. Les premiers immeubles étaient exclus de la communauté ; les seconds, qui les remplacent, doivent y rester également étrangers.

Il est du reste incontestable que si quelque indem-

(1) Cass., 6 décembre 1819. Aff. Voitier. — Toullier, vol. 12, n° 371. — Cubain, n° 229.

(2) Rodière et Pont, n° 511. Ces auteurs citent, à l'appui de leur opinion, un arrêt d'Angers du 17 mars 1833 que nous n'avons pu trouver. Nous ne connaissons de cette Cour que celui du 12 mars 1823, aff. Fresnais, favorable à leur opinion, mais il fut cassé le 4 mai 1825. L'affaire fut renvoyée devant la Cour de Poitiers, qui maintint le remploi par arrêt du 20 décembre 1825, contre lequel il y eut pourvoi et arrêt de re- jet du 23 novembre 1826.

nité est payée aux acquéreurs évincés, la femme devra récompense du montant de cette indemnité.

§ 2. — *Du Remploi conventionnel.*

XVIII. — Nous avons indiqué plus haut comment le remploi conventionnel avait été introduit dans notre ancienne jurisprudence, et comment bientôt le remploi légal, y ayant été admis avec les mêmes conditions, les mêmes effets, avait fait disparaître ou au moins diminuer de beaucoup l'utilité du premier. C'était à l'avance dire que les règles générales de l'un s'appliquaient à l'autre; que les principes par nous précédemment exposés pour le remploi légal, reçoivent leur application au remploi conventionnel. Nous n'aurons donc à examiner ici que les questions sur lesquelles il pourrait s'élever quelques doutes, et pour lesquelles il semblerait nécessaire de poser des principes particuliers. Remarquons, avant tout, que souvent en fait, la clause de remploi n'exprime pas toujours l'idée d'un remploi actuel obligatoire, mais qu'elle a seulement pour but de rappeler la faculté de remploi établie par les articles 1433 et s. (1). Il en sera notamment ainsi pour cette clause banale et presque de style, copiée dans quelque formulaire. « Le remploi de biens propres à chacun des époux,

(1) Rejet, 1er février 1848. Aff. Perret. — Devill., 48, 1, 149. — La clause sur laquelle la Cour statuait était ainsi conçue: Si, pendant le mariage, il est aliéné des biens ou racheté des rentes réservées propres à l'un ou l'autre des futurs époux, il sera fait remploi des deniers qui en proviendront, en acquisitions d'autres biens, au profit de celui des époux auquel auront appartenu les biens aliénés ou rachetés.

» qui seraient aliénés ou remboursés pendant le
» mariage se fera conformément aux dispositions
» du Code Napoléon. » Ce sera le cas de dire avec
Renusson (1) : « Il semble qu'il n'y a point de diffé-
» rence, soit que par le contrat de mariage on ait sti-
» pulé l'emploi des deniers réputés propres, en héri-
» tages, soit qu'on n'en ait pas stipulé l'emploi. »

XIX. — Il nous faut donc prendre comme point de
départ de nos explications ultérieures une stipulation
de remploi expresse, sérieuse, il nous faut supposer
que la femme a voulu un remploi actuel, qu'on ne
pût différer jusqu'à la dissolution du mariage. Voyons
les effets de cette clause.

Mais d'abord gardons-nous des préoccupations du
régime dotal, ne transportons pas dans notre matière
les règles si rigoureusement restrictives de la liberté
des conventions que le Législateur a édictées dans les
articles 1540 et s. Ce principe salutaire nous sauve-
gardera contre quelques erreurs dans lesquelles certaines Cours se sont laissé entraîner, dominées qu'elles
étaient par les idées de dotalité qui sont entièrement
étrangères au régime de la communauté.

Ici nous sommes sous l'empire d'une loi qui admet
d'une manière absolue le droit d'aliéner les immeubles
de la femme, de les hypothéquer, de les échanger.
Celle-ci, en stipulant expressément qu'il y aura remploi, ne rend pas, par là, ses immeubles inaliénables,
elle entend seulement que son mari soit tenu de remplacer par un autre immeuble celui qu'il aurait vendu

(1) Cte, 2e partie, chap. 3, n° 2, page 129.

avec son consentement. Les règles qui gouvernent le
régime de communauté subsistent en entier. Au contraire, dans le régime dotal, la règle générale c'est la
prohibition d'aliéner; c'est l'inaliénabilité absolue; la
femme par la clause de remploi veut subroger un immeuble dotal à un autre immeuble dotal, — ce sont
les principes du régime dotal qui doivent être suivis.

C'est pour n'avoir pas suffisamment reconnu cette
différence, pour avoir trop obéi à l'influence du régime dotal que d'excellents auteurs sont tombés dans
des erreurs qui, acceptées pendant quelque temps par
la jurisprudence, sont aujourd'hui à peu près entièrement repoussées par les arrêts les plus récents.

Ainsi Merlin (1) et après lui les Cours de Caen (2), de
Riom (3), de Dijon (4), et de Lyon (5), se sont prononcées pour l'inaliénabilité en se fondant sur ce principe que les époux, même en adoptant la communauté, ont le droit de stipuler, aux termes de l'article
1497, l'inaliénabilité des immeubles qui leur restent
propres. C'était changer singulièrement la question,
et la modifier de manière à ce qu'une solution juridique ne fût plus possible. En effet, nous reconnaissons
volontiers que les époux peuvent frapper d'inaliénabilité les immeubles que la femme apporte en mariage ;

(1) Vº, remploi, § 7.— Toullier, vol. 12, nº 372.
(2) 27 janvier 1819. Aff Duboulay c Rivière. Pourvoi re-
jeté le 22 novembre 1820.
(3) 25 avril 1833. Aff. Dechavannes c. Perrault. — Devill.,
36, 1, 722.
(4) 27 novembre 1837. Aff. Tissot. — Devill., 42, 1, 7.
(5) 31 mars 1840. Devill., 40, 2, 323.

13

mais la question n'est pas là ; il s'agit uniquement de savoir si la clause de remploi rend les immeubles inaliénables, comme les immeubles frappés de dotalité. La question doit donc se poser ainsi : de ce que les époux peuvent, *par une convention expresse*, placer les biens de la femme hors du commerce, s'ensuit-il forcément que la clause de remploi produise cet effet? Evidemment non. L'art. 1592 veut une déclaration expresse que ne renferme pas la clause que nous examinons. Aussi l'erreur fut reconnue, les auteurs et la jurisprudence revinrent aux véritables principes, et aujourd'hui l'on peut regarder comme hors de conteste, cette règle que la condition de remploi ne peut frapper les immeubles d'inaliénabilité.

La première, la Cour de Toulouse (1), quoique d'un pays autrefois de droit écrit, où le régime dotal était en faveur, décida, par les motifs que nous venons de donner, que la clause de remploi ne fait pas que les immeubles d'une femme soient dotaux et inaliénables, lorsqu'elle a déclaré se marier sous le régime de la communauté. La Cour de Riom elle-même, revenant sur son ancienne jurisprudence, a admis cette opinion dans un arrêt du 27 août 1846. Enfin elle a été consacrée nombre de fois par les arrêts de la Cour suprême qui décide constamment que la condition de remploi, sans effet à l'égard des tiers, ne met pas obstacle à ce que les biens qui en sont l'objet soient saisis et vendus à la requête des créanciers de la femme (2).

(1) 24 mars 1830. Delglat c. Guiraud.
(2) 7 juin 1836. Devill., 36, 1, 721. Cassation de l'arrêt de

XX. — Comme conséquence, nous dirons que le remploi conventionnel, comme le remploi légal, entièrement étranger aux tiers, règle seulement les rapports des époux entre eux. Jamais les acquéreurs des immeubles de la femme ne sauraient être recherchés par celle-ci pour défaut de remploi dans les termes du contrat de mariage. « On demande, dit Ferrière (1),
» si la femme ne pouvant avoir son remploi sur les
» propres de son mari, elle pourrait subsidiairement
» recourir contre les acquéreurs et les évincer des
» héritages qu'ils auraient achetés? Il est sans doute
» que si la femme n'avait pas consenti à l'aliénation de
» ses biens, elle aurait l'action réelle contre les ac-
» quéreurs, parce que le mari ne peut vendre et alié-
» ner les propres de sa femme; mais quand elle y a
» donné son consentement étant majeure, elle ne peut
» plus agir contre les acquéreurs, c'est un usage pres-
» que général du droit coutumier. »

L'acquéreur en effet a acheté de personnes ayant capacité d'aliéner; il a payé à celui qui avait pouvoir de recevoir, il n'a point à se préoccuper d'autres considérations. Il lui a suffi de savoir que les époux avaient adopté le régime de la communauté, sans avoir besoin d'autres renseignements. Sous le régime dotal l'im-

Riom de 1833, renvoi à la cour de Lyon, qui se conforma à la doctrine de l'arrêt, 3 janvier 1838. Devill., 38, 2, 160. — 20 décembre 1841. Devill., 42, 1, 5. Cassation de l'arrêt de Dijon de 1837.—23 août 1847. Dall., 47, 1, 331. Rejet du pourvoi contre l'arrêt de Riom de 1846. Aff. Delotz c. Jusseraud. — Sic. Rod. et Pont, n° 520. — Benech, n° 50 et s.

(1) Sur l'art. 232, n° 50 de la cout. de Paris.

meuble étant inaliénable , le tiers acquéreur doit rechercher avec soin, pour s'y conformer, toutes les conditions auxquelles est soumise la faculté d'aliéner. Sous le régime de communauté au contraire , tous les immeubles sont aliénables. Quelles que soient les conditions apposées à cette aliénabilité , la femme a toujours le droit d'y renoncer, et si elles ne sont pas rappelées expressément dans l'acte de vente qui seul engage le tiers acquéreur , celui-ci ne peut être inquiété par la femme.

C'est ce qu'a jugé la Cour de cassation par trois arrêts en date du même jour, 29 décembre 1841 , dont l'un des motifs s'explique ainsi : « L'obligation de rem» ploi imposée au mari ne dépouille pas la femme » commune en biens du droit de vendre ses propres ou » de les hypothéquer; » cette clause ne peut nuire aux tiers et confère seulement à la femme un recours contre son mari , dans le cas où le prix de la vente de ses immeubles n'aurait pas été remplacé à son profit (1).

(1) Aux arrêts cités sous le numéro précédent , on peut ajouter : Deux arrêts de la Cour de cassation du 13 février 1850 , et un troisième du 5 juin 1850. — Dall., 50, 1, 204 et suiv. — Le 21 février 1845. Devill., 45, 2, 553 , la Cour de Caen s'était encore prononcée pour l'opinion contraire , par ce motif erroné que le remploi était la condition de la capacité de la femme, mais elle s'est rangée à l'opinion de la Cour suprême par un arrêt plus récent du 28 mai 1849 , suivi de l'arrêt de rejet du 5 juin 1850 que nous venons de citer. — M. Odier, nº 316, qui croit à la validité de la clause vis-à-vis des tiers, est la meilleure preuve de la préoccupation à laquelle ont obéi ceux qui pensent comme lui; — il cite, à l'appui de son opinion, presque toutes autorités qui ne se sont prononcées que sous l'empire du régime dotal.

Nous n'accepterions même pas le tempérament proposé par MM. Rodière et Pont, réservant à la femme
son recours contre les tiers acquéreurs dans le cas où
ce recours aurait été stipulé dans le contrat de mariage.
En effet, si la clause ordinaire de remploi n'autorise
pas le recours, est-ce que la femme peut, en l'absence
des tiers, dans un contrat auquel ils restent étrangers,
se créer des droits contre eux? Si elle peut, sous le
régime de communauté, vendre et hypothéquer librement, renoncer même à la clause de remploi; elle peut
à bien plus forte raison, par son consentement à la
vente, renoncer à la clause qui stipule le recours.
Cette restriction de MM. Rodière et Pont, est la dernière
solution dans laquelle s'était réfugié le souvenir du
régime dotal; nous croyons qu'elle doit être repoussée.
C'est seulement par une stipulation avec l'acquéreur,
qu'on arrivera, si le remploi n'est pas effectué, à
pouvoir agir contre ce tiers qui n'aurait point veillé à
l'exécution de la convention que lui-même aurait
signée.

XXI. — La femme n'aura donc en définitive de recours à exercer que contre son mari, soit que le remploi n'ait point eu lieu, soit qu'ayant eu lieu, elle ait
été trompée et amenée à l'accepter dans des circonstances qui lui permettent de revenir contre son engagement. (1109 et suiv.) Elle pourra même par tous les
moyens de preuve qu'admet le Législateur en matière
de fraude et de dol, prouver que le prix réel des aliéna-
tions a été dissimulé, et rétablir le prix véritable sans
qu'on puisse lui opposer comme fin de non-recevoir son

concours à l'acte, sa participation à la dissimula-
tion (1).

On pourrait même, dans certaines circonstances,
aller jusqu'à dire que l'acquéreur qui aurait eu connaissance de la fraude commise par le mari, qui y
aurait concouru non-seulement par son silence mais
encore par le consentement qu'il aurait donné à ce que
tout le prix ne fût pas porté en l'acte, pourrait être
recherché par la femme, et obligé à lui payer un supplément de prix.

XXII. — Mais cette action en garantie, ce recours
contre le mari, la femme pourra-t-elle les exercer pendant la durée du mariage, pourra-t-elle exiger de son
mari un remploi immédiat ? Nous ne le pensons pas.
Le mari, seul chef de la communauté, administrateur
souverain des biens de sa femme, est aussi le seul
juge du moment où le remploi doit s'effectuer avantageusement. Autoriser la femme à intenter une action
contre lui serait amener dans le ménage une cause de
discorde, — mettre le mari dans la dépendance et à la
discrétion de sa femme qui pourrait continuellement
s'immiscer dans l'administration maritale. Si elle a des
craintes, si la non-exécution du remploi lui semble
compromettre sa fortune, elle pourra demander la
séparation de biens et exercer alors toutes les reprises
auxquelles elle aura droit, mais si elle ne recourt pas
à ce moyen, si sa position n'est pas compromise, elle
doit rester la spectatrice muette de l'administration du
mari. « Quelquefois il sera d'un bon administrateur de

(1) 1348-1355. Cass., 14 février 1843. Devill., 43, 1, 193.

» faire le remploi actuel , quelquefois ce sera un acte
» prudent de ne pas le faire , et de préférer l'intérêt de
» la communauté (1). »

On le décidait ainsi dans l'ancien droit et rien , dans
la loi actuelle , n'autorise à changer cette jurisprudence
fort sage. « Le remploi stipulé n'est que pour le temps
» de la dissolution du mariage , et cette stipulation ne
» donne point d'action contre le mari , pour l'obliger
» au remploi (2). »

La solution resterait la même alors que la femme
aurait expressément stipulé que le remploi devrait
avoir lieu dans un certain délai. Ce délai en effet peut
être malgré la meilleure volonté possible réellement
insuffisant. Stipulé en faveur de la femme , dans son
intérêt , il deviendrait ainsi pour elle une cause de
ruine , parce que , pour obéir aux prescriptions du contrat de mariage , le mari pourrait être amené loyalement à faire un remploi désavantageux. Même dans ce
cas il suffira que le remploi ait lieu pendant l'administration du mari (3).

XXIII. — Rien au surplus n'empêcherait la femme
de stipuler une clause pénale pour le cas où le mari
n'effectuerait pas le remploi dans les conditions possibles du contrat de mariage. Elle pourrait, par exemple,
stipuler qu'en cas d'inexécution, elle exercerait, à la

---

(1) Troplong, n° 1113. — *Contrà*, Caen, 2 août 1851. Dall.,
52, 2, 226.

(2) Lebrun, liv. 3, chap. 2, sect. 1, dist. 2, n° 4.

(3) Nismes, 9 août 1842. Aff. Perrin. Devill., 43 , 2, 73.
— Pont, vol. 1, n° 518. — Benech, n° 87.

dissolution du mariage, sa récompense sur la part de
la communauté afférente aux droits de son mari, ou
même directement sur les propres de celui-ci. *Quinimò,*
dit Choppin (1), *si nuptialibus tabulis cautum sit uxo-*
riam dotem, ac patrimonia quæ maritus forsan cons-
tantibus nuptiis distraxerit; ex propriis illius fa-
cultatibus repetitum iri, tunc nullâ actionis parte
confusâ... mulier sua reposcet solido jure ex privatis
ac peculiaribus viri fortunis. Quemadmodum à
summâ Parisiorum curiâ pronuntiatum fuit in sanc-
tiore illo auditorio (30 juillet 1598) (2).

L'ancienne doctrine cependant ne paraissait pas favorable à cette opinion. « On demande, dit La Thau-
» massière (3), si la stipulation portée par contrat de
» mariage que les propres aliénés pendant le mariage
» seront repris, à l'égard de la femme, sur les propres
» du mari...... était légitime? J'ai répondu le 17 no-
» vembre 1671 que non, parce que ce serait ouvrir un
» moyen au mary d'avantager sa femme indirecte-
» ment pendant le mariage, parce qu'elle trouverait
» dans la communauté la moitié du prix provenant de
» l'aliénation de son propre, et outre ce, elle en serait
» entièrement récompensée sur les propres de son
» mary. »

Brodeau, sur Louet, flotte entre les deux opinions de

(1) *De Morib. Paris.*, liv. 2, tit. 1, n° 13, page 182.
(2) Cet arrêt est indiqué par Peleus, actions Forenses, liv. 3,
action 6, page 144, avec les motifs plaidés par les avocats des
parties ; et liv. 5, action 54, page 281.
(3) Cout. génér. de Berry, édit. 1701, tit. 8, art. 1, p. 239.

la validité ou non validité de la clause. « Il est, dit-il,
» au pouvoir de la femme de stipuler que le remploi de
» ses propres se prendra seulement sur la part affé-
» rente à son mari en la communauté.... Une clause
» de cette qualité tient le mary en bride, et l'empêche
» d'induire sa femme de consentir à la vente de ses
» propres ou l'oblige d'en faire le remploy prompte-
» ment et sans délay.» (1) Et ailleurs (2): « La difficulté
» demeure toujours ; que cette stipulation donne ou-
» verture à un advantage indirect, reprouvé entre
» conjoints, parce qu'il tombe en un temps prohibé.
» Et de fait j'ay appris que l'usage et la pratique cons-
» tante du Chastelet de Paris, est que telles clauses ne
» sont que comminatoires ; et que lorsque.... le rem-
» ploy ne se trouve point fait, il se prend sur la masse
» de la communauté avant partage, et non sur la
» part du mary en la communauté après le partage
» d'icelle, ce qui a esté ainsi jugé par les derniers
» arrêts, nonobstant celui de 1589. »

Tronçon, après avoir paru accepter la validité de la
clause, en disant que le remploy est une dette de la
communauté, s'il n'y a convention contraire, déro-
geante à la coustume, de prendre le remploy hors part
et sans confusion sur la part du mary, termine ainsi (3) :
« Lesquelles clauses à les prendre selon la rigueur
» seraient fort advantageuses aux femmes, et y aurait
» de l'iniquité: car non seulement elles seraient ré-

(1) Lettre R, somm. 30, n° 27, *in fine*, page 298.
(2) Lettre D, somm. 64, n° 5.
(3) Cout. de Paris, art. 232, page 518.

» compensées de leurs propres aliénez, mais outre la
» dite récompense, elles profiteraient encore de moi-
» tié de la valeur desdits propres aliénez, au préju-
» dice du mary, ce qui serait inique, aussi ne se
» pratique-t-il pas; et telles clauses n'ont lieu quand
» la femme prend communauté, d'autant qu'en se
» faisant elle prendrait deux fois son remploy.

Ricard (1), s'expliquant sur les arrêts des 26 avril
1589 et 30 juillet 1598, dit « qu'il faut considérer qu'ils
» ont été donnez en un temps où cette matière n'es-
» tait pas encore défrichée, et les arrêts jugeaient le
» contraire de ce qu'ils font maintenant.... une clause
» de cette qualité ouvrirait la voye aux conjoints de se
» pouvoir avantager. »

Auzanet (2), après avoir rappelé l'arrêt de 1598, en
cite un nouveau conforme, du 23 août 1646, prononcé
à l'occasion d'un contrat de mariage passé en la coutume de Bourgogne qui « permet de se réserver par
» contrat de mariage la faculté, au mari et à la femme,
» de s'avantager lorsqu'ils seront mariés.... Mais,
» ajoute-t-il, par un arrêt postérieur donné en la cou-
» tume de Paris.... le contraire a été jugé et la clause
» déclarée nulle et vicieuse pour deux raisons qui sem-
» blent invincibles. La première qu'en ce cas la femme
» aurait une fois et demie le remploi de ses propres;
» sçavoir une fois en prenant le remploy entier sur les
» biens du mari et la moitié en acceptant et partageant
» la communauté dans laquelle est entré le prix entier

(1) Sur Fortin, cout. de Paris, art. 232, page 259.
(2) Sur l'art. 232, page 168. V. aussi Mémoires, page 131.

» de la vente des propres de la femme. Et l'autre raison,
» fondée sur ce que.... le mari aurait la faculté de désa-
» vantager indirectement sa femme quand bon lui sem-
» blerait en faisant ou obmettant de faire le remploy. »

Enfin Lebrun (1) et Renusson (2) se sont prononcés
pour la nullité de la clause par les motifs que donne
Auzanet. — Renusson, cependant, est moins absolu ;
il dit « que l'arrêt de 1589 ne doit être suivi dans la
» coutume de Paris et autres semblables qui prohi-
» bent aux conjoints de s'avantager (3). »

Certes, pour tous ceux qui, comme nous, voient
dans le passé le meilleur enseignement pour les solutions du présent,   sur les difficultés de l'avenir,
il peut y avoir lie a hésitation, en présence de ces
autorités si imposantes. Cependant, nous l'avons dit,
nous donnons la préférence à l'opinion isolée de Choppin, et à la jurisprudence de 1598 et 1646. Il suffit en
effet de remarquer les motifs qui ont conduit les anciens docteurs à l'opinion contraire pour être convaincu qu'elle doit être repoussée aujourd'hui. Ces motifs
sont : d'une part que les époux n'ont pas le droit de
s'avantager, — d'autre part que le mari aurait la faculté de désavantager indirectement sa femme quand
bon lui semblerait. Or, il est incontestable aujourd'hui

(1) Liv. 3, chap. 2, sect. 1, dist. 2, nomb. 3.
(2) Propres, chap. 4, sect. 4, n° 7.
(3) Les deniers seront repris en argent sur le fonds de la
communauté, et non sur la portion particulière du mary,
nonobstant toutes conventions et coutumes contraires qui
demeurent abrogez par ces présentes. Arrêtés de Lamoignon,
communauté de biens, n° 55, page 395.

que les époux peuvent se faire des donations à quelque époque du mariage que ce soit ; le premier motif
disparaît donc entièrement. Quant au second il n'est
pas assez sérieux pour qu'on doive s'y arrêter un
instant. D'ailleurs si, aux termes de l'art. 1525, il est
permis à la femme de stipuler que la totalité de la
communauté lui appartiendra ; à plus forte raison peut-
elle stipuler que si le mari manque à l'engagement
qu'il prend d'effectuer le remploi, elle exercera directement son action sur la part afférente à celui-ci
dans la communauté. La clause pénale est moins
onéreuse pour lui que celle que la femme aurait eu le
droit de stipuler purement et simplement, comme
convention de mariage. Nous pourrions donc aller
jusqu'à dire que cette stipulation n'est point un avantage sujet aux règles relatives aux donations, mais
simplement une convention de mariage et entre associés (1525) (1).

En résumé, nous répéterons avec Renusson : la jurisprudence de 1589, l'opinion que nous adoptons, ne
doit pas être suiv   dans la partie de la France qui
prohibent aux conjoints de s'avantager. Mais, comme
il y a unité dans la loi, et que cette loi ne prohibe
point les avantages entre époux, notre opinion doit
être adoptée sur tout le territoire soumis à la loi qui
nous régit, c'est-à-dire par toute la France.

XXIV. — Nous avons vu que dans le remploi légal,
il fallait acceptation expresse de la part de la femme,

(1) Voir arrêt de la C. c., 8 décembre 1832. Aff. Guiche-
non. — Devill., 1833, 1, 395.

que le mari ne pouvait lui imposer les conséquences
d'un remploi qu'il aurait pu faire dans des conditions désavantageuses. On a gravement agité et sérieusement discuté la question de savoir si l'acceptation de la femme était nécessaire lorsque le contrat
renfermait une clause impérative de remploi. Nous
comprenons à peine que la question, posée dans ces
termes absolus, puisse être discutée. En effet, dans la
théorie du remploi légal qui autorise le mari à vendre
en faisant le remploi, la question ne peut être soulevée,
il faut toujours une acceptation, bien plus, une acceptation formelle. Est-ce à dire qu'alors que la femme
aura été plus en défiance contre son mari, qu'alors
qu'elle lui aura imposé, comme obligation, ce qui
était légalement une simple faculté, sa position devra
être moins assurée? Devra-t-elle, parce qu'elle a pris
plus de précaution, être exposée à perdre une partie
de sa fortune par l'acceptation forcée d'un remploi
désavantageux? Évidemment cela est inadmissible.
Une autre solution pourrait faire tourner contre la
femme une clause insérée uniquement dans son intérêt (1).

Cependant, MM. Merlin (2), Glandaz (3), Toullier (4),

(1) Benech, *loco citato*, n° 35, et surtout n°* 41 et suiv. —
Pont, vol. 1, n° 517. — Marcadé, vol. 5, art. 1497. — Zacharie, vol. 3, § 507, n° 50. — Duranton, vol. 15, n° 430. —
Duvergier sur Toullier, vol. 12, n° 364. — Com. anal., arrêt
de Bourges du 1er février 1831, Aff. Desnoyers c. Crépy. —
Devill., 31, 2, 253.
(2) *Verbo Dot*, § 10, *in fine*.
(3) *Loco citato*, n° 267.
(4) Vol. 12, n° 302.

Cubain (1), Rolland de Villargues (2), Odier (3) se sont prononcés pour l'inutilité de l'acceptation de la femme qui peut ainsi se trouver propriétaire malgré elle. Ce dernier auteur dit « qu'il n'est pas à la volonté de l'une » ou de l'autre des parties de s'opposer à ce que la » convention du mariage s'accomplisse, le mari a en » effet, par les termes mêmes du contrat de mariage, » un mandat spécial et formel qui le constitue *quasi* » *procurator mulieris in eam rem;* .... et qui rend » entièrement inutile une nouvelle intervention de la » femme. »

A l'appui de son opinion, M. Odier cite d'Aguesseau, qui n'examine point la question à l'endroit indiqué (4), Coquille, qui enseigne que « le plus sûr est que le » mari ne fasse rien sans la volonté et consentement » de sa femme, et que tous deux, de commun accord » et par ensemble, fassent le marché et achat. Aussi » bien la loi commande au mari, ‘qués affaires de la » dot de sa femme, quand aucune chose d'importance » se présente, de ne rien faire sans le consentement » d'elle » (5).

L'autorité de Renusson et de Brodeau invoquée aussi par M. Odier lui fait également défaut. Le premier de ces auteurs n'a point traité directement la question

(1) *Loco citato,* nº 238.
(2) Vº, Remploi nº 67, avec une modification dans le nº 70 en cas de fraude de la part du mari.
(3) Vol. 1, nº 318.
(4) 27ᵉ plaidoyer, tome 2, pages 642 et suiv.
(5) Question 286, tome 2, page 314. *Itâ et mariti sollicitudini consuletur et uxoris desiderio parebitur,* loi 88. *Di. Solut. matrim.*

dans les passages cités par Odier (1); ailleurs, au contraire, il se prononce pour la nécessité de l'acceptation (2). — Quant à Brodeau il a écrit que « la décla-
» ration du mary, par le contrat d'acquisition et le
» consentement de la femme, est absolument néces-
» saire, *quelque réalisation qu'il y ait par le contrat*
» *de mariage* » (3).

L'ancienne jurisprudence est donc contraire à l'opinion des auteurs modernes que nous combattons, et il nous suffirait d'ouvrir les docteurs qui ont traité ces matières pour prouver que l'acceptation était exigée même en cas de stipulation expresse de remploi. « Ainsi, dit Bourjon (4), quand le contrat de mariage
» porterait que le mari serait tenu de remployer en
» acquisitions d'héritages, les deniers provenant de
» l'aliénation du propre de la femme, les premières
» acquisitions où elle n'aurait pas parlé et qu'elle
» n'aurait pas acceptées ne lui tiendraient pas lieu de
» remploi. »

Ces maximes, dit Denizart, sont étayées du suffrage unanime des bons auteurs, et consacrées par la jurisprudence des arrêts (5).

(1) Des Propres, chap. 1er, sect. 10, nos 2, 3, 30 et suiv.
(2) Des Propres, chap. 6, sect. 7, no 23 et s., page 314, applicab. à la cté, chap. 3, n° 3, page 129.
(3) Sur Louet, lett. Il, somm. 21, n° 8. M. Odier indique le n° 12, mais le somm. 21 n'a que 11 numéros.
(4) Cté, 6e part., chap. 2, sect. 4, dist. 2, n° 63. — V. Tronçon sur l'art. 232, page 523. — Lebrun, liv. 3, chap. 2, sect. 1, dist. 2, nomb. 73, page 370.
(5) V°, remploi n°s 24 et suiv. Au n° 30 il signale une exception, sans application possible aujourd'hui.

Toullier, sans se préoccuper des autorités qui ont précédé le Code, développe largement l'idée tirée du mandat donné par la femme. La clause du contrat de mariage, dit-il, a tout au moins la force d'une procuration et même d'une procuration solennelle, le mari agit non-seulement en qualité et comme procureur de droit, mais encore en qualité de procureur spécial. Il n'est plus un simple *negotiorum gestor*, c'est un véritable mandataire, il remplit une obligation à laquelle il ne peut se refuser. L'art. 1553 démontre, par analogie, qu'en cas de stipulation de remploi, l'immeuble est acquis à ce titre sans acceptation.

L'argumentation de M. Toullier ne nous paraît en rien atténuer la force des considérations que nous avons présentées plus haut. Elle prend comme point de départ un fait entièrement inexact, un principe dont les conséquences ne sont nullement logiques. Et d'abord, écartons de la discussion l'art. 1553, édicté pour un autre ordre d'idées et qui n'a pas eu pour objet de prévoir et de trancher la difficulté actuelle. Bien plus, même si nous nous transportions dans le régime dotal, il n'aurait rien décidé sur la question de savoir s'il y a ou non nécessité de l'acceptation de la part de la femme pour que l'immeuble soit frappé de dotalité.

Reste l'argument qui repose sur l'idée du mandat ; si cet argument était vrai, il faudrait dire que par la clause de remploi la femme donnant pouvoir à son mari d'aliéner, celui-ci pourrait, même sous le régime dotal, vendre le propre de sa femme sans la consulter.

Il faudrait dire que, même sans stipulation expresse, le mari, étant le mandataire légal de sa femme, aurait les mêmes droits, et qu'il pourrait, malgré le texte positif de l'art. 1435, toujours opérer un remploi sans se préoccuper du consentement de celle-ci. Cette conséquence logique et bien évidemment inadmissible du principe posé, montre qu'il ne faut pas s'attacher, d'une manière absolue, à cette idée du mandat. Sans doute le mari est le mandataire de la femme, mais mandataire avec cette restriction de Coquille, « quès affaires de la femme quand aucune chose d'importance se présente il ne doit rien faire sans le consentement d'elle. » Cette clause, obligatoire pour le mari, ne peut le laisser maître absolu de la fortune de sa femme. « Il » est chargé de chercher le remploi, de le préparer, » d'en asseoir les bases, mais son pouvoir ne va pas » au-delà. Rien ne doit être conclu sans l'assentiment » de la femme, juge en dernier ressort de ces opéra- » tions préliminaires » (1).

Au surplus, la femme peut parfaitement conférer à son mari, d'une manière expresse, le mandat de lui choisir un immeuble à titre de remploi. Le mari sera alors un mandataire ordinaire soumis à toutes les obligations d'un mandataire. Mais ce mandat ne peut se présumer, il ne peut même résulter de cette clause quelquefois usitée que le remploi aura lieu de plein droit sur la première acquisition faite depuis le mariage ou depuis l'aliénation du propre; il faut quelque

(1) Troplong, n° 1141. — Dall., répert., v° cté, n°s 1423 et suiv., 2ᵉ édit.

11

chose de plus énergique, de plus précis. « Cette clause
» oblige seulement le mari à faire l'offre du premier
» acquêt à sa femme, mais elle n'oblige point celle-ci
» d'accepter si l'acquisition ne lui convient pas » (1).

XXV. — Il n'est pas sans intérêt, dans la théorie du
remploi, d'examiner à l'occasion de quels biens, et en
quelle nature de biens le remploi peut être effectué. Et
d'abord si l'un des époux, à quelque titre que ce fût,
avait des deniers qui lui fussent propres, sans provenir
de l'aliénation d'un immeuble, pourrait-il faire emploi
de cette somme et attribuer aux immeubles acquis avec
ces deniers, la qualité de propre, en se conformant du
reste aux prescriptions des art. 1434-1435 ? M. Duranton (2) s'est prononcé pour la négative par ce seul
motif que l'un des époux ne peut se faire des propres
à volonté, motif évidemment insignifiant et mal fondé
dans l'espèce, puisque cet immeuble, pour être propre,
aurait besoin d'être acheté par un époux ayant des
deniers propres, et que cette condition exclut la possibilité que l'époux se fasse des propres à volonté.
La Cour de Douai (3), qui a suivi l'opinion de M. Duranton, n'est pas plus heureuse dans les motifs qu'elle
donne : 1° Il résulte, dit-elle, des art. 1434-1435 que
le remploi n'a lieu qu'autant que l'acquisition est faite

(1) Duvergier sur Toullier, *loco citato*, n° 305. — Marcadé,
sur l'art. 1435.
(2) Vol. 14, page 389.
(3) 2 avril 1846. Aff. Testelin c. Candelle-Devill. 47. 2.
413. Dall. 47. 2. 198. J^al des Notaires 1846, art. 12,725, page
48. — Voir aussi arrêt de Rennes du 12 décembre 1846. Aff.
Bourbel. Dall. 47. 2. 199.

de deniers provenant de l'aliénation d'un immeuble....;
2° aucune disposition de la loi n'autorise les époux à
se rendre propres des immeubles acquis en employant
au paiement du prix de ces acquisitions des deniers
propres, mais provenant d'une origine autre que
l'aliénation de droits immobiliers.....; 3° dans les
termes comme dans l'intention de la loi, le remploi
n'est que la subrogation d'un immeuble à un autre...;
4° les époux auraient ainsi le moyen de se faire payer,
avant le terme, du montant des reprises à eux dues
par la communauté, et de changer à leur gré les élé-
mens dont se compose cette communauté.

Le second motif rappelé par la Cour de Douai reçoit
un démenti bien brutal dans l'art. 1595 § 2, qui dispose que le mari peut vendre à sa femme, même non
séparée, des immeubles en remploi de deniers à elle
propres. Certes, c'est là une disposition qui autorise
les époux à se rendre propres des immeubles acquis
avec des deniers personnels. Cette disposition prouve
en même temps que la Cour de Douai (n°ˢ 1 et 3) a eu
tort de considérer les art. 1434 et 1435 comme entièrement restrictifs, et absolument exclusifs de la faculté
de rendre propres les immeubles acquis avec des valeurs mobilières personnelles aux époux; et elle répond
au quatrième motif, qui paraît croire qu'une reprise
est due par la communauté à l'un ou l'autre des
époux qui s'est constitué des valeurs mobilières
comme propres, alors même que ces valeurs mobilières n'auraient point été aliénées. La communauté
n'était point composée des valeurs exclues; et nous

pouvons dire plus exactement que la Cour de Douai,
qu'on en changerait les éléments en y faisant entrer
les immeubles acquis avec les valeurs mobilières exclues (1).

Que la Cour de Douai ne repousse pas l'application
de l'art. 1595 par le motif que cet article parle seulement de la vente que fait le mari à sa femme d'un bien
qui lui est propre. Si la vente peut avoir lieu du mari
à la femme, évidemment elle se présentera dans des
conditions plus favorables encore quand elle s'effec-
tuera directement de l'étranger à la femme, par la
déclaration de remploi (2).

D'ailleurs, le doute résultant de la rédaction des
art. 1434 et suiv. se trouve levé par l'art. 1470 qui
prouve que le mari peut aussi bien que sa femme faire
remploi des valeurs mobilières qui lui sont propres. En
effet, cet article autorise (§ 1) chaque époux à prélever :

(1) Le propre mobilier se comporte absolument comme le
propre immobilier, si le premier est aliéné il est dû récompense ; s'il n'est pas aliéné l'époux le reprend en nature ; — il
en est de même pour le propre immobilier. Si le motif de la
C. de Douai, par nous cité comme le quatrième, était vrai, il
empêcherait également le remploi pour les immeubles. Nous
supposons, pour l'argumentation, que ces valeurs mobilières
ne sont pas fongibles, qu'elles ont au contraire un corps certain, une individualité; mais le raisonnement fait sur les unes
entraîne la solution de la question pour les autres.

(2) L'arrêt de la Cour de Douai aurait cependant échappé à
la censure de la Cour suprême, parce que, en fait, Testelin
ne justifiait pas d'une manière légale et suffisante de la con-
sistance du mobilier qu'il prétendait lui être advenu pendant
le mariage.

1° *les biens personnels* qui ne sont point entrés en communauté, s'ils existent encore en nature, ou ceux qui *ont été acquis en remploi.* Or, cet alinéa ne fait aucune distinction entre les biens meubles personnels et les immeubles; bien plus, le rapprochement de cet alinéa avec le suivant ferait supposer qu'il ne s'occupe que des *biens mobiliers*, puisque le § suivant traite spécialement du remploi des immeubles aliénés.

L'article a donc pris pour point de départ du principe qu'il édicte la possibilité du remploi en immeuble pour des valeurs mobilières, et cette opinion, adoptée par la majorité des auteurs, a été consacrée par quelques arrêts (1).

XXVI. — A moins d'une stipulation expresse qu'on ne rencontrera presque jamais dans un contrat de mariage, le remploi devra avoir lieu en immeubles. C'était une doctrine constante de l'ancien droit, et il n'y a pas de raison pour l'abandonner aujourd'hui. Le remploi en meubles n'offrirait pas assez de garan-

---

(1) Toullier, vol. 12, n° 386. — Zachariæ, vol. 3, § 507, page 426. — Taulier, vol. 5, page 111. — Rodière et Pont, vol. 1, n° 513. — Marcadé, sur l'art. 1435, § 4. — Odier, vol. 1, n° 327. — Roll. de Vill., v°, remploi, n° 22. — Troplong, vol. 2, n° 1155. — *Sic*, 6 décembre 1819. Aff. Voitier c. Hunout. — Toulouse, 27 mai 1834. Aff. Coste c. Jauge. — Devill., 35, 2, 175. — Rouen, 2 avril 1838. *Journal des Notaires 1840*, art. 10,651, page 303. — Paris, 9 juillet 1841. Aff. Bouard. Devill., 41, 2, 534. *Journal des Notaires* 1841, art. 11,030, p. 39. — Caen, 22 juillet 1847. Aff. Hocmelle. Malgré les conclusions de M. Nicias Gaillard, cet arrêt fut cassé le 21 mars 1849. — Dall., 49, 1, 65. — L'arrêt du 23 mai 1838, cité par M. Troplong, n'est pas applicable à l'espèce.

tie, et pourrait trop souvent être une cause de ruine.
Mais il est évident que les immeubles acquis en remploi
peuvent être d'une autre nature que ceux qui ont été
aliénés : une maison pourra servir de remploi à une
terre, et réciproquement.

Du reste, si le remploi avait lieu à l'occasion de valeurs mobilières personnelles, nous croyons qu'il
pourrait avoir lieu en meubles qui resteraient également propres. Nous ne voyons rien dans la loi qui
déclare nul le remplacement de valeurs mobilières
par d'autres valeurs mobilières. L'art. 1595 autorise la
vente des *biens* d'un époux à l'autre époux; et dans la
terminologie légale, le mot *Biens* comprend les meubles
et les immeubles (art. 516). Bien entendu pour que le
remploi pût s'effectuer, il faudrait nécessairement que
les biens meubles acquis fussent de ceux qui ne se
consomment pas par le premier usage; de ceux sur
lesquels le droit de propriété pût s'exercer sans conteste, et non de ceux dont les époux laissent toujours
tacitement la propriété à la communauté sauf récompense. Ainsi l'acquisition d'une collection de portraits
de famille, à titre de remploi d'une galerie de tableaux
personnels, formerait évidemment un propre, si cette
acquisition avait été accompagnée des déclarations
voulues par la loi pour le remploi.

Ainsi encore c'est avec raison que la Cour de Caen
a décidé qu'un notaire marié sous le régime de la communauté d'acquêts, pouvait acheter en remploi un
nouvel office avec les deniers provenant de la vente
de celui dont il était titulaire au moment de son ma-

riage et qu'il a aliéné pendant l'existence de la communauté d'acquêts (1).

XXVII. — On a agité la question de savoir si le remploi pourrait avoir lieu par anticipation, c'est-à-dire si, dans la prévision de l'aliénation d'un propre, l'un ou l'autre des époux pourrait acheter un immeuble qu'il se réserverait propre, en remploi de l'immeuble qu'il aurait l'intention de vendre plus tard? MM. Odier (2) et Toullier (3) se sont prononcés d'une manière absolue pour la négative. Le remploi, disent-ils, est un remplacement d'une chose qu'on met en la place d'une autre. Il est contraire à la nature qu'on mette une chose à la place d'une autre qui n'est pas déplacée, qui occupe encore sa place.

A l'appui de cette opinion on invoque ordinairement l'autorité des Cours de Paris (4) et de Bourges (5). Mais il faut remarquer que la Cour de Paris se trouvait en présence d'une hypothèse dans laquelle aucun immeuble propre n'avait été vendu pendant l'existence de la communauté, et que c'étaient les héritiers de la femme qui se présentaient pour réclamer le bénéfice de la stipulation de remploi, alors que les propres de la femme avaient été vendus seulement depuis son

(1) Aff. Brunet.
Loyseau, liv. 3, chap. 9, n° 61, page 207. Des offices vén. — Duplessis, page 446.
Arrêt du 24 septembre 1670.
(2) Vol. 1, n° 326.
(3) Vol. 12, n° 370.
(4) 27 janvier 1820. Aff. Pinceloup.
(5) 1er août 1838. Aff. Boudoux, — Devill., 38, 2, 488.

décès (1). Quant à la Cour de Bourges, elle n'a vu
dans la déclaration que les époux acquéraient à titre
de remploi en faveur de la femme, qu'un projet qui
devait être réalisé par celle-ci, et elle a déclaré que
si, plus tard, la femme ne faisait point la déclaration
que le prix de ses propres vendus était employé à
payer l'acquisition antérieure, elle ne réalisait pas le
projet primitivement arrêté, et que le remploi n'existait pas. Ce n'était pas proscrire d'une manière absolue
le remploi anticipé, c'était reconnaître, par des circonstances de fait, que la femme n'avait point voulu
réaliser le remploi ; et nous pensons que c'était bien
jugé.

M. Zachariæ (2) se prononce pour la validité de cette
clause en ce qui concerne les rapports des époux entre
eux, et pour son inefficacité en ce qui concerne leurs
rapports avec des tiers, et surtout avec les personnes
qui auraient acquis des droits réels sur les immeubles
ainsi achetés.

Au contraire, M. Troplong (3) voit dans le remploi
anticipé une stipulation parfaitement valable vis-à-vis
de tous, et semble croire qu'il suffit, pour l'efficacité
de cette clause, de déclarer que le prix de la nouvelle
acquisition sera payé avec le prix de biens propres que
la femme se propose de vendre.

Si telle est l'opinion de cet auteur, nous la repous-

(1) Il est dit, dans un des motifs, qu'il n'avait été fait aucune déclaration ayant rapport au remploi.
(2) Vol. 3, § 507, note 43.
(3) Vol. 2, n° 1154.

sons comme celle de M. Toullier ou de M. Zachariæ.
Nous croyons que le remploi anticipé est trop utile,
trop avantageux pour qu'on puisse le proscrire, en
l'absence d'un texte positif de loi; mais nous voulons
qu'il soit, autant que possible, soumis aux prescriptions de la loi en matière de remploi ordinaire. Ces
prescriptions sont : 1º acquisition faite avec les deniers
provenus des propres remplacés; 2º manifestation
claire de l'intention de faire le remploi; — et elles
peuvent être suivies même dans le remploi par anticipation. Il faudra donc dans l'acte d'acquisition déclarer 1º que cette acquisition est faite en remploi de tel
propre déterminé qui sera bientôt vendu; 2º ajouter
que le prix en sera payé avec les deniers provenant
de la vente de ce propre; en outre, dire dans la quit-
tance que les fonds employés au paiement proviennent
bien de la vente du propre. Enfin, on exigera l'acceptation de la femme.

Il est bien évident qu'entouré de toutes ces précautions le remploi sera inattaquable même de la part
des tiers. Ceux-ci sauront, lorsqu'ils voudront traiter,
que l'immeuble est soumis à une condition qui peut le
rendre propre à l'un ou l'autre des époux, et ils auront à se reprocher leur imprudence s'ils contractent
sans se préoccuper de cette condition. En vain, dirait-
on que cette condition tombe sous le coup de l'article
1174, qu'elle est potestative et entraîne, comme conséquence, la nullité de la clause de remploi; ce serait
méconnaître le sens pratique, la portée réelle de cet
art. 1174, qui suppose la seule volonté, le seul caprice

de celui qui s'oblige. La clause de remploi ne se trouve
pas suspendue par la seule volonté du mari ou de la
femme; pour qu'elle se réalise il faut le concours de
plusieurs volontés, de plusieurs circonstances; ce qui
exclut entièrement l'idée d'une condition potestative.

M. Toullier doit se trouver satisfait dans ses scru-
pules. Toutes les conditions constitutives du remploi,
toutes les précautions vitales demandées par la loi auront été prises, et l'on ne peut s'arrêter à cet argumentation toute métaphysique qu'il répugne à la nature
qu'on mette une chose à la place d'une autre qui n'est
pas déplacée, car au moment où le remploi recevra
sa perfection le déplacement aura eu lieu, la place de
l'immeuble sera devenue vacante.

M. Troplong ne peut se plaindre de ce que nous ren-
dions ainsi le remploi trop difficile; lui-même dit que le
remploi actuel est un instrument dangereux, qu'il faut,
autant que possible en cette matière, prévenir les in-
certitudes, fixer la nature et la qualité des biens (1). C'est
le but que nous atteignons tout en facilitant l'opération souvent avantageuse d'un remploi anticipé (2).

Au surplus, avec ces précautions, nous pensons,
contrairement à l'opinion de M. Troplong et à un arrêt
d'Angers (3) que le mari pourra faire pour son compte

(1) Vol. 2, n° 1122.
(2) Glandaz, v°, c°, n° 264. — Marcadé, art. 1435. — Rod.
et Pont, n° 512. — Roll. de Vill., n°s 39 et 40. — Rejet, 23
novembre 1826. Aff. Fresnais, — Angers, 8 février 1829. Aff.
Roux.
(3) 6 mars 1844. Aff. Benard. Devill., 46, 2, 37. —
M. Troplong donne à cet arrêt la date de 1846.

un remploi par anticipation ; qu'il ne faut établir entre lui et sa femme aucune différence sérieuse. Sans doute l'on peut dire que le mari vendra si l'acquisition est avantageuse, et s'abstiendra de vendre si elle ne l'est pas; mais si cette considération suffisait pour proscrire le remploi par anticipation ; elle recevrait son application à la femme comme au mari ; celle-ci serait aussi privée du droit, que lui reconnaissent M. Troplong et la Cour d'Angers, de faire un remploi par anticipation.

XXVIII. — Quelles que soient, pour l'un ou l'autre des époux, les conséquences ultérieures du remploi ; tout est réglé entre eux quand il n'y a aucune différence entre le prix de l'acquisition nouvelle et celui de l'immeuble aliéné ; les résultats de l'opération sont irrévocablement acquis à celui des époux en faveur de qui le remploi a eu lieu. Mais il pourrait se faire que le prix de la nouvelle acquisition fût supérieur à celui de l'immeuble aliéné, que devra-t-on décider ? Le remploi aura-t-il lieu pour le tout, ou seulement jusqu'à concurrence de la valeur de l'immeuble aliéné ? Il y a, selon nous, des distinctions à faire, et souvent même la solution dépendra des circonstances de fait laissées à l'appréciation souveraine des juges. Si la différence est peu importante, l'immeuble sera propre pour le tout, sauf à indemniser la communauté de ce qu'elle a fourni pour payer cette différence. Telle était la doctrine des anciens auteurs, rapportée en ces termes par d'Argentré (1) : *Totum acquiri ei de conjugibus cujus res fuit data, sed pecuniæ datæ dimidia, soluto*

(1) Art. 418, gl. 2, nomb. 3, page 1836.

matrimonio et communione, reddi debebit alterutri de conjugibus : unus enim est contractus... Elle est suivie par Lebrun (1), par Duplessis (2), et reproduite par Pothier (3). D'Argentré en donne ailleurs le motif (4) : *Quodcumque per modum supplementi adjicitur priori pretio, rem non mutare et in veteri causâ durare respectu quidem contrahentium inter se; cum supplementum pars et accessio sit prioris conventionis.* Cette faible différence ne peut changer la nature de l'acte ; elle est seulement l'accessoire (*pars et accessio*) de la clause de remploi, et elle en suit le sort.

Mais au contraire, si la différence était importante, si elle ne pouvait évidemment être considérée comme l'accessoire de la convention, nous reconnaîtrions volontiers le mélange de deux actes distincts, une acquisition faite à titre de remploi, et une acquisition faite pour la communauté. L'époux ne sera alors propriétaire que dans la proportion pour laquelle le prix de son propre aliéné sera entré dans le paiement de la nouvelle acquisition. Sans doute, ce système peut offrir des inconvénients ; il établit immédiatement entre les deux époux une indivision qui peut donner naissance à des contestations. Mais, outre que cette indivision se rencontre presque avec les mêmes difficultés possibles dans toute acquisition de

(1) Liv. 1, chap. 5, sect. 2, dist. 3, nomb. 10, page 132.
(2) Liv. 1, chap. 2, page 369.
(3) C⁴⁴, n° 198.
(4) *Loco citato*, gl. 3, n° 7, page 1543.

communauté, ce système a pour lui l'autorité du
passé (1), auquel la loi nouvelle n'a point dérogé;
et il a été consacré par un arrêt de cassation (2).
D'ailleurs tout autre système offrirait encore plus
d'inconvénients. Ainsi, dans l'opinion de M. Toullier,
qui considère l'immeuble acquis comme propre quelle
que soit la différence de valeur; il faudrait aller
jusqu'à dire que si l'un des époux, en remploi d'un
propre vendu 1,000 francs, acquérait un autre immeuble moyennant 100,000 francs, celui-ci serait
propre pour le tout, ce qui est évidemment inadmissible, car il serait alors trop facile de se créer des
propres, et de modifier les bases de l'association
conjugale (3). Dans une hypothèse semblable nous
aimerions mieux dire, avec M. Bugnet (4), que le résultat de l'opération est déterminé par la cause pré-
dominante, et déclarer qu'il n'y a pas remploi, même
pour la somme de mille francs, qui serait alors l'objet
d'une récompense ultérieure.

(1) Bourjon, c[te], 2e part., chap. 10, sect. 2, nomb. 9.
(2) 20 juin 1821. Aff. Thouronde d'Aptot. — Sic, Bordeaux,
1er avril 1844. Aff. Dupeyrat. Devill., 44, 2, 593. — Cass.,
31 juillet 1832. Devill., 32, 1, 505.
(3) Rodière et Pont, vol. 1, n° 514. — Troplong, vol. 2,
n° 1151. — Zachariæ, vol. 3, § 507, note 42. — Glandaz,
n° 262. — Odier, vol. 1, n° 131. — Duranton, vol. 14, n°391.
— Marcadé, art. 1407, § 1.
(4) Sur le n° 198 de Pothier.

CHAPITRE III.

Liquidation des Récompenses.

—

Nous avons indiqué les hypothèses dans lesquelles
une récompense pouvait être due à l'un ou l'autre des
époux ; nous avons précisé les circonstances qui y
donnaient lieu, développé le système du remploi actuel, exclusif de l'idée de récompense ultérieure ; il
nous reste à fixer : 1° le *quantùm* de ces récompenses ;
2° l'ordre et le mode dans lequel elles se prélèvent.

SECTION PREMIÈRE. — *Quantùm.*

I. — Il nous reste peu de chose à dire sur le *quantùm* de la récompense qui est toujours soumis à cette
double règle que la communauté ne doit pas s'enrichir
aux dépens des époux, et réciproquement que ceux-
ci ne doivent point s'enrichir aux dépens de la communauté. Nous avons déjà suffisamment indiqué
quelle était la quotité de la récompense dans le cas
d'aliénation d'un bien propre dont le prix était tombé
dans la communauté ; soit que ce bien fût un droit
perpétuel aliéné pour un droit de même nature, soit
au contraire que ce fût un droit viager aliéné pour un
droit perpétuel ou réciproquement.

Si la récompense est due à l'occasion de la somme
reçue par la communauté au nom de l'époux poursuivi en délaissement ou en rescision et qui a suc-

combé, elle sera naturellement du montant de la somme reçue déduction faite des frais de procès qui restent à la charge de l'époux contestant et que la communauté aura avancés.

Les frais de licitation ou de partage doivent également être déduits de la quotité de la récompense due pour toute la somme reçue à l'occasion d'une succession échue à l'un ou à l'autre des époux et qui devait lui rester propre. En général, il en sera ainsi toutes les fois que des frais auront été nécessaires pour arriver à toucher une somme quelconque pour laquelle il y aura toujours lieu à une récompense égale au montant de la somme touchée.

Ce principe recevra son application au cas où une carrière ou une mine aurait été ouverte sur le fonds d'un des conjoints. La récompense consistera dans les produits nets obtenus, c'est-à-dire déduction faite des frais d'exploitation. M. Duranton pense (1) cependant que la récompense ne doit jamais dépasser la dépréciation de l'immeuble, quel que soit le chiffre des produits. Ainsi, les produits ayant donné 30,000 francs de bénéfice net, et l'immeuble n'étant déprécié que d'une valeur de 20,000 francs, il n'accorde indemnité que pour cette dernière somme. Mais il résulterait de ce système que la communauté est propriétaire des produits, sauf indemnité au propriétaire du fonds pour la détérioration de ce fonds, tandis que la combinaison des art. 1403, 598, montre évidemment que la communauté n'a aucun droit de propriété sur les

(1) Vol. 14, n° 335.

produits des carrières ouvertes seulement pendant sa durée. En effet, elle est assimilée à l'usufruitier auquel l'article 598 refuse tout droit sur les mines non ouvertes avant son entrée en jouissance; si donc elle touche les produits auxquels elle n'a pas droit, elle en doit récompense.

Si l'ouverture de la mine ou de la carrière avait déprécié le fonds sans que la valeur des produits eût compensé cette dépréciation, l'indemnité devra s'étendre à la différence entre la valeur actuelle du fonds et celle qu'il aurait eue si la carrière n'avait été ouverte (1). L'administration du mari a engagé la communauté.

Quant aux coupes de bois qui seraient faites en dehors des droits que la communauté peut avoir sur les biens des époux, et dont, en fait, elle aurait perçu les produits; il y a quelques distinctions à établir pour fixer le *quantùm* de la récompense.

« S'il y a eu interversion dans l'ordre des coupes,
» on fait compensation de la valeur de celles qui au-
» raient dû être faites avec la valeur de celles qui ne
» devaient pas l'être. S'il y a eu anticipation dans les
» coupes, on retranche du produit ce que vaut pour
» l'époux le nouveau bois suivant son âge. Ainsi, une
» coupe qui, en suivant les règles de l'usufruit, aurait
» dû être faite en 1846, l'a été en 1840, il arrive que
» la communauté est dissoute en 1843. L'indemnité
» due à l'époux propriétaire, doit subir la réduction

_____
(1) Taulier, vol. 5, page 50. — Glandaz, n° 77. — Zachariæ, vol. 3, pages 414-415. — Toullier, vol. 12, n° 128.

» de la valeur des trois années qu'avait le bois au jour
» de la dissolution de la communauté, car l'époux pro-
» priétaire profite de cette valeur. Enfin, s'il a été fait
» des coupes qui ne devaient pas être faites, sur les
» biens de la femme; l'indemnité se calculera sur le
» pied de la vente si celle-ci a donné son consentement
» à la coupe ; — si elle n'a point consenti, l'indemnité
» sera de la valeur réelle que les coupes auraient eue
» lors de la dissolution de la communauté, sauf dé-
» duction de la valeur qu'aurait alors le nouveau bois.
» Si la coupe a été faite sur un bien appartenant au
» mari, l'indemnité ne devra jamais dépasser le prix
» de la vente » (1).

SECTION DEUXIÈME.—*Mode et ordre des Prélèvements.*

1° Texte de l'article 1470.
2° Différence entre les droits du mari et ceux de la femme.
3° Ordre des prélèvements. Articles 1471 et 1472.
4° La femme ne pourrait exiger la vente si on lui offrait des
    deniers pour la remplir de ses reprises.
5° Droit d'option de la femme.
6° Restriction de ce droit.
7° Fixation de la valeur des objets prélevés.
8° A quel titre s'exerce ce prélèvement.
9° Nature de ce droit de prélèvement.
10° Son étendue à l'encontre des créanciers.
11° Il s'étend jusque sur les biens du mari.
12° Prélèvement de la part du mari.
13° Intérêts des récompenses dues par la communauté.

I.—Nous savons quand il y a lieu à récompense, quelle
doit en être la quotité, quelles circonstances empêchent

(1) Pont, vol. 1, n° 717.

18

le droit à la récompense de naître ; il nous faut examiner comment se règlent ces récompenses, dans quel ordre s'exercent les droits des époux.

Sur la masse des biens, chaque époux (ou ses héritiers) prélève 1° le prix de ses immeubles qui ont été aliénés pendant la communauté, et dont il n'a point été fait remploi ; 2° les indemnités qui lui sont dues par la communauté (1470).

II.—Mais autre chose est la position de la femme, autre chose la position du mari. Tant que la communauté a subsisté, le mari a agi en maître, « la femme n'a été » que la spectatrice, et la spectatrice muette par état de » l'administration totale de son mari » (1). En recevant les deniers provenant de la vente des propres de sa femme, le mari ne les a reçus que comme administrateur ou comme dépositaire, il n'en avait que l'usufruit, et la jouissance pendant le mariage : après la dissolution il est obligé d'en faire la restitution à la femme ou à ses héritiers (2). Comme contre-poids de cette autorité, la femme, dans l'exercice de son droit de prélèvement, sera préférée au mari sous un double rapport : 1° les prélèvements de la femme s'exercent avant ceux du mari (1471) ; 2° la femme et ses héritiers, en cas d'insuffisance dans la communauté, exercent leurs reprises sur les biens personnels du mari (1472). Le mari ne peut exercer ses reprises que sur les biens de la communauté ; et après les prélèvements de la femme.

(1) Bourjon, 6ᵉ part., chap. 2, sect. 1, nᵒˢ 6 et 7, page 613.
(2) Renusson, des Propres, chap. 4, sect. 4, page 189.

C'était autrefois une jurisprudence constante : *hoc enim nullo modo cadit in speciem donationis, sed est bonæ fidei agnitio quæ maximè abundare debet inter maximâ amicitiâ conjunctos* (1).

III. — Les deux articles que nous venons de citer (1471-1472), tracent d'une manière précise l'ordre dans lequel s'exercent les prélèvements dans tous les cas où il y a lieu à récompense. Ils s'exercent, dit l'article 1471, d'abord sur l'argent comptant, ensuite sur le mobilier, et subsidiairement sur les immeubles de la communauté; enfin, en cas d'insuffisance dans la communauté, sur les biens personnels du mari (2). Cet ordre tracé par la loi doit être rigoureusement suivi, à moins que, d'un consentement mutuel, les parties ne conviennent de le modifier dans un sens ou dans un autre. Il peut en résulter en fait un avantage pour le mari. En exerçant le dernier ses reprises, il pourra se faire qu'il soit payé en immeubles, alors que la femme aura été obligée de se contenter de meubles improductifs. Mais ce désavantage est largement compensé pour elle par le droit de prélever la première, droit qui, en général, lui assure une reprise intégrale que le mari pourra quelquefois ne pas obtenir.

(1) Coquille.

(2) L'art. 1471 semble dire que c'est seulement quand il s'agit de récompense due pour aliénation de propres : et tel est le sens de ces expressions *pour les biens qui n'existent plus en nature*, mais cette rédaction nous paraît vicieuse ; dès qu'une récompense est due par la communauté, il faut suivre les prescriptions de nos articles, sans s'inquiéter de la cause de la récompense.

IV.—D'ailleurs, et cette dernière observation diminue singulièrement les inconvénients du résultat que nous venons d'indiquer, si la femme trouve un désavantage dans le prélèvement d'objets improductifs et périssables, elle pourra demander la vente de ces objets afin de recevoir en argent les deniers qui seuls sont sa propriété (1) et dont la communauté ne devait être considérée que comme dépositaire. En effet, la femme n'a droit à prélever, à titre de propriétaire, que le montant de la récompense qui lui est due, c'est-à-dire une somme d'argent. Si les meubles ou les immeubles sont atteints par son droit ce n'est qu'à titre de *datio in solutum,* ils ne sont pas *in obligatione* mais seulement *in solutione.* Cette faculté qu'a la femme de recevoir, comme équivalent de sa reprise, du mobilier ou des immeubles, ne peut jamais tourner contre elle. Il serait étrange que le moyen employé pour assurer plus rigoureusement la conservation de ses droits ait pour résultat un acte qui pourrait être désastreux pour elle.

Par contre le mari ou ses héritiers pourraient affranchir la communauté de tout prélèvement en nature

(1) « Le remploi, dit Lebrun, est dû en deniers. » Ainsi il ne peut pas se faire en simples meubles si le conjoint à qui il est dû n'y consent. Liv. 3, chap. 2, sect. 1, dist. 2, nº 44, page 361. — V. aussi Renusson, des Propres, chap. 4, sect. 6, nº 3, page 191. — Nous ne citons pas Coquille, des droits appartenant à gens mariés, art. 18, page 238, parce qu'il considère la femme seulement comme créancière, tandis que nous verrons plus loin qu'elle exerce ses prélèvements à titre de propriétaire.

par la tradition à la femme, de la somme d'argent qui
seule est sa propriété. Il en serait ainsi même alors
qu'il n'y aurait pas d'argent dans la communauté et
que le mari aurait été obligé de recourir à un emprunt. Nous savons, en effet, que lorsqu'il s'agit d'objets fongibles, qui se remplacent les uns par les autres,
comme de l'argent, il suffit de donner une valeur
égale pour pouvoir dire que l'on donne les mêmes
objets, *tantùmdem est idem*. La femme n'a point du
reste à se plaindre de cet arrangement qui est l'exécution la plus directe de l'obligation dont la communauté
est tenue vis-à-vis d'elle (1).

V.—Quoi qu'il en soit, lorsque la femme ou ses héritiers exerceront leurs prélèvements sur les immeubles
de la communauté, le choix des immeubles leur sera
déféré (1471). Pris à la lettre, l'art. 1471 serait exclusif
du droit d'option si le prélèvement s'exerçait sur les
meubles. Nous ne pouvons cependant accepter cette
interprétation restrictive. Si le choix est déféré à la
femme sur les immeubles, à plus forte raison devra-t-il
lui être permis de faire son choix parmi les meubles de
la communauté.

VI. — Mais dans l'application de ce principe il faudra

(1) M. Troplong, nos 395, 396 et 1628. Ce jurisconsulte appuie son opinion de l'autorité de Leprêtre dont il cite les pa-
roles suivantes : Et ne peut n'y la femme estre contrainte de
prendre les conquêts pour son remploy, ni l'héritier de la lui
bailler. Mais Leprêtre s'occupe, en ce passage, des premières
acquisitions faites pendant le mariage qui sont censées estre
faites des deniers dotaux de la femme et partant lui appartenir pour son remploy ; il ne traite pas notre question.

mitiger un peu ce qu'il y aurait de trop exorbitant, de trop rigoureux; il ne faudra point aller jusqu'à froisser sérieusement l'intérêt de l'un pour le plus grand avantage de l'autre. Evidemment il serait inique d'accorder à la femme propriétaire d'une reprise mobilière de 4 à 5,000 francs le droit de choisir un immeuble de 80 ou 100,000 francs, alors qu'il y aurait dans la communauté un immeuble d'une valeur sinon égale au montant de la reprise, au moins s'en rapprochant beaucoup. Il est juste, il faut même qu'il n'y ait pas une trop grande disproportion entre la valeur de l'immeuble et l'importance de la reprise.

VII. — Si les parties sont toutes d'accord, elles fixent entre elles la valeur qui doit être donnée, soit aux meubles, soit aux immeubles sur lesquels la femme veut exercer son prélèvement. Au contraire, si les parties ne peuvent s'entendre, ou s'il y a des incapables, la femme reprendra les meubles d'après la prisée qui en sera faite en l'inventaire, et les immeubles sur l'estimation d'experts nommés judiciairement.

VIII. — L'ancienne jurisprudence, après avoir hésité longtemps sur la question de savoir à quel titre s'exerçait ce prélèvement, s'était prononcée au dix-septième siècle pour l'opinion que résume en ces termes Brodeau (1) : « Le remploy à l'égard des conjoints n'est » point une dette, soit mobilière ou immobilière et » réelle, mais une reprise et une distraction de deniers » dont la communauté n'est que dépositaire, et suivant

(1) Sur Louet, lett. P, n° 13, page 151. V. aussi *Journal des Audiences*, vol. 4, liv. 8, page 768.

» ce, jugé qu'en la personne du survivant des conjoints
» qui a accepté la garde-noble, il n'y a point de confu-
» sion, soit pour le préciput, ou pour le remploy de ses
» propres, quoique il soit tenu de toutes les dettes
» mobilières. » Pothier dit également (1) « que ces
» reprises paraissaient à plusieurs, devoir être regar-
» dées moins comme une créance que comme donnant
» à celui qui les a un droit plus fort dans la commu-
» nauté qu'a le conjoint qui a ces reprises à exercer,
» lequel diminue d'autant celui de l'autre conjoint
» qui n'en a pas de pareilles à exercer, et qu'en
» conséquence, la succession du prédécédé ne doit
» pas être regardée comme débitrice des reprises du
» survivant, mais plutôt comme n'ayant jamais été
» propriétaire d'autres choses dans les biens de la com-
» munauté que de celles qui lui sont échues en son lot,
» après les prélèvements faits au profit du survivant. »

C'est, nous le croyons, cette idée qu'a formulée le
Législateur moderne : c'est bien à titre de propriétaire
que la femme exerce ses reprises sur la communauté;
c'est ce droit *plus fort* dans la communauté, dont par-
lait Pothier, que le Code a consacré dans les art. 1470 et s.

De nombreux arrêts (2) ont admis cette solution qui

(1) Des successions, chap. 5, art. 2, § 1, page 563.
(2) Caen, 19 janvier 1832. Aff. Lemaître. Devill., 41, 2,
82. — Id , 7 juin 1848. Aff. Leboucher. Devill., 49, 2, 565.
Dall , 50 , 2 , 44. — Cass., 1er août 1848. Aff. Duhoullay.
Dall., 48 , 1, 189. Devill., 48, 1, 727. — Id., 28 mars 1849.
Aff. Savary. Dall. , 49 , 1 , 97. Devill., 49, 1, 354. Rejet
d'un arrêt de Paris du 21 février 1846. Devill., 46, 2, 305. —
Cass., 8 avril 1850. Dall., 50, 1, 135.

a été tout récemment sanctionnée en ces termes par la Cour de Paris (1).

« Sous le droit coutumier et d'après la doctrine des
» jurisconsultes qui ont inspiré les rédacteurs du Code
» en cette partie, la femme commune et acceptante,
» lors de la liquidation de la communauté, se posait
» en face des créanciers de cette communauté, moins
» comme une simple créancière que comme un véri-
» table propriétaire qui retire sa chose franche et
» quitte de la masse active.

» C'est sous l'empire de ces idées qu'a été rédigée
» la section du partage de la communauté, après l'ac-
» ceptation; pour s'en convaincre il suffit de combiner
» les art. 1470, 1471 et 1483, qui font partie de cette
» section.

» Le droit de prendre et prélever avant partage, qui
» résulte des art. 1470, 1471, est, pour la femme com-
» mune et acceptante, tel que la femme agit sur la
» masse active à titre de propriété, que la somme re-
» présentant le montant de ses reprises et indemnités
» se détache de la masse active, et que la veuve se
» l'approprie par la force de la loi, nonobstant toutes
» oppositions des créanciers de la communauté. »

Pour se convaincre combien est juridique la solution donnée par cet arrêt, il suffit de remarquer l'assimilation complète que fait l'art. 1470, de la reprise du prix des immeubles aliénés sans remploi, et des indemnités dues par la communauté, avec celle des biens

(1) 31 décembre 1882. *Gazette des Trib.* des 3 et 4 janvier 1883. Dall., 83, 2, 80.

propres existant en nature dont la reprise réelle
est qualifiée sous la même dénomination de prélèvement.

IX. — De cette reconnaissance que le droit de la
femme s'exerce à titre de propriétaire ; que c'est une
charge de la communauté, plusieurs des arrêts que
nous avons cités ont tiré cette conséquence qu'il était
mobilier, si la femme prélevait du mobilier, et qu'il
devenait immobilier si elle prélevait des immeubles.
L'expression la plus énergique de cette jurisprudence
a été formulée dans l'arrêt Savary, du 28 mars 1849,
dont voici les motifs sur ce point seulement :

« L'exercice des reprises a lieu à titre de prélève-
» ment (1470). Les prélèvements font partie des opéra-
» tions du partage de la communauté 1467 et suiv.
» L'ordre et le mode des prélèvements sont réglés par
» la loi (1471-1472). En cas d'acceptation de la com-
» munauté par la femme ou ses héritiers, les époux
» ou leurs représentans sont propriétaires par indivis
» des biens de la communauté. D'après les articles
» 1476-883, le partage étant déclaratif et non attributif
» de propriété, chacun des époux est réputé avoir été
» propriétaire *ab initio* des immeubles qui lui sont
» échus, soit par suite de prélèvement pour ses re-
» prises, soit pour sa part dans l'actif net de la com-
» munauté. Par conséquent, la nature mobilière ou
» immobilière des reprises des deux conjoints est dé-
» terminée par l'objet auquel elles s'appliquent, c'est-
» à-dire par le caractère mobilier ou immobilier des
» biens prélevés. »

Le point de départ de cette jurisprudence nouvelle, se trouve dans une habile consultation de M. Coin-Delisle, produite devant la Cour de Paris, dans l'affaire à l'occasion de laquelle est intervenu l'arrêt de rejet dont nous venons de transcrire les motifs.

L'auteur démontre que le prélèvement n'est pas un droit personnel, une créance, mais bien un droit plus fort dans la communauté, un droit de propriété; principe en harmonie complète avec l'art. 711, qui transmet la propriété des biens par l'effet des obligations sans qu'il soit nécessaire d'une mise en possession.

Il applique au prélèvement les conséquences de l'art. 883; celui qui l'opère a toujours été propriétaire de ce qu'il a prélevé, si c'est un meuble le droit est mobilier, si c'est un immeuble le droit est immobilier.

L'immeuble, ajoute-t-il, acquis pendant la communauté ne perd pas sa qualité d'immeuble, par cela seul que la loi l'attribue à l'un des époux à titre de prélèvement.

Il termine ainsi : quoi qu'on dise, la demande a pour objet principal de déterminer quels immeubles appartiennent à chacun des époux ; l'action tend à la revendication des immeubles qui, eu égard à l'état de la communauté au jour de sa dissolution, sont tombés par la force de la loi et par l'effet du contrat de communauté dans le lot de ceux qui revendiquent. Donc l'action est immobilière. Dès que la communauté n'est plus, les biens qu'on appelait de communauté ne méritent plus ce nom. La communauté cesse d'en être propriétaire — qui donc le sera? Ce sera d'une part le survivant, d'autre part les héritiers du prédécédé, chacun selon ses droits déterminés par le compte, la liquidation, le partage. Si ceux-ci en sont propriétaires ce ne sera donc pas un paiement qu'ils recevront, c'est un droit de propriété qu'ils exerceront en faisant leurs prélèvements. Et quand il serait vrai que c'est un paiement, ce serait le paiement d'une dette alternative ; il serait dû, au moment de la dissolution, du mobilier et à défaut de mobilier un immeuble ; et si l'immeuble est prélevé l'action en délivrance de cet immeuble sera évidemment immobilière. En effet, lorsque deux choses sont dues sous une alternative, dont l'une est meuble et l'autre immeuble, la qualité de la créance est en suspens jusqu'au paiement : elle est censée avoir été immobilière si c'est l'immeuble qui est payé. Pothier n° 74.

Quelle que soit l'autorité qui s'attache aux arrêts de la Cour de cassation, et l'habileté qu'a montrée M. Coin-Delisle, dans sa consultation (1), ces argumens n'ont pu nous convaincre entièrement, et nous croyons que le droit qu'exerce la femme est purement mobilier. C'est la doctrine qu'avait admise le Tribunal de Paris dont le jugement fut réformé en appel.

C'est du reste moins dans le texte du Code que dans les traditions historiques de cette question qu'il faut chercher la solution. Le Code n'a fait que reproduire

(1) Cette consultation remarquable que nous n'avons, pour ainsi dire, qu'indiquée, se trouve, avec d'assez grands développemens, analysée dans Dalloz, 46, 2, 97. — Devill., 46, 2, 308.

les expressions des anciens auteurs; il a sans nul doute voulu reproduire leur doctrine : rien dans son texte, rien dans son esprit, ni dans les discussions préparatoires, n'indique une autre pensée. Voyons donc ce que décidaient les anciens docteurs, et la jurisprudence qui a précédé le Code.

Charondas (1) examinant « à qui des héritiers aux » meubles ou des héritiers aux immeubles appartiendra » le prix de rentes immobilières rachetées constant le » mariage, sans qu'il ait été fait remploi, considère que » tels deniers ont été ameublis dès le vivant de la femme » à laquelle les rentes appartenaient, et ne sont venus » à son héritier que comme meubles, n'estant aussi » l'action pour les remplacer que mobiliaire, pour les » reprendre sur les biens de la communauté. » Et ailleurs (2) : « Par cet article, appert que le remploy » non stipulé par contrat de mariage est réputé meu- » ble, comme a esté jugé par arrest du 23 décembre, » aux arrest de Noël, 1593. »

D'Argentré avait professé la même doctrine dans les termes suivants (3) : *Est igitur pretium redactum ex cujuslibet conjugum propria mobile, nec naturam rei immobilis ex quâ redactum est, servat, sed suam, nec succedit loco rei... Jure quidem nostro pretium ex re mulieris redactum, immobile non est.*

(1) Réponse 60, page 368.
(2) Sur l'art. 232 de la cout. de Paris, page 367.
(3) Art. 412 de l'ancienne, 431 de la nouv. cout. de Bretag. Ce passage répond à l'argument de M. Coin-Delisle , qui dit

Bacquet (1) estime « que l'action qui peut estre donnée
» à cause de la stipulation de remploy portée par le con-
» trat de mariage ou qui est baillée par le 232e art. de la
» nouvelle coutume de Paris, ne contient à faute de
» remploy qu'une simple *reprise de deniers* sur les
» biens de la communauté qui n'est qu'une action pure
» mobiliaire. »

Brodeau (2) s'exprime ainsi : « Soit que la reprise
» pour le remploi du propre vendu se fasse en vertu
» de la coutume ou d'une convention particulière du
» contrat de mariage... le remploi n'estant pas fait, les
» deniers, s'ils se trouvent en nature, ou, s'ils sont con-
» sommez, l'action pour la reprise appartient à l'héri-
» tier mobilier du conjoint.

» C'est une action, dit-il ailleurs (3), qui ne va qu'à la
» répétition reprise et *distraction du prix* de la vente,
» sur les biens de la communauté en laquelle il est
» entré, laquelle ne tend point à la vendication de la
» chose vendue... et conséquemment elle est de la
» nature mobiliaire. »

Ricard (4) se prononçait ainsi : « Cette action pour
» le remploy des propres aliénés, mesme au cas qu'il

que l'immeuble acquis pendant la communauté, ne perd
point sa qualité d'immeuble ; c'est en effet du prix de l'immeuble vendu qu'il faut s'occuper, puisque c'est la reprise de
ce prix qu'exerce l'époux vendeur.

(1) Droits de justice, chap. 21, no 307, page 300.
(2) Sur l'art. 93 de la cout. de Paris, page 36.
(3) Sur Louet, lett. R, no 30, page 208.
(4) Sur Fortin, art. 232 de la cout. de Paris; il cite un arrêt du 11 avril 1613 infirmatif d'une sentence du prévôt de
Paris. — M. Troplong rapporte ce passage en l'attribuant à

» échet de la prendre sur des immeubles est néant-
» moins censée mobilière, et en cette qualité appar-
» tient aux héritiers des meubles : ce qui dépend d'une
» raison que nous avons desjà touchée ailleurs, que
» pour juger de la nature de ce qui peut revenir d'une
» action, on ne considère pas sur quelle sorte de biens
» elle est à prendre, mais seulement ce qui en peut
» revenir ; de sorte que si elle va à évincer un héritage
» des mains de quelqu'un, elle est censée immobi-
» liaire, si au contraire une somme d'argent, quoyque
» l'on la prétende sur un immeuble ; elle ne laisse pas
» d'être réputée mobiliaire. »

Duplessis, après quelques réflexions préliminaires
pour le cas où la femme était mineure ou n'avait pas
consenti à la vente, termine ainsi : « quoi qu'il en soit
» la dette est toujours mobiliaire ; c'est pourquoi un
» mari passant à de secondes noces, et n'y ayant point
» de stipulation par le second contrat, que les dettes
» des conjoints seront payées par celui qui les aura
» créées, la seconde communauté est chargée du
» remploi des propres de la première femme, c'en est
» une dette passive » (1).

Renusson qui a examiné assez longuement cette question dans son traité des propres, la résume ainsi (2):

Ferrière ; ce dernier auteur n'a fait que copier littéralement
Ricard. — Tronçon cité par Ferrière n'a point examiné assez sérieusement la question pour que nous rapportions son opinion.
V. aussi La Thaumassière, cout. gén. de Berry, tit. 8, art. 9,
page 203. — Auzanet, art. 232, p. 168 ; et mémoires, p. 143.
(1) Liv. 2, sect. 2, page 480.
(2) Chap. 4, sect. 6, n° 3, page 191.

« Il est plus véritable de dire que l'action de remploi
» est mobilière purement et simplement... la·raison
» est que les conjoints par mariage ayant vendu pen-
» dant la communauté leurs propres, la communauté
» n'est débitrice que du prix dont elle a profité, et
» non pas de l'héritage. »

« L'action de remploi, dit Lebrun, appartient aux
» héritiers mobiliers et quand le conjoint à qui il est
» dû survit et se remarie, elle entre dans une seconde
» communauté... Non-seulement l'action de remploi
» est réputée mobilière à l'égard de la femme et de
» ses héritiers parce qu'elle ne s'intente que pour le
» prix de la vente du propre et que les actions se
» déterminent par l'objet qu'elles poursuivent. Mais
» elle est aussi mobilière à l'égard du mari et des
» héritiers qui doivent le remploi » (1).

Enfin, Guyot constate en ces termes l'opinion admise
à une époque assez rapprochée de nous (2) : « Quoique
» le remploi ait souvent pour objet le remplacement
» d'un immeuble qui a été aliéné, et que l'action
» de remploi soit elle-même ordinairement stipu-

(1) Liv. 3, chap. 2, sect. 1, dist. 2, n° 89, page 372 et n° 97,
page 374.
V. Denizart, v°, remploi, n° 84. — Lacombe, v°, remploi
n° 4, action de remploi *est mobiliere tàm activè quàm passivè,
quia tendit ad consequendum mobile;* s'entend quand la femme
a consenti à l'aliénation de son propre.
Bourjon, dr. com., c^t, 6° part., chap. 1, sect. 8, p. 622, 623.
(2) Répertoire de jurisp., v°, remploi. Cet article est de
M. Merlin, et il a été reproduit textuellement par ce dernier,
au moins quant à ce passage, dans son répertoire, *verbo* legs,
sect. 4, § 2, n° 4.

» lée propre, comme l'était le bien, même dont elle
» tend à répéter la valeur, cette qualité de propre im-
» primée à l'action de remploi n'est relative qu'à la
» communauté, et cela n'empêche pas que dans la
» succession du conjoint auquel le remploi est dû, l'ac-
» tion ne soit réputée mobilière et n'appartienne à son
» héritier mobilier. »

Ainsi, depuis l'époque de la réformation de la coutume de Paris, qui a introduit le remploi et par suite
donné naissance à la question, jusqu'au moment où
notre Code a été promulgué, une doctrine constante,
produite par les auteurs les plus illustres, appuyée des
autorités les plus imposantes, a considéré l'action en
remploi comme purement mobilière, parce qu'elle
tendait directement, suivant les expressions de l'art.
232 de la coutume, à la reprise du prix de la vente.

Si les auteurs sont unanimes, la jurisprudence consultée dans ses monumens les plus sérieux, ne l'est pas
moins (1). Une tradition jurisprudentielle non sérieu-

(1) Arrêt du 14 août 1591, rapporté par Bacquet, *loco citato*.
— Par Tronçon, sur l'art. 232. — Et par Carondas, liv. 9,
rép. 40, page 461.

Du 11 février 1613. Aff. de Coste, cité par Auzanet, liv. 1,
chap. 66, page 91. — Par Brodeau, lett. B, nomb. 30. — Par
Tronçon, art. 232. — Dufresne, *Journal des Audiences*, liv. 6,
chap. 21, page 623, rapporte le texte de cet arrêt, qu'il fixe à
la date du 11 février 1604.

Des 19 juillet et 10 décembre 1613, du Parlement de Paris,
cités par Bouguier, lett. R, n° 1, p. 288 et suiv., édit. 1629.

Du mardi 17 juillet 1618, cité par Auzanet, liv. 2, ch. 74,
page 222.

3 juillet 1621, infirmatif d'une sentence du bailly de

sement interrompue depuis 1571 jusqu'en 1776, déposait dans l'esprit des rédacteurs du Code cette pensée que l'action en remploi était jusqu'alors considérée comme mobilière, puisqu'elle tendait évidemment à la reprise d'une somme d'argent.

C'est escorté de ces autorités doctrinales, appuyé sur ces décisions judiciaires que nous avons à examiner la question sous notre législation actuelle.

Certes, pour ébranler cet argument historique si puissant; pour substituer la qualité d'immeuble à celle de meuble qui avait toujours été reconnue à l'action en remploi, il faudra une conviction bien ardente

Coulommiers cité par Brodeau, *loco citato*.

4 mai 1646, confirmatif d'une sentence de Messieurs des requêtes du Palais. — *Soefve centurie 1*, ch. p. 93. *Journal des Audiences*, vol. 1, liv. 4, chap. 40.

29 avril 1651. Aff. de Broé. *Journ. des Audiences*, vol. 1, liv. 6, chap. 20.

12 août 1677. Aff. Giraudeau, *Journ. des Audiences*, de Jamet de la Guessière, vol. 3, liv. 11, chap. 19. — Dans cette affaire, tout en reconnaissant à l'action en remploi le caractère mobilier, l'arrêt refuse de l'accorder au mari légataire des meubles de sa femme. — L'arrêt de 1646 avait prononcé également contre le mari.

29 décembre 1739. Aff. Gambard. — Lacombe, arrêts du Parlement, chap. 68, page 388. Cet arrêt, ne s'arrêtant pas aux subtilités qui avaient préoccupé les juges lors du précédent, comprend l'action de remploi dans le legs universel fait par la femme à son mari de tous ses meubles, système qu'avait déjà adopté un arrêt du 17 février 1730.

7 sept. 1756. Aff. Pierre Viel.—Denizart, v°, remploi, n° 86.

12 juillet 1776. Aff. Gamelet c. Lefèvre. *Gazette des Trib.*, année 1776, vol. 2, n° 38, page 177.

On peut consulter aussi la bibliothèque des arrêts de Laurent Jovet, avocat, né à Laon, v°, remploi n°s 18 et suiv.

16

appuyée sur un texte nouveau bien formel (1).

Voyons les textes sur lesquels s'appuie la Cour de cassation, et les motifs invoqués par cette nouvelle opinion.

Les textes. Il semble que la Cour de cassation ait voulu compenser la qualité par le nombre des articles qu'elle cite. Nous trouvons invoqués par elle les art. 1470, 1471, 1472, 1467, 1476, 883. Les trois premiers articles, dit-on, établissent que la reprise se fait à titre de propriétaire; — les trois derniers que le prélèvement fait partie du partage et que l'époux à qui se trouve dévolu un immeuble est censé avoir toujours été propriétaire de cet immeuble.

Déjà nous savons que ces textes existaient dans l'ancien droit, et qu'ils n'avaient point empêché une solution constamment contraire. Examinons-les de plus près et voyons-en la portée. Oui les art. 1470, 1471-1472 accordent à l'époux plus qu'un droit de créance ; nous le voulons, ce droit s'étend jusqu'à la propriété. Qu'est-ce à dire? Cette propriété sera-t-elle indifféremment mobilière ou immobilière, selon que le résultat définitif mettra aux mains de l'époux un meuble ou un immeuble? ou au contraire cette propriété n'est-elle pas déterminée *à priori* par la loi? n'a-t-elle pas un caractère propre, qui ne peut changer, caractère bien incontestablement mobilier? Mais il suffit de lire attentivement ces articles pour s'en convaincre. Chaque époux prélève *le prix* de ses immeubles aliénés (1470), c'est du prix seulement qu'il

(1) *Minimè sunt mutanda quæ interpretationem certam semper habuerunt,* loi 23 *de legibus.*

est propriétaire ; c'est le prix, chose essentiellement mobilière qu'il doit réclamer au principal ; à ce point que si le prix n'avait point été versé dans la communauté, l'époux n'aurait aucun prélèvement à faire ; il resterait créancier personnel de l'acquéreur. Seulement, ce prix est chose essentiellement fongible, il a pu être employé par la communauté, la tradition ne pourra pas souvent en être faite à la femme dans les mêmes espèces que celles reçues, quelquefois même il pourra ne pas exister de deniers, la communauté alors aura le droit de se libérer soit avec d'autres espèces, soit en donnant du mobilier ou des immeubles (1471-1472), sans pour cela qu'on puisse l'y contraindre, puisque, encore une fois, l'époux n'a directement que la propriété du prix de l'immeuble aliéné. C'est ce que formulaient déjà les art. 1433, 1435, par ces mots, il y a lieu au *prélèvement du prix* sur la communauté ; c'est ce qu'avait également édicté l'art. 232 de la coutume de Paris en ces termes : le prix de la vente ou rachat est repris sur les biens de la communauté. Et il est remarquable que le Législateur, après avoir édicté cette règle que l'époux *prélevait le prix* de ses immeubles, ne dit pas ensuite que le prélèvement peut se faire en meubles ou en immeubles, ce qui semblerait impliquer l'idée de la propriété des meubles ou immeubles prélevés ; mais se contente d'ajouter que ce prélèvement s'exercera sur les meubles ou les immeubles, c'est-à-dire qu'ils seront le gage sur lequel pourra recourir l'époux qui se verra privé de sa propriété mobilière, — du prix de son immeuble.

La Cour de cassation n'est pas plus heureuse lorsqu'elle revendique l'application des art. 1467, 1476, 883. Est-ce que sérieusement on peut prétendre, parce que les art. qui s'occupent de la matière sont sous la rubrique du partage de la communauté, que les prélèvements sont le partage lui-même ? Mais alors il faudrait dire aussi que le prélèvement d'un bien personnel (1470 § 1) est le partage quoiqu'il n'ait jamais fait partie de la communauté, et que chacun des époux ait toujours eu un droit direct et privatif sur l'immeuble qui lui était personnel; il faudrait soutenir encore que les rapports faits par les époux (1468) constituent également le partage. Evidemment ce serait une absurdité; et l'art. 1474 montre de la manière la plus claire possible que si les prélèvements font partie des opérations préliminaires du partage, il ne peut y avoir lieu à un partage qu'autant qu'il n'y a plus de prélèvement à exercer. Le prélèvement est un moyen de rendre à l'époux propriétaire la reprise mobilière à laquelle il a droit avant tout, ou de lui donner l'équivalent de cette reprise.

Si le prélèvement n'est point le partage, l'art. 883 ne peut recevoir d'application, et il faut retrancher les trois articles 1467, 1476, 883, du nombre de ceux qui peuvent servir à la solution de la question.

Bien plus, si l'on consentait, sans motif sérieux, à considérer le prélèvement comme étant le partage lui-même ; on pourrait encore, malgré l'art. 1476, repousser l'application du principe consacré dans l'art. 883. Sans doute ce dernier article a admis la fiction de la rétroactivité dans les partages; mais cette fiction, utile dans les rapports des co-partageans entre eux, pour éviter des recours réciproques dans le cas où l'un d'eux aurait créé quelque charge sur l'immeuble indivis qui ne serait pas tombé dans son lot, cette fiction que nous devons accepter chaque fois qu'elle viendra à l'appui d'un principe vrai, et dans la matière pour laquelle elle fut créée, nous devons la repousser énergiquement, alors qu'elle aurait pour résultat de donner un démenti à la raison historique, et de faire prévaloir le mensonge. Or ici la fiction de l'art. 883 n'offre aucune utilité, et elle pourrait donner à un droit incontestablement mobilier un caractère immobilier qui modifierait singulièrement la position des époux. Aussi les anciens auteurs, qui avaient si énergiquement combattu pour faire admettre dans notre droit le principe de la rétroactivité en matière de partage, n'avaient jamais pensé à en réclamer l'application à la question qui nous occupe. L'époux, en effet, n'était propriétaire *ab initio* que d'une somme d'argent, et l'immeuble qui lui est attribué n'est qu'un moyen de se libérer de la dette de la tradition de cette propriété mobilière, tradition rendue impossible par la consommation.

Comme motif décisif, M. Coin-Delisle relève cet argument que l'immeuble acquis pendant la communauté ne peut perdre sa qualité d'immeuble par cela seul que la loi l'attribue à l'un des époux à titre de prélèvement. Mais cet auteur oublie que l'immeuble acheté n'est pas propre à l'époux, qu'il faudrait pour cela avoir rempli les formalités édictées pour le remploi, que jusque-là l'époux est seulement propriétaire

du prix, que cet immeuble est acquêt de communauté
et que sa nature immobilière importe peu à la question.
En effet lorsque plus tard l'époux fera son prélèvement
sur cet immeuble, ce ne sera pas le paiement d'une
dette alternative due par la communauté, ainsi que le
prétend M. Coin-Delisle, mais bien l'exercice de la faculté de se libérer d'une dette qui consistait dans la
tradition d'une propriété mobilière (la reprise en argent) ; ce ne sera pas une attribution directe, mais
bien un mode de libération facultatif.

Rien n'autorise donc, selon nous, une solution autre que celle consacrée par l'ancienne jurisprudence,
et nous pensons que l'action de remploi à la dissolution du mariage est essentiellement mobilic *(1).

(1) *Sic,* Toullier, vol. 12, n° 11. — Troplong, n° 374 et s.
— Roll. de Vill., v°, c^{té}, n° 56-57. — Dalloz. Répert., 1re éd.,
tome 10, v°, contrat de mariage, chap. 1, sect. 1, art. 1, § 1,
n° 17, page 184. — Bourges, 18 mai 1822, rapporté n° 4891
du *Journal des Notaires.* — Nancy, 16 février 1852. *Gazette des
Trib.* du 14 avril 1852. Dall., 52, 2, 273. Aff. de Blaye. =*Contrà,*
Marcadé, art. 1403, § 2, et Revue de jurisp. 1852, page 577.
Dans cet article M. Marcadé critique avec beaucoup de vivacité M. Troplong, auquel il reproche, dans des termes exagé-
rés, des expressions qui, prises à la lettre, montreraient, il est
vrai, que M. Troplong a été dominé par l'idée que la femme
est créancière et non propriétaire ; mais nous pensons que
l'expression étant changée chez M. Troplong, la solution serait identiquement la même. Rodière et Pont, vol. 1, n° 335.
— Roll. de Villarg., v°, reprises matrimon., n° 112 et suiv.
— Dalloz, n° 595, nouv. édit., et 2381 et suiv.

On peut consulter Championnière, traité des droits d'enre-
gistrem., vol. 4, n° 3413 et 3415. La Cour de cassation, par
arrêt du 23 fév. 1853, a persisté dans sa jurisprudence en cassant
un arrêt de la Cour de Paris du 29 mai 1850.—Dall., 53, 1, 44.

X. — Quelle sera, à l'encontre des créanciers vis-à-vis desquels elle ne s'est pas obligée, l'étendue de ce droit de prélèvement que la femme peut exercer sur les meubles et les immeubles de la communauté? Diverses hypothèses peuvent se rencontrer; nous devons les parcourir successivement.

1° La femme peut avoir eu soin de faire inventaire;

2° Elle peut au contraire avoir négligé cette précaution;

3° Enfin le créancier peut avoir hypothèque sur les immeubles de la communauté.

Dans la première hypothèse, « la femme doit un » compte des biens qui lui sont échus de la commu- » nauté, aux créanciers qui la poursuivent pour le » paiement de quelques dettes de la communauté..... » Lorsque la femme s'est trouvée créancière de la » communauté, d'une somme pour ses reprises, toutes » déductions faites de ce qu'elle devait à la commu- » nauté, elle n'est point obligée de se charger en re- » cette de ce qu'elle a prélevé sur les biens de la com- » munauté, pour se payer de cette somme; car la » femme, par ce prélèvement, n'ayant fait que se » payer de ce qui lui était dû, on ne peut pas dire que » ce prélèvement soit quelque chose dont elle ait » amendé, et qu'elle ait profité des biens de la com- » munauté.

» Lorsque la femme créancière de la communauté, » n'a pas prélevé, au partage des biens de la commu- » nauté, la somme dont elle était créancière, déduc- » tion faite de ce qui lui était dû par la communauté, » on doit lui allouer en déduction la moitié de cette

» créance dont elle fait confusion sur elle : car cette
» confusion qu'elle fait sur elle de la moitié de sa
» créance, est un paiement qu'elle se fait à elle-même
» sur sa part des biens de la communauté, de la
» moitié d'une dette de communauté dont elle est
» créancière, qui ne diminue pas moins sa part, que
» les paiements qu'elle a faits à d'autres créanciers de
» la communauté ; et qui par conséquent doit lui être
» alloué, de même qu'on lui alloue les paiements
» qu'elle a faits à d'autres créanciers.

» Lorsque par la balance qui sera faite.... la femme
» se trouve avoir autant ou plus payé, soit à des tiers,
» soit à elle-même, pour l'acquittement des dettes et
» charges de la communauté, qu'elle n'en a amendé,
» et par conséquent n'avoir rien amendé effectivement,
» elle doit être renvoyée de la demande du créan-
» cier » (1).

Le système de Pothier, attributif pour la femme d'un
droit de préférence bien positif sur les créanciers de la
communauté, a été, selon nous, reproduit par le Législateur dans l'art. 1483, ainsi conçu : « La femme n'est
» tenue des dettes de la communauté que *jusqu'à con-*
» *currence de son émolument*, pourvu qu'il y ait eu
» bon et fidèle inventaire et en rendant compte tant du
» contenu de cet inventaire que de ce qui lui est échu
» par le partage. » Il est en effet certain, dans la lexico-
logie du droit, que le mot *émolument* ne peut s'entendre
que des bénéfices réels que fait la femme, que des valeurs
qu'elle *amende* de la communauté. Or voici ce que l'on

(1) Pothier, c^u, n°s 747, 748 et 749.

entendait autrefois par ces mots *ce qu'elle amende;* c'est Pothier qui nous le dit (1): « On comprend dans ce que la
» femme amende de la communauté, et la part qu'elle
» y a, et ce qu'elle y prélève à titre de précipui; on y
» comprend tout ce qui doit lui être précompté pour
» ce qu'elle doit à la communauté; de même qu'on
» diminue sur ce qu'elle amende de la communauté
» tout ce qui lui est dû par la communauté pour ses
» reprises et remplois. » — Valin avait également
dit (2) : « Ce qu'on appelle amender de la commu-
» nauté de la part de la femme ou de ses héri-
» tiers , ce n'est pas ce qu'ils ont prélevé pour leurs
» derniers stipulés propres et pour leurs remplois;
» car ce sont des objets étrangers à la communauté;
» c'est ce qu'ils ont retiré de la communauté précisé-
» ment et uniquement par droit de communauté. »

Par une conséquence naturelle, la femme ne doit compte aux créanciers que des valeurs qu'elle a tou-chées en dehors de ses reprises, puisque ces valeurs composent seules son émolument, et ceux-ci n'ont évidemment aucun droit sur les reprises qu'elle a pré-levées avant eux sur la communauté.

Ce système découle naturellement de l'exposé des motifs, fait à l'occasion de l'art. 1483, par M. Berlier, dans la séance du 12 pluviôse an XII. Après avoir attiré l'attention des membres du Corps législatif sur les ex-pressions de notre article, il ajoutait : « C'est encore une
» disposition protectrice qui prouve tout le soin qu'on

(1) Cout. d'Orl., tit. 10, art. 187, § 4, page 337.
(2) Art. 47, n° 88, page 667.

» a pris que le régime de la communauté ne vint pas
» compromettre les intérêts de la femme » (1).

Ce système a été consacré par les Cours d'Angers (2) , d'Amiens (3) et de Paris (4). Il compte dans le passé des autorités imposantes.

Coquille cite un arrêt du 14 août 1567 qui a jugé ainsi conformément à un autre arrêt précédent : « Si » autrement était le mary par voie oblique aurait puis-» sance sur les propres de sa femme » (5).

« Les créanciers, dit Lebrun (6), ne la peuvent pour-» suivre que jusqu'à concurrence de ce qu'elle profite » de la communauté, *tanquàm actione pro peculio,* » pourvu qu'elle ait fait inventaire... Les arrêts ont » étendu ce privilége même aux coutumes qui obligent » précisément la veuve de payer la moitié des dettes » de communauté, comme Laon, art. 17 et 22 » (7).

Duplessis, consulté sur la question, répond (8) :

(1) Procès-verb. du Conseil-d'Etat, 4ᵉ vol., page 314.
(2) 2 déc.1830. Aff.Ricordeau c. hér. Caluret, Dev.31, 2, 100.
(3) 8 mai 1851. Aff. veuve Lécuyer. Dall., 51, 2, 75. *Journ. des Notaires* 1851, art. 14,439, page 155.
(4) 31 décembre 1852. Vᵉ Hannier. *Gazette des Trib.* des 3 et 4 janvier 1853. Dall., 53, 2, 59.
(5) Cout. de Nivernais, chap. 23, art. 7, page 218 ; et question 109, page 198. — *Sic,* Dumoulin, sur les art. 240, 252 de la cout. de Poitou, vol. 4, pages 407 et 408, *et hoc in vim consuetudinis quà maritus non potest onerare propria uxoris, ut sæpè judicatum.*
(6) Liv.-2, chap. 3, sect. 1, nᵒˢ 10 et 13, page 254.
(7) Arrêt du 14 août 1589. V. Brodeau sur Louet, lettre C, nombre 54.
(8) Consultation 10ᵉ, page 666, et non consult. 33ᵉ comme l'indique M. Troplong, nᵒ 1637, d'après M. Odier.

« La maxime est constante que la femme et ses héri-
» tiers ne sont jamais tenus des dettes de la commu-
» nauté, sinon jusqu'à concurrence de ce qu'ils en
» amendent, parce qu'il n'est pas au pouvoir du mari
» d'aliéner les propres de la femme, ni par conséquent
» de les engager, hypothéquer, ou consommer par les
» dettes qu'il contracte durant sa communauté. »

Parmi les auteurs modernes, MM. Zachariæ (1),
Odier (2), Rodière et Pont (3), et Marcadé (4) ont soutenu l'opinion contraire.

La femme pour eux n'a, vis-à-vis des créanciers, aucune cause légitime de préférence, et elle ne peut venir à paiement que concurremment avec les autres
créanciers. Mais ils vont évidemment se heurter contre
les termes si positifs de l'art. 1483, et la seule opinion
acceptable est celle que nous avons indiquée. Nous

(1) Vol. 3, § 511, page 456. La femme ne jouit, sur les
biens communs, d'aucun droit de préférence à l'égard des
tiers créanciers de la communauté; et il ajoute cependant :
Le montant des prélèvements qu'exerce la femme pour se couvrir des récompenses ou indemnités à elle dues, ne doit pas
être considéré comme faisant partie de son émolument.

(2) Vol. 1, n° 504. Il cite, à l'appui de son opinion, l'arrêt
d'Angers du 2 décembre. Sous le n° 553, il dit qu'elle ne doit
pas compte des sommes qu'elle a prélevées ; et sous le n° 554,
qu'on doit lui allouer en dépenses ce qui lui était dû par la
communauté. Quelle contradiction !

(3) Vol. 1, n° 834. Sous le n° 848, ces deux auteurs paraissent se contredire puisqu'ils disent que l'émolument ne comprend pas les sommes que la femme a prélevées comme créancière de la communauté.

(4) Art. 1472, § 3. Sur l'art. 1483, § 3, même observation
que pour MM. Odier et Rodière.

dirons avec MM. Rodière et Pont (n° 848) ; Sans cela
les reprises et prélèvements ne resteraient pas toujours
intacts entre les mains de la femme, et il ne serait plus
vrai de dire alors qu'elle n'est tenue des dettes que
jusqu'à concurrence de son émolument (1).

Les créanciers ne peuvent sérieusement se plaindre
de ce résultat ; la femme exerce ses reprises à l'occasion des biens qui lui appartenaient, qui ont
augmenté la communauté, il est vrai, mais qui
cependant ne sont tombés dans cette communauté
que sous la condition d'un prélèvement par la
femme. C'était aux créanciers à s'enquérir de la
position réelle de celui avec qui ils contractaient, de
l'obligation qui grevait la communauté, et en dernière
analyse à exiger que la femme s'engageât vis-à-vis
d'eux pour l'exécution de la créance qu'ils pouvaient
avoir contre le mari.

(1) Duranton, vol. 14, n°ˢ 486 et suiv. — Taulier, vol. 5,
page 160, Glandaz, n° 365. — Troplong, n°, 1637 et suiv.
De La Thaumassière, décisions sur les cout. de Berry, liv. 2,
chap. 40, page 165, dit qu'il ne faut point douter que la
femme n'a aucun privilége, et qu'elle ne vienne à contribution comme les autres créanciers. Et il le décidait ainsi, même
sous l'empire du régime dotal, malgré la loi *assiduis,* 12 au
Code *qui potiores in pignore,* liv. 8, tit. 18, qui avait formellement édicté une règle contraire. Il repoussait cette loi par ce
seul motif qu'elle avait été extorquée à Justinien par l'impératrice Théodora, et par les obsessions de Chrysomallo et In-
dara, dames d'honneur et favorites de l'impératrice. — Bacquet, droit de justice, chap. 21, n°ˢ 269 et 270, page 284, cite
différens arrêts rendus contre la femme, de 1561 à 1593.
Mais cette jurisprudence très-ancienne changea : on suivit la
doctrine qu'il signale, n° 271, comme particulière aux pays
de droit écrit.

D'ailleurs, en ce qui concerne les créanciers chyrographaires, la femme a certainement le droit de payer
ceux qui se présentent les premiers sans attendre
ceux qui pourraient survenir par la suite, et tout
naturellement elle se paie la première de tout ce
qui lui était dû par la communauté, dont elle reste en
partie en possession lorsqu'il y a acceptation.

§ 2. Si la femme a négligé de faire procéder à un
inventaire régulier qui est la seule sauvegarde de ses
droits, elle sera tenue *ultrà vires*, même sur ses biens
personnels ; elle est alors seulement l'associée du mari,
obligée de subir les conséquences des actes faits par
l'administrateur.

§ 3. Lorsqu'un créancier de la communauté a hypothèque sur l'immeuble conquêt dont la femme veut faire
le prélèvement, M. Troplong prétend que le privilége de
la femme doit également cesser alors même qu'il y a eu
inventaire, et qu'elle ne doit venir qu'au marc-le-franc.
En acceptant la communauté, dit-il (1), la femme s'approprie la convention hypothécaire souscrite par son
mari : c'est le cas de la règle *quem de evictione tenet
actio, eumdem agentem repellit exceptio.* Si le mari
avait vendu un immeuble de la communauté, la femme
serait sans action contre l'acquéreur ;— le mari qui aurait pu vendre, a pu conférer hypothèque, sans devoir
à sa femme aucun compte ni dédommagement. Celle-
ci n'a point d'hypothèque légale sur les biens de la
communauté. Lebrun a très-bien dit, ajoute cet auteur : « on partage la communauté comme elle est, »

(1) Vol. 3, n° 1646.

il faut donc que la femme prenne les immeubles de la communauté avec leurs charges et dans l'état où le mari les a mis.

Tous ces principes sont parfaitement logiques, parfaitement juridiques, parfaitement exacts en théorie, nous les acceptons entièrement, et cependant nous repoussons la solution donnée par M. Troplong, parce que ces principes ne peuvent recevoir leur application à l'espèce actuelle.

Sans doute la femme n'a point d'hypothèque sur les conquêts de la communauté; aussi ne sera-ce point sur cette idée d'une hypothèque qui n'existe pas, que nous nous appuierons pour donner à la femme un droit de préférence sur les créanciers. Sans doute la communauté se partage comme elle est; mais il est étonnant que M. Troplong fasse ici l'application de ce principe, lui qui a eu soin d'établir, à plusieurs reprises, sous le même numéro 1646; que le prélèvement, la reprise n'était pas le partage, mais une opération qui conduisait au partage. Précisément pour partager cette communauté, il faut voir comment elle est, c'est-à-dire prélever ce qui ne constitue pas le fonds commun. Sans doute le mari peut vendre l'immeuble de communauté sans que la femme puisse élever aucune réclamation; l'immeuble n'est plus dans la communauté et, à défaut d'hypothèque, elle ne le peut suivre entre les mains d'un tiers. Mais si le mari hypothèque l'immeuble, la femme conserve son droit d'exercer sa reprise sur cet immeuble comme sur tout autre bien commun; le mari n'a pu l'hypothéquer que sous la réserve des droits de la femme. Nous verrons bientôt quels ils sont.

Disons de suite que si cet argument était vrai, s'il devait réellement porter coup, M. Troplong aurait grand tort d'accorder à la femme un droit de préférence sur les créanciers simples chyrographaires. En effet, le mari peut certainement vendre les meubles communs : S'il contracte une dette, ces meubles sont le gage du créancier (2092-2093), et la femme les trouvant dans la communauté grevés de cette charge doit les reprendre dans l'état où le mari les a mis; et n'arriver ainsi que contributoirement avec les créanciers chyrographaires. Si cette difficulté n'a point arrêté M. Troplong en ce qui concerne ces derniers, elle ne peut nous arrêter davantage pour les créanciers hypothécaires.

Sans doute par l'acceptation de la communauté, la femme s'approprie la convention faite par son mari, et l'on peut lui opposer la maxime *quem de evictione tenet...* Mais la question n'en reste pas moins entière; il faut toujours rechercher dans quelles limites elle s'approprie cette convention ; quelle sera l'étendue de la garantie qu'elle devra. Ceci nous ramène à la question de savoir quel est le droit de la femme qui a fait procéder à un inventaire régulier. Ce droit, nous l'avons déjà vu, est inscrit dans l'art. 1483; c'est de n'être tenue que jusqu'à concurrence de son émolument, c'est-à-dire jusqu'à concurrence des valeurs qu'elle prend dans la communauté après ses prélèvements. Le mari qui peut vendre librement parce que

la loi n'accorde pas à la femme le droit de suivre l'immeuble entre les mains d'un tiers; ne peut librement
conférer hypothèque qu'autant qu'il ne préjudiciera
pas au droit que la femme tient de l'art. 1483.

Lorsque la femme s'approprie la convention, elle se
l'approprie sous la réserve de son droit. Il est, en
effet, de principe que nul n'est censé renoncer à un
droit à moins de stipulation expresse. Par suite elle ne
peut être tenue à garantie que dans les limites de son
obligation déterminée par l'art. 1483; c'est-à-dire jusqu'à concurrence de son émolument. Pour le surplus,
pour toutes ses reprises, la femme ne doit donc pas
garantie, elle ne s'est pas approprié la convention; elle
aura donc le droit de prélever ses reprises même avant
les créanciers hypothécaires vis-à-vis desquels elle
ne sera point obligée.

« Si la femme ne s'est point obligée conjointement
» avec son mari envers le créancier, nul doute que
» celui-ci ne puisse lui ravir ou paralyser le droit de
» prélèvement que lui attribue l'art. 1470. Au moyen
» de son inventaire et de l'art. 1483 du C. N., elle ferait
» prévaloir son prélèvement sur leurs poursuites » (1).

(1) Ce passage est par nous emprunté au n° 1649 de
M. Troplong, il semble la condamnation du système que cet
auteur développe sous le n° 1646, et que nous venons de
combattre.

Dans le système, aujourd'hui consacré par la jurisprudence,
qui fait prélever à la femme des meubles ou immeubles comme
étant sa propriété *ab initio*; l'opinion que nous soutenons ne
peut pas faire le moindre doute.

Dans le droit ancien, on peut consulter Brodeau, lettre C,
chap. 84, page 198. Et ne peut, la veuve, être poursuivie,

XI. — Enfin, en cas d'insuffisance de la communauté, la femme et ses héritiers exercent leurs reprises sur les biens propres du mari (1472 § 2). Et comme il est incontestable que la femme armée de son hypothèque légale primera sur les biens de son mari tous les créanciers hypothécaires ou non, postérieurs à la date de ses reprises, nous pouvons, à l'appui de notre opinion précédente, tirer cet argument du § 2 de l'art. 1472. L'action de la femme plus indirecte sur les biens de son mari, lui donnant néanmoins un droit de préférence sur les créanciers hypothécaires vis-à-vis desquels elle ne s'est point engagée ; ce droit de préférence doit à plus forte raison avoir lieu alors que la femme exerce son prélèvement sur les meubles ou immeubles de la communauté, puisque alors l'action est beaucoup plus directe, beaucoup plus immédiate. Il serait en effet bizarre que la femme primât des créanciers sur des immeubles sur lesquels elle n'a qu'un droit éloigné, subsidiaire, et qu'elle fût primée par eux sur des meubles ou des immeubles affectés à la garantie de ses reprises.

XII. — Quant au mari, il ne peut jamais exercer ses prélèvements qu'après la femme, et seulement sur les biens meubles et immeubles qui composent la communauté. « C'est dans icelle que son propre fictif est fondu, » et c'est à lui seul qu'on peut imputer s'il ne s'y trouve » plus (1), si elle manque et que ses deniers propres même hypothécairement, sinon jusqu'à concurrence de ce qu'elle a amendé, comme il a été jugé le lundy 14 août 1589, arrest en robes rouges.

(1) Bourjon, cᵗᵉ, 6ᵉ partie, chap. 2, sect. 1.

17

» s'y soient consumés, c'est son mauvais ménage » (1).

Du reste, comme ceux de la femme, les prélèvements à exercer par le mari se font d'abord sur l'argent comptant, puis sur les meubles, enfin sur les immeubles ; s'il prélève des meubles ou des immeubles, il le fait d'après estimation ou expertise contradictoire.

XIII. — Les associés ne doivent pas profiter aux dépens l'un de l'autre (2). Les remplois et récompenses dus par la communauté aux époux porteront intérêts de plein droit du jour de la dissolution de la communauté (1473) ; ils ont cela de commun avec tout ce qui tient lieu de dot (3).

---

(1) Duplessis, liv. 2, chap. 4, sect. 1, page 444.

(2) Bourjon, de l'action personn. contre les oblig., titre 1, § 6.

(3) Lebrun, page 377, nombre 108

C'est l'application de la loi romaine : *Socius si condemnandus erit, quod pecuniam communem invaserit, vel in suos usus converterit, omnimodò, etiam morâ non interveniente, præstabuntur usuræ*, loi 1re, § 1, D, liv. 22, tit. 2.

Si la femme prélevait les meubles comme propriétaire de ces meubles, comment aurait-elle droit aux intérêts ou fruits d'objets qui n'en produisent pas ?

DEUXIÈME PARTIE.

Récompenses dues à la Communauté.

TEXTE DE L'ARTICLE 1437. — DIVISION.

SECTION PREMIÈRE. — *Acquittement de dettes personnelles.* — § A. *Dettes antérieures au mariage.*

1° Toutes les dettes personnelles donnent lieu à récompense.
2° Paiement du prix d'un immeuble acheté avant le ma-
    riage.
3° Suite. — Alors que l'acquisition a eu lieu sous condition
    suspensive.
4° Suite. — Lorsque le prix consiste en une rente qui est
    ensuite rachetée.
5° Soulte d'un partage immobilier.
6° Dépenses pour amélioration d'un immeuble propre.
7° Frais d'une action relative à un immeuble propre.
8° Acquittement des charges imposées à une donation im-
    mobilière.
9° La dette payée en l'acquit des tiers, peut donner lieu à
    récompense si l'époux n'était pas tenu personnelle-
    ment.
10° La dette hypothécaire n'en reste pas moins mobilière, et
    à la charge de la communauté.
11° Paiement à un enfant d'un premier lit d'une dot consti-
    tuée avant le second mariage.
12° Nourriture, éducation d'un enfant d'un premier lit.
13° Dette contractée entre le contrat et la célébration du ma-
    riage.

§ B. *Dettes postérieures au mariage.*

14° Les principes sont indiqués dans les articles 1424, 1428,
    1438, 1439, 1412, 1414 et 1415.
15° Crimes, n'emportant pas mort civile, commis par le mari.
    Droit ancien.

16° Droit nouveau.

17° Le mot crime doit être interprété *sensu lato.*

18° *Quid* des réparations civiles ?

19° Crimes emportant mort civile. Droit ancien.

20° Droit nouveau.

21° Délits commis par la femme.

22° Crimes emportant mort civile commis par la femme.

23° Dot à un enfant d'un premier lit promise pendant le second mariage.

24° Dot constituée à un enfant commun.

25° Dot constituée à un étranger ou à un parent.

26° Dettes des successions.

27° Négligence du mari à faire la déclaration des droits de succession.

SECTION DEUXIÈME. — *Rachat par la communauté de services fonciers.*

28° Affranchissement d'un droit de servitude.

29° Rachat d'un droit d'usufruit.

SECTION TROISIÈME. — *Avances faites par la communauté.*

30° Avances faites pour le recouvrement d'un immeuble.

31° Acquisition d'un immeuble indivis.

32° Transaction.

33° Exercice d'une action en réméré.

34° Paiement pour éviter une action en rescision pour lésion de plus des sept douzièmes.

35° Retrait successoral. Art. 841.

36° Frais de révocation d'une donation.

37° Frais d'une demande en résiliation pour défaut de paiement du prix.

38° Quand il y a lieu à ratification, le titre primitif étant nul.

SECTION QUATRIÈME. — *Frais pour l'amélioration d'un immeuble propre.*

39° Réparations d'entretien.

40° Dépense pour réparation nécessaire.
41° Si la réparation a été occasionnée par la négligence du
    mari.
42° Réparations utiles. Frais de labour sur un propre.
43° Carrière ouverte pendant la communauté.
44° Dépenses voluptuaires.
45° Dépense à l'occasion d'un usufruit propre.

SECTION CINQUIÈME. — *Autres hypothèses où la
récompense sera due.*

46° Retard dans une coupe de bois.
47° Dans une récolte.
48° Carrière ouverte avant le mariage.
49° Legs mobilier sous condition suspensive.
50° Donation de meubles à un héritier qui ne reçoit ensuite
    que des immeubles.
51° Indemnité payée à un tiers pour pouvoir vendre.
52° Contributions extraordinaires.

I. — Si la communauté ne doit pas s'enrichir aux
dépens de la fortune des époux, il est non moins certain que les époux ne doivent point augmenter leur
patrimoine aux dépens de la communauté. Nous venons
de dresser le bilan des dettes dont la communauté devait faire raison aux époux, il nous faut actuellement
établir le passif des époux vis-à-vis de celle-ci.

Tel est l'objet de l'art. 1437 qui est la contre-partie
de ceux que nous avons expliqués jusqu'ici. Cet article
s'exprime ainsi :

« Toutes les fois qu'il est pris sur la communauté
» une somme soit pour acquitter les dettes ou charges
» personnelles à l'un des époux, telles que le prix ou
» partie du prix d'un immeuble à lui propre, ou le

» rachat de services fonciers, soit pour le recouvre-
» ment, la conservation ou l'amélioration de ses biens
» personnels, et généralement toutes les fois que l'un
» des époux a tiré un profit personnel des biens de la
» communauté, il en doit récompense. »

Cet article indique lui-même la marche que nous
devons suivre pour éclairer et présenter avec ordre la
matière qui est l'objet de notre examen. Ainsi la communauté a droit à la récompense spécialement dans les
hypothèses suivantes :

1º Acquittement de dettes ou charges personnelles
à l'un ou l'autre des deux époux (1405, 1406, 1412,
1414, 1416, 1424, 1425, 1438, 1439);

2º Rachat par la communauté de services fonciers
grevant un immeuble propre ;

3º Avances faites par la communauté pour le recouvrement d'un immeuble personnel (1402, 1407, 1408,
1409 § 5);

4º Frais de conservation ou d'amélioration d'immeubles personnels;

5º Enfin, comme application d'un principe général,
toutes les hypothèses non-prévues dans lesquelles l'un
des époux tire un profit personnel des biens de la communauté.

Reprenons chacune de ces divisions :

SECTION PREMIÈRE. — *Acquittement de dettes personnelles.* — § A. *Dettes antérieures au mariage.*

I. — Quelle que soit la cause de la dette dont est
personnellement tenu l'un ou l'autre des conjoints, la

communauté, qui l'aura payée, aura droit à une récompense. Sous le régime de la communauté légale
il est bien peu de dettes antérieures au mariage
qui ne tombent pas entièrement à la charge de la
communauté. Il n'y a guère d'exception, et par conséquent lieu à récompense, que pour celles qui sont
relatives à des immeubles personnels à l'un ou l'autre
des époux et encore en sa possession.

Au contraire, pendant la communauté il peut surgir
d'autres causes qui donneront à la dette un caractère
personnel, et par suite autoriseront la communauté à
répéter le montant de ce qu'elle aura payé.

Voyons en détail les différentes espèces prévues par
la loi, et remarquons que toutes les causes qui rendent
les dettes antérieures au mariage personnelles, auraient également ce résultat si elles se produisaient
pendant le mariage.

II. — L'un des époux peut se marier ayant acheté
un immeuble dont il n'a point encore payé le prix,
et dont il est encore en possession; dans cette hypothèse, si la communauté fait le paiement de ses deniers,
elle aura droit à une récompense. Cette dette, en effet,
était relative à un immeuble personnel (1409 § 1), et il
serait souverainement injuste que l'époux, refusant de
mettre l'immeuble en communauté, eût cependant le
droit d'exiger que la communauté libérât cet immeuble
des charges qui le grèvent.

Cette juste indemnité du paiement d'une somme que
la communauté a déboursée dans l'intérêt de l'un des
époux, et pour l'affranchissement de son propre, ne

fut cependant pas toujours admise dans notre ancien
droit. L'article 221 de la coutume de Paris faisait
tomber, sans exception, et d'une manière absolue,
toutes les dettes mobilières dans la communauté, ce
qui comprenait virtuellement le prix d'acquisition
d'immeuble, comme la soulte d'un partage immobilier.
Plus tard, toutefois, les auteurs et la jurisprudence,
modifiant le texte de la coutume, admirent un principe
contraire. *Cùm autem*, dit Valla (1), *vir antè nuptias
fundum emisset, et post nuptias pretium solutum
resque tradita fuisset, vel fundus communicandus
est uxori, vel pars pretii ei restituenda est : et mariti ejusque hæredis est electio.* Choppin, citant un arrêt du 1er mars 1567, le commentait ainsi : *Ità autem
legibus infirmantur conjugales donationes ut empto
prædio antè initas nuptias, sed numerato pretio
ab emptore jam marito post conjugium, senatus ju-
dicarit uxorem societatis jure laturam vel acquisiti
fundi vel pretii partem dimidiam : quàm alioqui ta-
citâ liberalitate vir fieret ditior, et in paupertatem
uxor decideret* (2).

Ainsi le premier progrès fut l'alternative laissée au
mari de mettre l'immeuble en communauté, ou de
tenir compte à sa femme de la moitié du prix. Ce n'était
point assez puisque cette alternative laissait au mari
un choix qu'il pouvait faire au détriment de la femme

(1) *De rebus dubiis*, page 178 de l'édit. latine ; 317 de l'édit.
franç. de Jacq. Corbin.
(2) Liv. 3, chap. 4 *de Donationib.*, § 1 *de Privileg. rusticorum.*
MM. Rodière et Pont indiquent liv. 3, chap. 40, alors que le
liv. 3 ne contient que 13 chap. — Dalloz indique liv. 3, ch. 11.

selon la valeur ultérieure de l'immeuble. Aussi Coquille disait-il (1) : « Du remboursement il est sans
» doute : mais je ne crois pas que la femme ait part au
» conquest qui n'a esté fait au nom d'elle, n'y durant
» le mariage. »

Le système de la récompense consacré par notre législation actuelle triompha bientôt exclusivement parce que « telles dettes quoique mobiliaires, ayant leur
» assiette particulière sur un fonds d'héritage, il semble
» qu'il est juste qu'elles soient payées par celui auquel
» l'héritage est propre » (2).

III. — Si l'immeuble avait été acheté sous une condition suspensive qui viendrait à se réaliser pendant
le mariage, il n'en resterait pas moins propre à l'époux
acquéreur (1179) et il faudrait appliquer la même solution, seulement il serait nécessaire de distinguer entre
les conditions potestatives et les conditions casuelles.
Dans la première hypothèse, la condition n'ayant aucun effet rétroactif, l'immeuble tomberait en communauté sans récompense pour le paiement du prix ;
dans la seconde, la rétroactivité attachée à la condition laisserait à l'immeuble son caractère de propre,

(1) Sur Nivernais, dr. appart. à gens mariées, art. 2. —
Dumoulin, art. 110, n° 1, sur Paris. *Si quis emit fundum deinde
uxorem ducit, non cadit in communionem, sed solùm media pars
pretii refundenda.*

(2) Renusson, c¹ᵉ, 1ʳᵉ part., chap. 10, n°ˢ 26 et précéd. —
Ferrières, sur l'art. 221, cout. de Paris, n°ˢ 14 et 18. — Lebrun, liv. 2, chap. 3, sect. 3, n° 26, page 287, considérait la
dette comme immobilière. — D'Argentré, art. 418, glose 3,
nomb. 2, page 1841. — V. Louet, lett. A, somm. 3, page 6.

et récompense serait due à la communauté qui en
paierait le prix. *Considerandum est an illa conditio
sit in potestate contrahentium, an in eventu posita
sit. Primo casu inspicitur tempus quo impletur
conditio ; itaque si hoc fiat durante matrimonio,
fundus efficitur communis. Altero casu spectatur
tempus stipulationis vel contractus : conditio enim
retrotrahitur* (1).

IV. — Le prix de l'immeuble peut consister en une
rente perpétuelle ou viagère dont la communauté opé-
rera le rachat, il sera dû alors à la communauté récompense de l'intégralité de la somme qu'elle aura
déboursée. Cependant diverses distinctions doivent
être faites pour l'application logique de ce principe incontestable. Ainsi le rachat ayant été fait par le mari,
débiteur de la rente, il y a évidemment extinction de
la rente, et la récompense est due. Il en sera de même
si la rente due par la femme a été par elle rachetée
avec l'autorisation de son mari. Mais si celui-ci,
comme administrateur des biens de la femme, opérait
seul et sans le concours de celle-ci, le rachat de la
rente qu'elle devait personnellement, la femme aura
l'option ou de ratifier l'opération faite par son mari, et
de payer à la communauté la somme qui en aura été
tirée, ou au contraire de refuser son approbation à
un acte pour lequel elle n'aurait point été appelée. Si
elle ratifie, nous arriverons à la même solution que
dans les deux hypothèses que nous venons d'indiquer.

(1) *Valla de rebus dubiis*, page 178, édit. lat. de 1867, p. 316,
édit. franç. de 1808.

Si elle refuse sa ratification, il est nécessaire de faire une nouvelle distinction.

Si la femme accepte la communauté, elle ratifie pour moitié l'acte fait par son mari, il y aura extinction de la rente jusqu'à due concurrence et récompense envers la communauté pour cette portion; et pour la seconde moitié elle pourra continuer à servir les arrérages de la rente à son mari ou à ses héritiers. Si la femme renonce à la communauté, le rachat par le mari est un fait personnel à celui-ci, fait auquel la femme reste entièrement étrangère; elle sera tenue seulement du service de la rente entière vis-à-vis de son mari ou de ses héritiers, qu'elle ne peut considérer que comme subrogés au droit du créancier primitif; il ne pourra alors jamais être question de récompense en faveur de la communauté. La femme gardera vis-à-vis des nouveaux créanciers (son mari ou les héritiers de celui-ci), la position qu'elle avait à l'encontre du premier; ses droits seront absolument les mêmes, ses obligations identiques.

Ces distinctions, commandées par la combinaison des principes du régime de communauté en ce qui concerne les droits du mari et les intérêts de la femme, avaient été singulièrement méconnues par la coutume de Paris, dont l'art. 244 réputait tel *rachapt* conquêt, et dont l'art. 245 obligeait, après la dissolution de la communauté, le débiteur originaire à continuer la *moitié de la rente*, et à payer les arrérages du jour du décès, jusques à l'entier rachapt.

Évidemment notre législation moderne ne peut accepter l'application absolue et sans distinction du principe posé dans l'art. 215 (1).

Lorsqu'il s'agit d'une rente viagère, M. Duranton (2) croit devoir établir une distinction particulière selon que la personne sur la tête de laquelle elle était constituée, est décédée avant la dissolution du mariage, ou au contraire selon qu'elle vivait encore à l'époque où la communauté est venue à se dissoudre. Dans la première hypothèse il n'accorde aucune récompense à la communauté attendu que l'époux ne s'est point personnellement enrichi. Dans la seconde il accorde une récompense « consistant dans la continuation que l'é-
» poux devrait faire du service d'une semblable rente,
» pour la part qu'a le conjoint dans les biens de com-
» munauté, jusqu'à la mort de la personne sur la tête
» de laquelle la rente avait été constituée, si mieux
» il n'aimait rembourser au conjoint sa part dans la
» somme qui a été tirée de la communauté pour le ra-
» chat sous la déduction toute fois... de ce dont les
» arrérages de la rente auraient excédé les intérêts
» de la somme pour laquelle elle a été rachetée, pen-
» dant le temps écoulé depuis le rachat jusqu'à la dis-
» solution de la communauté. »

M. Taulier (3) repousse avec raison la distinction que veut établir M. Duranton pour le cas où le rentier est mort avant la dissolution de la communauté. En effet, au point de départ l'opération a eu un caractère d'uti-

(1) Rod. et Pont, vol. 1, n° 724.
(2) Duranton, vol. 14, n° 367.
(3) Vol. 8, page 112.

lité incontestable ; le prix du rachat a été déboursé par la communauté, et ce rachat a affranchi, d'une manière définitive, l'époux débiteur de la rente, de toutes les chances, de toutes les éventualités qu'il pouvait courir selon que la vie du rentier se serait prolongée plus ou moins.

Mais M. Taulier accorde à l'époux le droit de retenir la différence qui existe entre l'intérêt de la somme déboursée par la communauté et les arrérages plus considérables qu'elle a été dispensée de payer.

Les principes que nous avons posés sous le n° XIII (p. 25) nous semblent s'opposer d'une manière formelle à cette solution. En en faisant l'application ici, nous dirons que si l'époux rembourse le prix de la rente, il devra tenir compte de l'intégralité de la somme fournie par la communauté.

V. — Ce que nous disons du prix d'un immeuble, nous le dirons également de la soulte due par l'un des époux à l'occasion d'un partage immobilier intervenu entre lui et ses co-héritiers avant le mariage. Si la communauté payait cette soulte, il lui en serait dû récompense. *Ego reputo talem reditum fundiarium, quia datur seu ceditur fundus pro hoc reditu, et ad onus ejus* (1).

Il en serait de même pour la soulte que devrait l'un des époux par suite d'un échange immobilier qu'il aura fait avant son mariage.

Enfin la soulte en argent qui grèverait un immeuble

(1) Dumoulin, sur l'art. 208 de la cout. de Touraine, vol. 4, page 335. — Brodeau, sur Paris, art. 187

attribué à une femme remariée, pour sa part dans sa première communauté, serait une dette personnelle de cette femme, et si la seconde communauté l'acquittait il lui en serait dû récompense (1).

VI. — Si le paiement du prix d'acquisition donne ouverture en faveur de la communauté à une récompense, il nous paraît logique de décider que la récompense sera également due à la communauté qui aurait payé la dette contractée, avant le mariage, pour l'amélioration ou l'affranchissement d'un immeuble personnel à l'un des époux. Les motifs sont les mêmes, il s'agit toujours d'une dette relative à un immeuble propre (2).

VII. — Avant le mariage, l'époux aura pu avoir des frais à faire à l'occasion d'une action pétitoire relative à l'un de ses immeubles propres. Si ces frais sont payés par la communauté, et que l'immeuble soit encore entre les mains de cet époux (3), la communauté devra être indemnisée de tout ce qu'elle aura payé pour ces frais dont le résultat aura été, en dernière analyse, de conserver l'immeuble entre les mains de l'époux à qui la propriété était contestée (4).

(1) Angers, 15 février 1848. Dall., 48, 4ᵉ part., vᵒ, cᵗᵉ, page 90.

(2) Zachariæ, vol 3, § 508, texte et note 10, page 433. — Duranton, vol. 14, nᵒ 214.

(3) C'est la condition essentielle de toutes ces récompenses pour dettes antérieures. Car si l'époux n'était plus en possession des immeubles les dettes ne seraient plus relatives à ses propres.

(4) Renusson, cᵗᵉ, 1ʳᵉ part., chap. 11, nᵒ 33, page 72, dit qu'il est raisonnable de dire que les frais et dépens entrent

VIII. — Enfin il faudrait soumettre au même principe de récompense le paiement par la communauté des charges dont pourraient être grevées les donations d'immeubles antérieures au mariage, ou des dettes de l'ascendant donateur vis-à-vis d'étrangers, lorsque telle est la condition d'un abandon ou cession d'immeuble dans les termes de l'art. 1406. Ces dettes antérieures ont pour cause la possession d'immeubles entre les mains de l'un des époux, et doivent entraîner la nécessité d'une récompense aussi bien que si elles étaient créées pendant le mariage.

IX. — L'article 1409 § 1 met à la charge de la communauté toutes les dettes mobilières dont les époux étaient grevés au jour de la célébration du mariage. Malgré la restriction édictée par cet article, « sauf la » récompense pour celles relatives aux immeubles pro- » pres », la généralité du principe que nous venons de rappeler pourrait entraîner à de fausses conséquences si l'on ne recherchait la volonté du Législateur qui a été de ne faire entrer en communauté que les dettes dont sont personnellement tenus les époux, et non celles dont ils ne sont tenus que hypothécairement. Ainsi que l'un des époux, sans s'être obligé personnel-

en communauté, parce que ce sont dettes mobilières qui doivent être acquittées par le possesseur, et comme les fruits des héritages propres .... entrent en la communauté, il est juste que les frais des procès qui ont été faits à cause des héritages propres, y entrent pareillement. — Les frais de procès ne sont pas, à nos yeux, charge des fruits. S'il en était ainsi, il faudrait décider de même pour les frais faits pendant la communauté.

lement, ait consenti, avant son mariage, à affecter un immeuble propre au paiement de la dette d'un tiers, ou qu'ayant négligé les formalités nécessaires pour la purge des hypothèques, l'époux acquéreur, ne voulant pas délaisser l'immeuble, paie toutes les dettes hypothécaires dues par le vendeur primitif (2167-2173); la communauté, qui fera les avances, pourra réclamer une récompense parce que la dette, quoique mobilière, n'était pas personnelle à l'époux. *Res debet non persona*.

Il en faudra dire autant si l'époux, héritier pour partie d'une personne qui avait hypothéqué un immeuble à la sûreté du paiement de ses dettes, recevait dans son lot l'immeuble hypothéqué et se trouvait un jour forcé au paiement intégral de la dette, par suite de l'insolvabilité des autres héritiers.

Dans toutes ces hypothèses et autres identiques, nous pouvons dire avec M. Bugnet (1) : Ces dettes ont été payées pour conserver les propres du conjoint, elles sont donc relatives à des propres, elles occasionnent récompense.

X. — Si l'époux était personnellement obligé au paiement de la dette, la circonstance que cette dette serait garantie par une affectation hypothécaire ne lui enlèverait pas son caractère mobilier, et il ne serait dû aucune récompense à la communauté qui l'aurait acquittée de ses deniers (2). L'hypothèque, en effet,

(1) Sur Pothier, n° 237. V. aussi n°s 76 et 238. Introd. au tit. 10 de la cout. d'Orl., chap. 1, art. 2, n° 24.

(2) Douai, 6 janvier 1846. Daverdoingt. — Devill., 46, 2, 833.

n'est qu'un accessoire de la créance, une garantie de paiement; elle ne peut modifier la nature de cette créance dont elle suit au contraire le sort.

La communauté serait même tenue sans récompense, du paiement de la dette, alors que l'échéance n'en arriverait qu'après la dissolution du mariage, ou que la condition sous laquelle elle avait été contractée ne se serait réalisée qu'à cette même époque. Le terme n'empêche pas la créance d'exister, et la réalisation de la condition opère un effet rétroactif (1185-1179).

XI. — On s'est demandé si le paiement, fait pendant un second mariage, d'une dot promise à un enfant d'un premier lit par l'un ou l'autre des époux pendant son veuvage serait d'une manière absolue à la charge de la communauté, ou si, au contraire, ce paiement n'entraînerait pas nécessairement récompense au profit de celle-ci.

Nous pensons que cette dernière solution doit être seule suivie (1); les art. 1437 et surtout 1469 repoussent tout autre opinion. En effet, si aux termes de l'art. 1409 les dettes mobilières tombent à la charge de la communauté, il est certain que l'art. 1437 fait exception à cette règle, et y apporte une modification importante en imposant l'obligation d'une récompense à l'époux qui a tiré un profit personnel des biens de la communauté. Or, ici le paiement de la dot entraîne certaines conséquences qui peuvent être avantageuses à l'époux donateur, et la source d'un profit personnel. Ainsi il peut succéder à l'enfant doté, et retrouver dans

(1) *Contrà*, Duranton, vol. 14, nº 287. — Taulier, vol. 5, p 117.

sa succession des objets qui lui profiteront personnellement, soit parce que cette succession ne s'ouvrira
qu'après la dissolution du mariage, soit parce que,
ouverte même pendant le mariage, l'époux retrouve-
rait des immeubles alors qu'il aurait donné des meubles. L'art. 1409 n'a voulu régler que les dettes pro-
prement dites qui s'éteignent par le paiement sans
laisser aucune suite; « tandis que la dot n'étant qu'un
» avancement d'hoirie, doit figurer dans le partage
» de la succession de l'époux qui l'a constituée, et il
» serait injuste que les enfants du premier lit profitas-
» sent de la somme prélevée des biens de la commu-
» nauté au préjudice de l'autre époux qui avait droit à
» la moitié de ladite somme (1). »

D'ailleurs l'article 1469, obligeant chaque époux au
rapport des biens qu'il a pu prendre dans la communauté pour doter l'enfant d'un autre lit, et ne faisant
aucune distinction en ce qui concerne les époques différentes où la dot aurait été promise, nous semble
trancher la question en faveur de la thèse que nous
soutenons, et justifier ce que nous avons avancé que
la loi voyait dans le paiement de la dot un avantage
personnel pour celui qui s'était obligé au paiement.
Enfin cette thèse que rien ne vient sérieusement ébranler dans le Code s'appuie sur l'autorité de l'ancienne
jurisprudence constatée par Renusson en ces termes :
« Il est plus raisonnable de dire qu'il est dû récom-
» pense à la seconde femme, le mari n'a pas pu marier

(1) Bastia, 31 janvier 1844, Renucci c. Paoletti. — Dalloz,
répert., v°, contr. de mar., n° 890, 2° édit.

» un de ses enfants de son premier lit des deniers de
» la seconde communauté, et quand la coutume dit
» que le mari est le maître de la communauté, qu'il en
» peut disposer par donation et autre disposition entre-
» vifs, la coutume ajoute pourvu que ce soit à personne
» capable et sans fraude. Ces mots *sans fraude* sont
» interprétés quand le mari ou ses parents n'en pro-
» fitent pas, c'est en avoir profité que d'en avoir
» marié un de ses enfants (1). »

C'est donc à tort que, sans explication aucune,
M. Duranton pose, comme principe, cette affirmation
que la dot mobilière constituée avant un second mariage à un enfant du premier lit, et qui était encore
due lors de la célébration, tombe à la charge de la
communauté sans récompense, conformément à l'article 1409 § 1. L'examen plus attentif de cette question conduit à une solution diamétralement opposée.

XII. — Parmi les dettes antérieures à la célébration
du mariage dont peut être grevé l'un ou l'autre des
époux, figure en première ligne la nourriture, l'entretien et l'éducation des enfants que l'un ou l'autre d'eux
aurait pu avoir d'un précédent mariage. Il semblerait que cette dette a un caractère de personnalité tel
que, sans difficulté, il devrait être dû récompense à
la seconde communauté qui aurait pourvu à ces
dépenses. Ce serait cependant une erreur. L'art. 1409
§ 5, qui fait de l'éducation et de l'entretien des enfants
une dette de communauté, ne distingue pas entre les
enfants d'un premier lit et ceux du second. Ces dépen-

(1) Des Propres, chap. 4, sect. 11, § 13.

ses peuvent être considérées comme une charge des
fruits des biens apportés par l'époux qui se remarie, et
à ce titre elles rentreraient dans les dispositions du § 3
de l'art. 1409. « La nourriture et l'entretenement des
» enfants en la maison du père est charge ordinaire et
» domestique et quand aucuns se marient pour être com-
» muns en biens, ils se prennent avec leurs charges or-
» dinaires, et la loy présume facilement entre personnes
» si proches de sang ou par alliance que les aliments
» ayent été employés par amitié et affection et non
» en intention de répéter (1). »

A l'époque actuelle nous devrons entendre largement les dépenses d'éducation. Evidemment, nous ne
pouvons les restreindre à *l'entretenement en la maison
du père*. Quelque libérale que soit l'éducation, quelque coûteuses que soient les études, elles seront, sans
récompense, à la charge de la communauté, et nous
repoussons l'opinion de Coquille qui, suivant en cela
l'avis de Corneus, voulait que la récompense fût due
pour les dépenses faites en dehors de l'entretenement
en la maison du père.

Toutefois, il ne faut point exagérer l'étendue de
cette dette. Si les enfants étaient propriétaires de biens
dont le revenu fût suffisant pour ces dépenses, et que
l'époux n'en eût pas la jouissance, il faudrait évidemment employer le revenu de ces biens aux frais d'éducation, et, si la communauté en faisait les avances, il
lui serait dû récompense (2).

(1) Coquille, sur Nivernais, tit. 23, art. 7, page 218.
(2) Caen, 20 mars 1844. Devill., 44, 2, 348. — Roll. de Vill.,
v°, c¹ᵉ, n° 339. — Pont, vol. 1, n° 648. — Odier, vol. 1, n° 202.

XIII. — Lebrun, recherchant si les dettes contractées par la femme entre le contrat et la célébration
du mariage doivent être à la charge de la communauté sans récompense, décide que, quoiqu'il n'y ait
aucune clause de séparation de dettes, pareilles obligations n'entreront point en communauté. « Sans cela,
dit-il, rien de plus aisé que de frauder un mari » (1).
Cette opinion de Lebrun avait été législativement consacrée par l'article 424 de l'ancienne coutume de Bretagne, ainsi conçu : L'homme n'est tenu de répondre
de contrat que sa femme fasse, ne que l'on fasse
avec elle, depuis qu'elle est espousée, si le contrat
n'avait été fait paravant les épousailles et l'octroy du
mariage. *Ratio,* dit d'Argentré, *quia ab eo die mulier
transit in viri potestatem* (2).

Cette doctrine, soutenue par M. Delvincourt, nous
semble avoir été formellement répudiée par le Législateur moderne. L'art. 1409 § 1 met à la charge de la
communauté, sans récompense, toutes les dettes mobilières antérieures au mariage ; par conséquent si la
dette de la femme a une date certaine antérieure au
mariage, elle ne devra pas donner lieu à récompense
quelle que soit cette date. La doctrine de Lebrun, si
rudement appréciée par Dumoulin (3), aurait pour résultat de faire commencer la puissance maritale avant

(1) Liv. 2, chap. 3, sect. 3, no 2, page 277. — *Sic,* Choppin, sur Paris, liv. 1, tit. 1, no 18. — Carondas, sur l'art. 223,
cite un arrêt du 27 décembre 1862.

(2) Sur l'art. 424, glose 1, no 1, page 1573.

(3) Il dit du système adopté plus tard par Lebrun : *Hoc
ineptum est, cum possit majus, videlicet discedere à sponsalibus.*

le mariage. Il faut laisser aux futurs une certaine la-
titude, une certaine liberté d'action, et bien certainement nos tribunaux repousseraient la prétention d'un
mari qui, complaisant futur, voudrait aussitôt le mariage, mari intraitable, méconnaître une dette contractée par la femme dans le moment où elle s'appartenait encore entièrement (1).

§ B. *Dettes postérieures au mariage.*

XIV. — Beaucoup de dettes qui, contractées avant
la célébration du mariage, seraient sans récompense
à la charge de la communauté, donneront lieu à une
récompense si, contractées pendant l'existence de
l'union conjugale, elles sont acquittées par la communauté. L'examen des différentes questions que peut
soulever cette seconde catégorie de dettes fera l'objet
de notre seconde section des dettes personnelles à l'un
des époux et payées par la communauté. Nous en
trouvons le point de départ et les principes dans les
articles 1424, 1425, 1438, 1439, 1412, 1414, 1416.

XV. — Toutes les dettes contractées pendant le mariage par le mari sont en général à la charge de la
communauté dont il est le souverain administrateur.
Rigoureusement logique, l'ancienne jurisprudence
laissait à la charge de la communauté, sans récompense, les condamnations pour crimes commis par le
mari et n'emportant pas mort civile.

(1) Pont, vol. 1, n° 831. Odier, vol. 1, n° 188. — Taulier,
vol. 8, page 70. — Zachariæ, vol. 3, page 433, note 18.

« Bien est vray, dit Bacquet (1), que si, par le moyen
» du délict commis par le mary, la communauté n'a
» point été dissoluë...., en ce cas tous les biens de la
» communauté pourront être saisis, criez et vendus :
» et les deniers provenant de la vente d'iceux seront
» convertis au paiement des amendes contre le mary.

» Comme le mari, dit Renusson, était au temps du
» crime commis, maître de la communauté, la con-
» damnation, réparation civile, dommages et intérêts,
» et dépens, sont dettes dont la communauté est char-
» gée.... C'est le cas auquel le mari peut, non-seule-
» ment *in contrahendo, sed etiam in delinquendo,*
» consommer les biens de la communauté » (2).

« Et la femme, ajoute Lebrun (3), n'a aucun recours
» contre le mari, parce que, comme il est maître de
» la communauté, son délit fait une dette de commu-
» nauté, qu'elle doit même pour sa moitié après la
» mort de son mari, quand il ne l'a pas payée de son
» vivant, parce qu'il n'y a point à distinguer entre les
» dettes de la communauté.

» Cela est rigoureux contre la femme (4), mais iné-
» vitable de sa part, puisque telles condamnations
» n'emportent pas la dissolution de la communauté,
» que la femme est obligée de prendre dans l'état que
» son mari la laisse au moment de sa dissolution. »

Si nous trouvons quelques auteurs ou arrêts anciens

(1) Traité des droits de justice, chap. 18, n° 87, page 143.
— On peut consulter Dumoulin sur Paris, § 30, n° 87.
(2) C¹ᵃ, chap. 6, n⁰ˢ 35 et 36, page 38.
(3) Liv. 2, chap. 2, sect. 3, n° 3.
(4) Bourjon, 4ᵉ part., chap. 1, sect. 4, dist. 1, n° 28, p. 570.

qui semblent accorder une récompense pour ces
dettes, cette contradiction n'est qu'apparente, et
Louet a eu soin de l'expliquer d'une façon qui ne peut
laisser place au doute. « Pour la conciliation des ar-
» rêts, dit-il (1), faut distinguer du délit, *aut per de-*
» *lictum dissolvitur societas, putâ* si le délit emporte
» mort civile ou autre condemnation de mort; ou si
» quelque amende ou réparation, nonobstant laquelle
» *remanet societas; primo casu,* la part de la femme
» n'y est contenue, *delictorum nulla societas: se-*
» *cundo casu* telle réparation se prend sur commu-
» nauté. *Primo casu* la condemnation.... et la dissolu-
» tion de communauté *pari passu ambulant,* se font
» *eodem momento, nil prius aut posterius dici*
» *potest. Secundo casu, remanet mariti in bonis*
» *societatis, potestas, dominium, eorumque admi-*
» *nistratio et dispositio* sans que la femme y puisse
» rien prétendre. »

Guy-Coquille est le seul à notre connaissance qui,
dans l'ancien droit, ait admis le principe de la récompense; « que si c'est délit commis par vengeance et
» mal talent, dont ne revient aucun profit pécuniaire;
» je crois que les biens et droits de la femme en la
» communauté n'en seront aucunement tenus » (2).

(1) Lettre D, n° 31. V. aussi lett. C, nomb. 35 et 82.— *Journ.
des Audiences*, vol. 1, liv. 1, chap. 28.

(2) Sur la cout. de Nivernais, dr. appart. à gens mariés,
tit. 23, art. 7.

Laurent Jovet, biblioth. des arrêts, v°, c⁺ᵉ, n° 23, constate,
pour l'ancienne jurisprudence, un principe diamétralement
contraire à celui que nous avons indiqué: c'est, dit-il, une

XVI. — Moins logique peut-être, mais certainement plus équitable, notre législation moderne a pensé que l'idée de pénalité renfermait en elle une relation trop personnelle pour que le coupable ne fût pas tenu à une récompense envers la communauté qui aurait fait les avances. Le Législateur a trouvé dans le crime, quel qu'il soit, un caractère trop odieux pour en faire supporter la responsabilité définitive, même pour partie, à celui des deux époux qui y était resté étranger.

L'article 1424 en même temps qu'il décrète que la communauté peut être poursuivie pour le crime commis par le mari et n'emportant pas mort civile, a sanctionné le recours de la communauté sur les biens du coupable (1).

XVII. — Aux termes de l'article 1er du Code pénal, le crime est l'infraction punie par la loi d'une peine afflictive ou infamante; est-ce à dire que les délits, que les contraventions punies de peines correctionnelles ou

maxime que le délit du mary ne s'étend que sur la moitié des biens de la communauté, l'autre moitié demeurant franche et quitte à la femme.... Il y en a plusieurs arrêts rapportés par Bacquet et Brodeau. — Jovet s'est trompé sur l'état de l'ancien droit, et n'a pas vu que Bacquet, aux endroits qu'il cite, ne parle que des crimes emportant mort civile, et que Brodeau fait avec soin la distinction que nous avons signalée.

On cite quelquefois Choppin comme ayant adopté la même opinion que Coquille, mais rien n'indique que cet auteur ait parlé des crimes n'emportant pas mort civile, plutôt que des crimes entraînant la dissolution du mariage. V. de Domanto, liv. 1, chap. 7, nomb. 13, page 52.

(1) L'art. 1424 dit : Sauf la récompense due à la femme, l'expression est évidemment inexacte; c'est la communauté qui fait l'avance, c'est elle seule qui doit être indemnisée.

de peines de simple police, grèveront le passif de la communauté sans récompense aucune? Evidemment non. L'amende pour délit ou pour une contravention se présente avec le même caractère de pénalité personnelle que l'amende pour un crime. *Omnis autem noxalis actio caput sequitur* (1), « qui fait la faute il la boit » (2), disaient le droit romain et notre ancien droit français. Le mot crime employé par l'art. 1424 ne l'a point été avec le sens restreint que lui donne l'art. 1er du Code pénal, il a été pris dans la plus large acception possible; c'est tout fait quelconque de l'homme contraire à la loi, et susceptible d'être frappé d'une amende. Il y aura donc lieu à récompense si la communauté fait les avances (3).

XVIII. — Devrons-nous étendre les prescriptions de de l'art. 1424 aux réparations civiles, et aux frais; — la communauté aura-t-elle droit à une indemnité ou, au contraire, en sera-t-elle chargée sans récompense? De bons esprits ont prétendu que, dans cette hypothèse, la communauté ne pouvait être tenue définitivement. La cause de la dette (réparation civile ou frais) est, comme l'amende, le fait du mari; c'est la conséquence du crime ou du délit. Que fait à la femme, au point de vue de la récompense, que l'argent soit employé pour des condamnations civiles ou des amendes? « Cette opinion, dit M. Duranton (4), n'est-elle pas la

(1) Instituts, *de noxalib. action.*, liv. 4, tit. 8, § 8.
(2) Loysel, liv. 6, tit. 2, § 8.
(3) Zachariæ, vol. 3, § 500, p. 440. — Pont. vol. 1, n° 631. — Odier, vol. 1, n° 244. — Dalloz, 2e édit., n° 978.
(4) Vol. 14, n° 298.

» plus morale et en même temps plus politique, ne se
» concilie-t-elle pas bien mieux avec cette maxime
» d'équité et de droit : que celui qui cause du tort à
» autrui par son délit doit le réparer. »

L'article 1424 s'explique et se complète par l'article 1425, le mot général *condamnation*, employé dans ce dernier article, doit être suppléé dans le premier (1).

Nous ne pouvons accepter cette opinion qui nous semble quelque peu divinatoire. Rien dans la loi n'autorise cette solution. Nous ne voulons point, pour arriver à l'opinion contraire, rappeler que, sous l'ancien droit, aucune indemnité n'était due pour l'amende et, à plus forte raison, pour les réparations civiles, et que si l'on a cru nécessaire de modifier cet état de chose en ce qui concerne l'amende, il y avait nécessité plus impérieuse encore d'indiquer ce changement de législation pour les réparations civiles : nous ne dirons point que si le Code est muet sur ce point c'est qu'il voulait suivre les erremens du passé. Nos adversaires ne manqueraient point de répondre que la doctrine de l'ancien droit était la conséquence du principe alors reconnu que le mari était seigneur et maître de la communauté, — et que ce principe ayant disparu, la conséquence doit disparaître. La loi nouvelle nous semble avoir jeté assez de jour sur la question pour

(1) Cubain, dr. des fem., chap. 3, n° 194. — Pont, vol. 1, n° 632. — Gilbert, code annoté, sur l'art. 1424. — Taulier, vol. 8, pages 91 et 92. — Marcadé, sur l'art. 1424. — Colmar, 20 décembre 1849. Dall., 83, 2, 77. Revue de jurisp., 2e ann., page 823.

la trancher par le refus d'une récompense sans qu'il soit nécessaire de remonter le cours des âges.

En effet, l'art. 1409 § 2 s'exprime ainsi : « Toutes les dettes du mari sont à la charge de la communauté sauf récompense dans le cas où elle a lieu, » et l'art. 1421 ajoute : Le mari peut disposer à titre onéreux de tous les biens communs sans le concours de la femme.—Les cas où la récompense sera due sont donc l'exception, et quand la loi en indiquera, il y aura imprudence à étendre ses dispositions. L'article 1424 signale un de ces cas exceptionnels fondé sur ce principe que la peine suit son auteur, *pœna suos duntaxat teneat auctores.* Or, ce motif n'existe plus pour les réparations civiles qui ne sont pas personnelles; qui peuvent être poursuivies contre l'auteur du fait, mais aussi contre ses représentans, comme pourrait l'être tout autre dette (Inst. cr. art. 2 § 2). L'interprétation extensive donnée à l'art. 1424 serait donc formellement contraire à tous les principes de la logique, et en opposition directe avec ce brocard consacré par l'assentiment général : *exceptio est strictissimæ interpretationis.*

C'est donc une erreur de vouloir compléter l'article 1424 par le suivant, de traduire le mot restreint *amende,* par le mot plus large *condamnation.* Au contraire, nous dirons que le mot *amende* a une signification propre, restreinte, tandis que le mot *condamnation* comprend et les réparations civiles et les amendes, et ce ne peut être sans motif que le Législateur s'est servi de termes aussi dissemblables, d'une rédaction aussi différente dans deux articles qui se suivent.

Les partisans du système contraire ne peuvent sérieusement argumenter de ce que la réparation civile ayant son point de départ dans un fait personnel au mari, il y a nécessité d'une récompense. Si ce principe était vrai, si cet argument était exact, il en résulterait que le mari devrait récompense à raison de condamnations à des dommages-intérêts prononcés contre lui pour un délit de droit civil, ou même un quasi-délit. Evidemment personne n'oserait soutenir cette thèse.

Enfin, on s'armerait en vain, dans ce système, de la bizarrerie qui résulterait de l'hypothèse où le mari aurait été reconnu coupable vis-à-vis de sa femme, et où celle-ci serait ainsi tenue pour moitié des réparations civiles par elle obtenues contre son mari. Ce résultat, sans doute, est bizarre, mais il n'est pas la conséquence directe de la condamnation; c'est la suite nécessaire de l'acceptation que la femme a faite de la communauté; si elle eût renoncé, elle aurait eu droit à l'intégralité de la condamnation, et la bizarrerie, que l'on signale, n'eût pas existé (1).

XIX. — « Quand il y a sentence portant condamna- » tion de mort..... la femme, encore qu'elle prenne » communauté de biens et ayt moietié des meubles » et conquests immeubles, ne sera tenuë payer aucune » chose des réparations adjugées aux parties civiles, » ny des amendes adjugées contre son mary, à l'oc-

(1) Arrêt de Douai du 30 janvier 1840. Devill., 40, 2, 322. Toullier, vol. 12, n° 224. — Zacharie, vol. 3, § 500, note 17, page 441. — Glandaz, *loco citato*, n° 102. — Odier, vol. 1, n° 244. — Roll. de Vill., v°, C°, n° 267.

» casion des crimes et délicts par luy commis, ny pa-
» reillement des dépens du procès faict à son mary.
» Parce que ès cas susdits le mary est censé et réputé
» mort dès l'instant du délict par luy commis, et dès-
» lors la communauté dissoluë. » (1)

Il n'en fut cependant pas toujours ainsi : Jusque
vers le milieu du quinzième siècle, on appliqua sans
distinction le principe absolu que le mari engageait la
communauté par ses délits. *Confiscantur*, disait
Boerius sur la coutume de Berry, *non solum bona
mariti delinquentis, sed etiam conquestus facti constante matrimonio* (2); et Froissart nous en cite
un exemple remarquable qui se rapporte à l'année
1392 (5).

(1) Bacquet, dr. de justice, chap. 15, n° 85, page 142.
(2) Brodeau constate la même jurisprudence dans les coutumes notoires jugées au Châtelet de Paris. Cout. 164, page
854. — *Turbe* du 14 janvier 1372. Ces coutumes sont des actes
de notoriété signalant l'état de la jurisprudence depuis 1300
jusqu'en 1387.
(3) Les lourdes chaleurs du mois d'août avaient été fatales
à la raison de Charles VI; le voyage dans les ennuyeuses fo-
rêts du Maine pour atteindre le duc de Bretagne dans son rude
et pauvre pays, avait, selon l'expression du duc de Bourgogne, *dévoyé le jeune roi*. Ses oncles, les ducs de Berry et de
Bourgogne, s'étaient aussitôt emparés de la régence, et avaient
cherché à anéantir l'autorité des Marmousets; ils s'en étaient
pris à la fortune et aux personnes des grands officiers de ce
parti qu'avait élevé lui-même leur neveu. Voici comment Froissart raconte deux exemples de confiscation (4e partie, ch. 48,
page 251). « Tous les meubles et non meubles; héritages et
» autres possessions que messire Jean Le Mercier avait de-
» dans Paris, et dehors au royaume de France, tout fut pris
» et tout donné à autrui. Sa belle maison du Pont-Aubumen

Cet usage , la dernière et la plus rude expression
du droit d'omnipotence que le mari avait sur les biens
de la communauté , fut modifié, d'abord à Paris, par
une ordonnance que Choppin nous signale ainsi: *Unum
satis demirari non queo , Erricum 6 Anglum, Pari-
sios occupanten, civibus irrogasse hoc tanquam in-
signe privilegium ne ob maritorum noxam pars
uxoria communium opum publicaretur*(1). Pithou, qui
» (probablement Pont-à-Bucy), au diocèse de Laon, lui fust
» ostée et donnée au seigneur de Coucy, et toutes les appen-
» dances, terres, rentes et possessions qui au manoir et en
» ladite ville appartenaient à luy.... D'autre part , le sire de
» la Rivière fut trop dur mené. Vérité est que son meuble on
» luy osta tout, et les terres et héritages lesquelles il avait
» *acquises et acheptées*, réservé qu'on laissa à sa femme, la dame
» d'Annens , tous les héritages lesquels venaient de son côté
» de père et de mère. »
Si Froissart remarque que le sire de la Rivière fut trop dur
mené, ce n'est point parce que la confiscation s'étendit sur
les immeubles achetés pendant la communauté avec la dame
d'Annens ; cette étendue donnée à la confiscation n'était que
l'application du droit commun. Le reproche de Froissart tombe
sur la peine elle-même : « La Rivière, dit-il, se sentait net
» en toutes choses ; il avait toujours été doux, courtois et dé-
» bonnaire aux pauvres gens ; son crime, aux yeux des oncles
» du roi, était d'avoir mérité l'affection de celui-ci. »
On cite souvent comme ayant confirmé ce droit rigoureux,
une ordonnance de Louis IX, de juillet ou avril 1289; nous
avons lu attentivement cette ordonnance, et elle nous a paru
étrangère à la question. Si elle s'y rattachait, il faudrait reconnaître que, statuant sur un cas particulier (mariage d'une
femme avec un hérétique) et à titre d'exception (*licet de consuetudine Gallicâ aliter observatur*), cette ordonnance pourrait
servir d'argument à la thèse que jamais le crime du mari
emportant mort civile ne fut à la charge de la communauté.

(1) *De domanio lib. 1, tit. 7 de bonis damnatorum*, § 13.

prétend reproduire les termes de cette ordonnance, l'attribue à Charles VII (1). Mais il est constant que rendue le 26 décembre 1431, elle le fut par Henri VI, d'Angleterre, qui fut sacré à Paris, cette même année, en décembre. En voici les termes tels que les donne le recueil de Brequigny : « Que se aucun homme ma- » rié, demourant en nostre dicte ville de Paris, con- » fisque ses biens pour quelconque cas que ce soit, » autre que pour crime de lèze-majesté et dont la con- » fiscacion nous sera eschue et appartendra, que la » moictié des meubles, deptes et conquests qui sont » communs entre l'omme et la femme ne soit point » confisquée, mais soit délivrée à la femme de celuy » qui ainsi aura confisqué, avecques son douaire (2). »

Mais ce n'était là qu'un progrès local et pendant un siècle encore (3) on continua, dans le reste de la France, d'appliquer le droit rigoureux des anciennes coutumes. Dumoulin lui-même accepta, quoique à regret, cette doctrine, *confiscantur*, dit-il (4), *non reservatâ ali-*

(1) Sur l'art 134 de la cout. de Troyes, page 274, éd. 1609.

Renusson attribue cette ordonnance à Henri IV d'Angle- terre, c'est une erreur évidente. On peut néanmoins consulter avec intérêt cet auteur sur ce point, et aussi la discussion qui accompagne un arrêt de 1685 dans le *Journal des Audiences*, vol. 4, liv. 8, chap. 17, page 792.

(2) 13e volume, page 172.

(3) Le premier arrêt que nous connaissons favorable à la femme est à la date de 1532; et dû à Dumoulin : *Quamvis*, dit-il, *aliter practicaretur Parisiis*, *tamen morem illum corrigi feci*, *et contrà fiscales etiam per arrestum judicari*, *anno 1532*, chap. 2, art. 1, cout. de Bourgogne, vol. 4, page 331.

(4) Sur Paris, tit. 1, § 43, nomb. 88, page 1010.

quâ parte, uxori, licet hoc durius sit. Ces derniers
mots indiquaient cependant une protestation qui devait
être féconde en heureux résultats. La jurisprudence
introduite par Henri VI se généralisa en effet dans tout
le royaume, grâce aux persévérants efforts du jurisconsulte parisien ; efforts dont il parle en ces termes
sur l'art. 12 de la coutume du Vermandois, qui avait
suivi cette nouvelle voie : *æquissima consuetudo et
secundùm sententiam quam semper à 40 annis contrà veterem rigidum stylum propugnavi Parisiis in
senatu.*

XX. — Aujourd'hui l'on comprend à peine comment
une législation contraire à l'art. 1425, a pu subsister
même pendant quelques instants, et en l'absence de
toute disposition législative, on aurait encore décidé,
sans hésitation, que les condamnations prononcées
contre l'un des époux pour crime emportant mort civile ne pouvaient jamais frapper que ses biens personnels, puisque la communauté était dissoute par le jugement, et que par conséquent aucune question de
récompense ne pouvait être soulevée même pour les
condamnations à des dommages-intérêts (1).

Cette disposition de l'article 1425 reposant exclusivement sur ce motif que la communauté se trouve
dissoute par le jugement ; nous en tirerons cette conséquence que les condamnations pourront, sauf récompense, s'exécuter contre la communauté si le mari a
été condamné par contumace. En effet, la mort civile

(1) Colmar, 29 décembre 1849. Dall., 53, 2, 77.

ne le frappe alors qu'après les cinq années qui suivent l'exécution du jugement par effigie, la communauté n'est dissoute qu'après ce laps de temps, et il serait manifestement impossible de limiter l'action à la part du mari dans la communauté, puisqu'elle dure encore (1).

XXI. — Jusqu'à présent, nous ne nous sommes occupé que des crimes commis par le mari; il nous reste à examiner l'influence que peuvent avoir sur la communauté, au point de vue des récompenses, les crimes commis par la femme. Voyons d'abord la thèse alors que le crime n'emporte pas mort civile.

Le Code n'a nullement innové en cette matière. L'ancien droit reconnaissait formellement que la communauté « ne peut être altérée ni diminuée par le fait » de la femme, au préjudice du mari, qui est le maître » absolu; tous les délits étant personnels, et la société » n'ayant jamais lieu en fait de crimes (2).

» La femme mariée, désavouée, et non autorisée par » son mary, ayant, dit Bacquet, esté condamnée ès » despens d'un procès contre elle intenté pour crime » et délict, on ne peut, pour le payement desdits des- » pens, ny pareillement pour l'intérêt civil et amende » adjugée, faire procéder, par voie d'exécution pendant » le mariage, sur les meubles acquests et conquests » immeubles de la communauté.... mais est besoing

(1) Rod. et Pont, vol. 1, n° 635. — Glandaz, *loco citato*, n° 163. — Marcadé, n° 3, art. 1425. — Duranton, vol. 14, n° 297.

(2) Lebrun, liv. 2, chap. 2, sect. 3, n° 7.

» attendre la dissolution de la communauté » (1).

C'est justice : la femme, qui ne peut obliger la communauté par des actes licites, ne peut la compromettre par des actes illicites. Seul, d'Argentré avait soutenu une autre opinion, mais seulement pour les réparations civiles, et par un motif que nous croyons particulier à la coutume de Bretagne : *Sed tamen*, dit-il, *alio capite, civiles reparationes vir agnoscere tenetur quia retinere et castigare uxorem debet*, et réparer le forfait de sa femme (2). Le mari était coupable de n'avoir point châtié sa femme, il supportait les conséquences de sa faute en payant les réparations civiles. Quoique ce motif n'appartienne plus à notre époque, nous en retrouverons l'application dans quelques hypothèses spéciales; mais, en général, aucune question de récompense ne peut s'élever à l'occasion des délits commis par la femme ; les condamnations ne devant s'exécuter que sur la nue-propriété de ses biens personnels.

Toutefois, nous dirons avec Lebrun (3) : « Autre » chose est, si une femme préposée par son mari pour » son commerce, ou pour un négoce qu'elle fait » en son particulier, commet quelque délit, ou quasi-» délit, car en ce cas il est tenu *utili institoria*. »

Nous en dirons autant si la femme, au lieu d'être

(1) Dr. de justice, chap. 15, n° 92. Il cite différents arrêts. Voyez aussi Coquille, chap. 23, art. 1. Si la femme est condamnée, il n'y aura exécution sur les biens d'elle durant le mariage.

(2) Sur l'art. 423, glose, 2, nomb. 5.

(3) *Loco citato*, nombre 9.

préposée par son mari, avait un commerce en son nom personnel. En effet, l'autorisation de son mari, nécessaire pour faire le commerce (art. 4 et 5 C. com.) la suit dans tous les actes de sa vie commerciale. Si elle commet quelque délit à l'occasion de l'exercice de ce commerce, elle obligera la communauté. D'ailleurs, c'est le cas de dire avec Ulpien : *Æquum est ut cujus participavit lucrum, participet et damnum* (1). La communauté devait profiter des bénéfices du commerce, il faut qu'elle soit pour les tiers une garantie du paiement des dettes résultant d'une mauvaise gestion.

Il en serait de même dans tous les cas où le mari serait responsable du délit commis par sa femme. Ainsi dans les cas de fraude aux droits réunis (2), ainsi encore pour les délits ruraux (3), et cela, non pas seulement parce que le délit peut profiter à la communauté, mais bien plutôt par le motif donné plus haut par d'Argentré, à cause de la négligence qu'aurait apportée le mari à surveiller sa femme.

Dans toutes ces hypothèses, la communauté poursuivie afin de paiement et obligée de payer, aura droit à une indemnité comme dans le cas d'un crime commis par le mari.

XXII. — Quant aux crimes emportant mort civile,

(1) Loi 8. *D. Pro socio.* Messalinus Cotta avait proposé une responsabilité bien plus terrible : *Censuit cavendum senatusconsulto, ut quanquàm insontes, magistratus et culpæ alienæ nescii Provincialibus uxorum criminibus perindè quàm suis plecterentur.* Tacite. Annal. Liv. 4.

(2) Art. 35, décret du 1er germinal an XIII.

(3) Art. 7, tit. 2, loi du 28 septembre et 6 octobre 1791.

l'ancien droit avait consacré une jurisprudence assez
singulière que nous signalons seulement pour dire que
le Code ne l'a point reproduite. « Il semble, dit Bac-
» quet (1), que la moitié desdits meubles, acquests
» et conquests immeubles estans de la communauté,
» doit demeurer au mary pendant sa vie, et après
» son décès estre baillez aux héritiers de la femme
» qui a confisqué. » Le mari est seigneur et maître de
la communauté, son autorité ne peut être entravée par
aucun acte de sa femme ; il ne peut souffrir du crime
de celle-ci, ni être privé en tout ou partie du droit absolu qu'il a sur la communauté. Pour lui, la communauté continue comme si rien ne s'était passé, il garde
la moitié qui devait revenir à sa femme (2). *Jure societatis præmanente marito per jus non decres-
cendi* (3).

Aujourd'hui la communauté ne peut jamais être atteinte par une poursuite, parce que la dissolution de la
communauté est la conséquence forcée du jugement,
et il ne peut s'élever de question de récompense (4).

(1) Droits de justice, chap. 15, n° 91, page 144.
(2) Lebrun, *loco citato*, n°s 11 et suiv., page 224. — « Le
» mari restant maître de la communauté, prive le fisc de
» l'effet de la condamnation, et les héritiers succèdent à cette
» confiscation inutilement prononcée à cet égard. » — Etienne
Durand, comm^re sur la cout. de Vitry, art. 75, n° 16, p. 286,
édit. 1722, et aussi art. 1, n° 13, page 4. Voir aussi Nupied,
Journ. des Audiences, arr. du 14 mai 1703, vol. 5, liv. 3, ch. 20,
page 371.
(3) Dumoulin sur Montargis, chap. 5, art. 3, vol. 4, p. 345.
(4) Sauf, en cas de responsabilité du mari, l'hypothèse
d'une condamnation par contumace.

XXIII. — Nous avons vu plus haut que la dot promise pendant le veuvage de l'un des époux et payée pendant la seconde communauté à un enfant d'un premier lit, donnait ouverture à une récompense en faveur de la communauté. Il en doit être à plus forte raison ainsi quand la dette aura pris naissance pendant la seconde communauté, c'est-à-dire quand la dot aura été promise pendant le second mariage. Jamais en effet l'obligation naturelle de doter un enfant, obligation que la volonté seule du donateur convertit en obligation civile, ne peut être à la charge de la communauté. Si la dot a été prise sur les valeurs communes, celui des deux époux qui en était débiteur personnel en devra faire le rapport à la masse (1469), en tenir compte à la communauté.

XXIV. — La dot constituée par le père seul à l'enfant commun, en effets de la communauté, est en général sans récompense à la charge de celle-ci. Cette dette a son point de départ dans les sentiments d'affection communs au père et à la mère, il est tout naturel qu'elle soit payée par la masse commune ; il y a présomption suffisante que la mère s'associe à cet acte de libéralité, et pour s'affranchir du paiement elle devra renoncer à la communauté.

Nous repousserons même le tempérament indiqué par M. Troplong (1), et qui consisterait à admettre une récompense dans le cas où la donation serait excessive. Nous savons bien que dans l'ancien droit d'Argentré disait : *Ego verò non puto ferendum, sed arc-*

(1) Vol. 2, n° 1212.

tandam viri potestatem existimo ad legitimam (1) ;
que Lebrun ajoutait : « L'opinion contraire va même à
» diminuer le respect dû à la mère, en rendant les en-
» fants indépendants d'elle, et faisant dépendre leur
» établissement de la seule volonté du père qui pourra
» les marier des effets communs, même contre le gré
» de leur mère, et sans qu'il soit dû récompense (2). »

La loi est trop positive pour qu'on puisse accepter ce
tempérament. L'art. 1421 investit le mari d'un pouvoir
absolu, celui de vendre et aliéner les biens de la communauté. L'art. 1422, en restreignant ce pouvoir en ce
qui touche les dispositions gratuites, formule une
exception positive dans le cas d'établissement d'un enfant commun ; la conséquence forcée c'est que la restriction ne porte pas sur les donations à un enfant commun ; « c'est que le pouvoir du mari, à titre gratuit,
» n'est pas moins absolu que le pouvoir à titre oné-
» reux conféré par l'art. 1421, pourvu que les enfants
» communs soient seuls appelés à profiter de la dispo-
» sition (3). »

Il faut donc dire que quelle que soit l'étendue de la
donation la femme ne pourra jamais exiger une récompense ; elle aura seulement le droit de s'armer des
dispositions de l'art. 205 pour demander une position
convenable, en rapport avec celle de l'enfant doté.

Mais si le mari avait exprimé la volonté de doter

(1) Art. 404, glose 4, page 1481.
(2) Liv. 2, chap. 2, nos 15 et 17, pages 207 et 209.
(3) Cass., 2 janvier 1844. Ve Lamilhade c. Touzery. Devill.,
44, 1, 9. — Marcadé, art. 1423, § 3.

personnellement, pour une portion plus forte que la moitié ou même pour la totalité, et s'était libéré en effets de la communauté, il faudrait respecter sa volonté, et lors du réglement entre les époux, il y aurait nécessité de tenir compte à la communauté, de ce qu'elle aura payé ; et ce, dans une proportion déterminée par la part que le mari aura voulu garder pour son compte personnel (art. 1439).

Si le père et la mère ont doté conjointement l'enfant commun en effets de la communauté, sans exprimer la portion pour laquelle ils entendaient y contribuer, chacun d'eux, même la mère renonçante, est tenu au paiement de cette moitié, ils sont censés avoir doté personnellement chacun dans cette proportion. Si la communauté en fait l'avance, chacun des époux lui devra récompense de la moitié qui était à sa charge personnelle (1).

(1) Souvent il se fera compensation de la somme que cha-cun des époux a tirée de la communauté pour cette dot, mais il peut y avoir grand intérêt à faire tenir compte à chacun d'eux de l'indemnité qu'il doit réellement. Supposons la com-munauté de 50,000 fr., tant en meubles qu'immeubles ; la femme ayant droit à un prélèvement de 70,000, pour prix d'un propre aliéné, et une constitution de dot de 50,000 fr. payés par la communauté, à qui chacun des époux doit par conséquent 25,000 fr. Dispensons du rapport. La femme pren-dra les 50,000 fr.; et pour compléter les 70,000 fr. qu'elle doit prélever, elle réclamera 20,000 fr. à son mari qui, en défini-tive, ne recevra rien de la communauté et ne gardera que 5,000 fr. sur les 25,000 fr. qu'il aurait dû rapporter. Faisons opérer le rapport, tenir compte de la récompense. La masse se composera alors de 100,000 fr., sur lesquels la femme prélevant 70,000 fr., il reste encore 30,000 fr. qui, partagés par

Si, dans la même hypothèse d'une dot constituée conjointement, cette dot était fournie en tout ou en partie sur les biens personnels à l'un des époux, celui-ci devrait être indemnisé dans la proportion de ce qu'il aurait payé au-delà de la moitié à laquelle il était tenu (1458).

Si la mère constituait seule la dot avec l'autorisation de son mari, seule elle serait obligée, et si la communauté faisait l'avance du montant de cette dot la femme lui en devrait récompense.

Au contraire, si en l'absence du mari, la femme autorisée par la justice dotait avec les biens de la communauté, nous pensons que cette constitution de dot aurait les mêmes effets que si elle avait été faite par le mari. La communauté serait directement tenue du paiement de cette dot que la femme n'a promise que comme administratrice en l'absence de son mari; et il ne pourrait y avoir lieu à récompense.

Les stipulations particulières peuvent au surplus moitié, donneront 15,000 fr. pour le mari, au lieu de 5,000 qu'il gardait en opérant autrement. Et même dans le cas où il n'y aurait pas de prélèvement, les créanciers pourront avoir un grand intérêt à ce que l'on fasse tenir compte de la récompense. Supposons l'actif de 10,000 fr., une constitution de dot de 30,000 fr. et les dettes s'élevant à ce même chiffre : Si la communauté touche le montant de la récompense, son actif sera de 40,000 fr., la part de la femme s'élèvera à 20,000 fr., elle devra contribuer aux dettes pour moitié ou 15,000 fr.; si nous dispensons de la récompense, la femme n'aura que 5,000 fr. (10,000 : 2) et ne pourra être poursuivie que jusqu'à concurrence. La différence sera sensible pour le créancier qui, actionnant le mari quelque temps après la dissolution du mariage, le trouvera insolvable.

modifier la part dont chacun des époux sera tenu. Il faudra les suivre et proportionner la récompense à la somme qui aura été avancée soit par l'un des époux, soit par la communauté, en dehors de l'obligation qui pesait sur l'un ou l'autre.

XXV. — Les art. 1438, 1439, 1469, muets sur la question de dot constituée à un étranger, ont donné lieu à la question de savoir si le mari devrait récompense à la communauté pour les sommes qu'il en aurait tirées afin de doter une nièce dont il ne devrait pas hériter. Nous pensons avec M. Duranton (1), que dans cette hypothèse la récompense ne serait pas due.

L'article 1422 permet, en effet, au mari de disposer des effets mobiliers à titre gratuit et particulier, au profit de toutes personnes, pourvu qu'il ne s'en réserve pas l'usufruit; et l'article 1469, qui s'occupe spécialement des récompenses dues pour constitutions de dots, ne parle nullement de cette hypothèse. Si le Législateur avait voulu imposer l'obligation d'une récompense, il l'aurait certainement inscrite dans l'art. 1469. En dotant un enfant d'un premier lit, le mari acquitte une dette naturelle, *propriæ suæ pecuniæ pepercit ;* la récompense est due. Au contraire sa libéralité vis-à-vis d'une nièce a les mêmes effets que si elle était faite en faveur d'un étranger, il ne doit aucune indemnité puisqu'il n'a fait qu'user d'un droit que la loi lui donnait positivement dans l'art. 1422.

Pour appuyer le système contraire et exiger la récompense, un auteur argumente du principe général

(1) Vol. 14, n° 288.

posé dans l'art. 1382. Le mari, dit-il (1), est comme tout administrateur responsable des fautes par lui commises, il ne peut dissiper les biens de la communauté sans être atteint par les dispositions de l'article 1382.

Il est évident que cet auteur a donné trop d'étendue au principe édicté par cet article dont l'application se fait déjà d'une manière bien élastique. On ne peut pas dire que, dans la dot constituée à une nièce, il y ait une faute, même légère, qui rendra le mari responsable, il n'y a pas dissipation dans le sens ordinaire du mot. Le mari ne peut donc être chargé d'aucune récompense en faveur de la communauté (2).

Que si, méconnaissant les prescriptions de l'article 1422, le mari donnait à un tiers un immeuble de communauté, ou la totalité du mobilier, la femme aurait, à son choix, le droit de demander la nullité de la donation, ou pour la communauté une récompense du montant de la donation faite par son mari (3).

(1) Cubain, Droits des fem., n° 197.

(2) Si la donation était faite sous une condition dont le mari donateur dût tirer un profit personnel, la solution devrait se modifier conformément aux principes de l'art. 1437; et récompense serait due par l'époux qui bénéficierait de la stipulation. Cass., 29 avril 1851. Dame Meunier c. Legrand. Dalloz, 52, 1, 25. *Journ. des Notaires*, an 1851, n° 14,369, page 327. — Cour de Paris, 11 juin 1853. *Gaz. des Trib.* du 15 juillet 1853, page 673.

(3) *Usquè adeò sincera fides in societate exigitur, conjugali præsertim, ut à marito donata sorori, fratrisve filiis in medium revocari oporteat, ac dissoluto conjugio, ab uxore dividi cum donatoris hæredibus ac donatariis.* — Choppin, de *Morib. Paris.*, liv. 2, tit. 1, page 205.

XXVI. — Il existe une catégorie de dettes dont nous ne nous sommes point encore occupé, et qui par leur importance méritent un examen à part. Nous voulons parler des dettes dont sont grevées les successions qui échoient à l'un ou l'autre des deux époux (1).

Mais remarquons d'abord qu'il ne peut être question pour donner lieu à récompense que des dettes grevant les successions échues pendant le mariage, et non de celles échues à une époque antérieure. Les biens provenant de ces dernières successions rentrent dans la classe des biens présents au moment du mariage, qui font partie ou sont exclues de la communauté, selon qu'ils sont mobiliers ou immobiliers, et les dettes dont est chargé le futur qui en est propriétaire sont régies par les principes auxquels sont soumises toutes les dettes antérieures au mariage.

Les questions de récompense auxquelles donnera naissance l'acceptation d'une succession recevront une solution différente selon que la succession sera mobilière, immobilière ou mixte, et encore selon que la succession sera dévolue au mari ou à la femme, et dans ce dernier cas, selon que celle-ci l'acceptera avec l'autorisation de son mari ou seulement avec l'autorisation de justice.

A. — *Succession mobilière.*

En général il ne peut jamais à l'occasion des succes-

(1) Nous considérons comme échus à titre de succession, les objets auxquels succéderait l'époux donateur en vertu des articles 351 et 747. Les principes sont entièrement identiques, les solutions doivent être les mêmes.

sions mobilières être question de récompense en faveur
de la communauté. En effet, les successions mobilières tombent pour le tout dans la communauté, les
dettes de ces successions sont pour le tout à sa charge,
sans récompense aucune lorsqu'elles sont échues au
mari (1411), ou qu'étant échues à la femme, celle-ci
les a acceptées avec l'autorisation de son mari, ou encore alors que la femme ayant eu recours à l'autorisation de justice, le mari a négligé de faire procéder à
l'inventaire régulier des forces de la succession. Si,
dans l'hypothèse d'une autorisation de justice, un inventaire a eu lieu, les créanciers de la succession ne
peuvent poursuivre la communauté que jusqu'à con
currence de la valeur de cette succession de sorte qu'il
ne peut être dû de récompense à celle-ci.

Si une acceptation imprudente de la part du mari
avait pour conséquence de grever sérieusement la
communauté, il faudrait considérer le mari comme
coupable d'une faute lourde pour n'avoir point fait
procéder à un inventaire, et l'astreindre à une récompense envers la communauté qui aurait été obligée de
payer *ultrà vires successionis.*

Si l'époux héritier du défunt était débiteur de celui-
ci d'une dette qui ne dût pas tomber dans la communauté (le prix d'un immeuble vendu par le défunt), la
dette ne serait pas éteinte d'une manière absolue par
la confusion sur la tête de l'époux de la qualité de
créancier avec celle de débiteur. La communauté sera
considérée comme cessionnaire des droits successifs
de l'époux héritier. « Or, dit Pothier, la loi 37 ff. *de*

Peculio, décide que l'héritier qui a cédé ses droits successifs, doit faire raison (1) à son cessionnaire de ce qu'il devait au défunt, parce que par cette cession, il lui cède tout ce qui lui est parvenu ou qui doit lui parvenir de cette succession (2), et par conséquent, l'émolument qu'il a perçu, en devenant héritier, de l'extinction de la dette dont il était débiteur envers le défunt. Je dois donc faire raison à notre communauté, qui est cessionnaire de mes droits successifs mobiliers dans la succession qui m'est échue, de la créance mobilière que le défunt avait contre moi, cette créance dont j'ai été libéré en devenant son héritier, faisant partie des droits successifs mobiliers dont notre communauté est cessionnaire.

B.— *Successions immobilières.*

§ 1er. La succession purement immobilière restant la propriété exclusive de l'époux héritier, et n'augmentant pas le fonds commun, la communauté ne doit jamais avoir rien à payer.

Cependant, quand la succession est échue au mari, les créanciers peuvent poursuivre la communauté du chef de celui-ci qui, devenu leur débiteur personnel, a pu grever la communauté dont il est le maître. Si elle

---

(1) Cte, no 263. — *Sic,* Bugnet, *cod. loc.* — Zachariæ, vol 3, § 513. — Rod. et Pont, vol. 1, no 562. — Troplong, vol. 2, no 791. — Toullier, vol. 12, no 293. — Duranton, vol. 14, no 243. — Odier, vol. 1, no 174. — Marcadé, art. 1413, § 2. — Voir aussi loi 2, § 18, D, liv. 18, tit. 4 *de heredit. venditd.*

(2) Même principe dans l'art. 1697.

fait l'avance, récompense lui sera due par le mari héritier.

§ 2. — Dans le cas où la succession est échue à la femme, jamais la communauté ne peut être poursuivie par les créanciers alors même que la femme a accepté avec l'autorisation de son mari, jamais alors aucune question de récompense ne peut se présenter, à moins que, comme dans tous les cas identiques, la communauté ne paie volontairement la dette pour laquelle elle ne peut être poursuivie.

M. Toullier a cependant soutenu que l'autorisation du mari avait pour conséquence de permettre aux créanciers d'agir sur les biens de la communauté, laquelle aurait droit à une récompense. Malgré la vivacité avec laquelle cet auteur a développé son système parce que, dit-il, (1) « il trouvait nécessaire de démon- » trer la fausseté de la maxime contraire, avancée avec » tant de confiance dans un ouvrage que des milliers » d'élèves sont, chaque année, contraints d'étudier ; » Toullier est resté seul de son opinion. Tous les auteurs reconnaissent que l'autorisation maritale n'a d'autre effet que d'autoriser les créanciers à poursuivre leur paiement sur tous les biens personnels de la femme, tandis qu'à défaut de cette autorisation, ils ne peuvent agir que sur les immeubles de la succession et en cas d'insuffisance sur la nue-propriété des autres biens personnels de la femme (1413) (2).

(1) Vol. 12, n° 283 in fine. L'auteur fait allusion à M. Delvincourt.

(2) Zachariæ, vol. 3, § 513, 2°. — Odier, vol. 1, n° 181.— Duranton, vol. 14, n° 236. — Rod. et Pont, vol. 1, n° 379. —

c. — *Successions mixtes.*

Les dettes d'une succession partie mobilière, partie immobilière, tombent d'une manière absolue dans le passif définitif de la communauté jusqu'à concurrence de la portion contributoire du mobilier dans les dettes, eu égard à la valeur de ce mobilier comparée à celle des immeubles (1414). Cette disposition de l'art. 1414, qui règle les droits des époux entre eux, ne fait point obstacle aux droits que les créanciers peuvent avoir sur la communauté, et, par suite, aux récompenses qui peuvent être dues. Il nous faut sur ce point recourir à l'art. 1416 qui prévoit trois hypothèses bien distinctes :

1° Quand la succession échoit au mari ;

2° Quand elle est recueillie par la femme autorisée par son mari ;

3° Quand la femme est autorisée par la justice.

Dans la première hypothèse, tous les actes du mari engageant la communauté au paiement de ses dettes ; les créanciers pourront agir pour la totalité contre la communauté qui sera tenue du paiement intégral, sauf récompense pour la part excédant la portion contributoire du mobilier dans les dettes.

Dans la seconde hypothèse, il en sera de même, quant au droit de poursuite de la part des créanciers et quant à la récompense due à la communauté (1416).

Taulier, vol. 5, page 80. — Marcadé, art. 1413, § 1. — Troplong, vol. 2, nos 799 et suiv.

L'unanimité des auteurs nous dispense de réfuter en détail la théorie de Toullier, adoptée cependant par le tribunal de Laon, le 23 mars 1853. Aff. Hubert c. Tronville.

Le consentement donné par le mari engage la communauté, il a trouvé la succession avantageuse pour la communauté, celle-ci en supportera les conséquences, sauf récompense si elle paie une somme supérieure à la portion pour laquelle elle doit réellement contribuer aux dettes.

Dans la troisième, le refus d'autorisation de la part du mari isolant la succession de la communauté, l'acceptation de la femme autorisée par la justice ne peut compromettre celle-ci ; les créanciers ne peuvent agir que contre les biens meubles et immeubles de la succession, et sur la nue-propriété des biens personnels de la femme, pourvu qu'il y ait eu bon et fidèle inventaire.

Mais l'absence d'inventaire laisserait le mobilier de la succession se confondre avec celui de la communauté; les créanciers, dans l'impossibilité de reconnaître le mobilier qui servait de gage à leur créance, pourront étendre leur poursuite sur les biens de la communauté, comme si le mari eût autorisé sa femme, et les conséquences seront les mêmes.

Si dans une succession mixte, le conjoint avait dans son lot, plus d'immeubles à proportion que de meubles, nous dirions, comme dans l'hypothèse inverse, qu'il ne peut y avoir lieu à récompense. Les motifs que nous avons donnés pour cette hypothèse s'appliquent parfaitement ici. Aux termes de l'art. 883, le partage est déclaratif d'un droit préexistant, et non attributif d'une propriété nouvelle.

XXVII.— Si le mari négligeait de faire, dans le délai prescrit par la loi, la déclaration des successions échues à sa femme, il devrait personnellement tenir compte à la communauté des droits extraordinaires auxquels aurait donné lieu son retard et que celle-ci aurait avancés, la femme ne devant jamais que le droit ordinaire de mutation. Le mari doit être responsable des conséquences de la négligence qu'il a commise (1).

SECTION DEUXIÈME. — *Rachat par la communauté de services fonciers grevant un immeuble propre.*

XXVIII. — La seconde division résultant du texte de l'art. 1437 est celle où la dépense a pour cause le rachat de services fonciers dont sont grevés les immeubles de l'un ou de l'autre des époux.

Il est évident, dans cette hypothèse, que la somme payée par la communauté rend plus absolu, plus exclusif, le droit de l'époux sur l'immeuble grevé de la servitude. La propriété gagne en étendue, la fortune de l'époux s'augmente, il doit une récompense à la communauté; sans cela il s'enrichirait aux dépens de celle-ci de toute la plus-value de la propriété dégrevée. Ainsi qu'un immeuble propre à l'un des époux soit affranchi d'une servitude légale ou conventionnelle; cet affranchissement, dont le prix aura été payé par la communauté, donnera nécessairement à l'immeuble une valeur plus élevée qu'à l'époque où la servitude existait,

(1) Bordeaux, 8 février 1843, Aff. Aristoy. Devill.,43, 2, 267.

et récompense sera naturellement due à la communauté.

XXIX. — Au nombre des charges grevant un immeuble propre à l'un des époux, et dont le rachat donnerait lieu à récompense, doit-on faire figurer un droit d'usufruit ; ou au contraire, ce rachat ne fera-t-il point un conquêt de communauté? La première opinion a été habilement soutenue par M. Marcadé dans un mémoire dont nous voulons résumer littéralement les arguments principaux. « Si l'on examine, dit-il,
» les doctrines qui ont précédé le Code et qui ont servi
» de guides à ses rédacteurs, on y retrouvera partout
» cette idée que le rachat ne fait pas tomber l'usufruit
» en communauté, mais donne seulement lieu à ré-
» compense. Dumoulin (art. 119 de l'anc. cout. de
» Paris) professe clairement ce principe. Il présente
» d'abord le texte de la coutume ainsi conçue : Quand
» aucune rente due par l'un des deux conjoints en-
» semble par mariage ou sur ses héritages paravant
» le mariage est rachetée par les deux conjoints ou
» l'un d'eux constant le mariage, tel rachapt est réputé
» conquest. Après quoi il ajoute *secùs de servitute,*
» *etiam de usufructu.* Ce qui signifie bien assurément
» que quand une servitude ou un usufruit grevant le
» propre d'un époux sont acquis, pendant le mariage,
» soit par cet époux, soit par les deux conjoints, c'est-
» à-dire par la communauté elle-même, l'acquisition
» donne un propre et non un conquêt. Et, en effet, dans
» son sommaire sur l'art. 119, Dumoulin pose comme
» principe absolu, général, sans restriction que *Re-*

» *demptio servitutis vel usufructûs facta constante*
» *matrimonio, non cadit in communionem* (1). Le-
» brun présente la même décision , et il en donne en-
» tre autres raisons, celle-ci : que ce n'est là que l'ex-
» tinction d'une servitude dont l'héritage qui était
» propre , était chargé, et que l'époux propriétaire
» avait dans la pleine propriété un droit ancien et
» habituel qui se réalise.

» Pothier (2) trouve ce principe tellement évident
» qu'il ne pense pas même à le formuler, il le suppose
» pour en expliquer ensuite les conséquences. »

Après avoir étayé son opinion de ces graves autorités, l'auteur arrive à l'examen des principes qui doivent faire décider la question sous la législation actuelle , et continue ainsi : « La section 1re du contrat
» de mariage alors qu'elle s'occupait des hypothèses
» où l'immeuble acquis devait rester propre (1404-
» 1405 et suiv.) n'a pu les prévoir toutes, elle a né-
» gligé d'autres circonstances sur lesquelles le Légis-
» lateur n'a pas voulu s'expliquer catégoriquement
» parce que la nature même des choses les faisait suf-
» fisamment comprendre. L'acquisition de l'usufruit
» d'un propre est l'un de ces cas que la nature même
» des choses indiquait, et que l'art. 1437 comprend
» dans sa rédaction si large, si générale ; — charges
» personnelles.... Par cela même que l'art. 1437 em-

_____

(1) Dans la 4e édition des œuvres de Dumoulin, Paris, 1658,
in-fol., vol. 1, page 1087, la négative *non* ne figure pas dans
le sommaire.

(2) C.té, n° 639. *Contrà*, Bugnet *eod. loco.*

» brasse, dans sa généralité, l'usufruit, il décide la
» question ; — car dire que récompense est due pour
» l'usufruit payé par la communauté, c'est bien dire
» que cet usufruit n'appartient pas à la communauté,
» mais reste propre à l'époux qui doit la récompense.
» En vain objecterait-on que ces idées admissibles
» quand les époux auront déclaré vouloir *éteindre* l'u-
» sufruit, ne sont plus acceptables quand ils ont dé-
» claré vouloir *l'acheter*, car alors l'usufruit a conti-
» nué, il a passé sur la tête de la personne morale
» communauté. Cette objection est une erreur. Il ne
» peut dépendre du vouloir des époux de faire que
» l'immeuble acquis pendant le mariage soit un propre
» ou un acquêt : c'est la loi, et non le caprice de
» l'homme qui fait cette distinction. Nous trouvons
» cette volonté manifestée dans l'art. 1408 ; l'applica-
» tion devra s'en faire à l'usufruit... Lorsqu'un des
» époux est propriétaire pour partie d'un immeuble
» indivis avec des tiers, l'acquisition, même faite par
» la communauté, de la portion appartenant aux tiers,
» rend l'époux propriétaire de la totalité. La loi ne
» s'inquiète pas de ce que les époux ont fait, elle re-
» cherche quelle a dû être leur intention : ils ont
» acheté une portion de l'immeuble uniquement par-
» ce que l'un d'eux avait déjà la contre-partie, l'idée
» d'avoir pleinement et librement ce qui n'était dans
» sa main qu'une fraction indivise, tel a été le but
» évident du contrat. Si ce motif est sérieux dans l'hy-
» pothèse que nous venons de supposer, combien il a
» plus de force encore dans la question que nous exa-

» minons. N'est-il point de la dernière évidence que
» l'acquisition de l'usufruit n'a eu lieu que comme
» conséqu... re, comme accessoire pour ainsi dire de
» la nue-propriété que possédait déjà l'un des époux ?
» Il est dans la logique, dans la nécessité d'une bonne
» administration d'affranchir l'immeuble d'un époux
» des charges qui le grèvent et d'en recouvrer la jouis-
» sance. Il est donc vrai que quand les époux auront
» parlé d'*acheter* l'usufruit d'un propre, leur pensée
» a été d'*éteindre* cet usufruit et de le réunir à la
» nue-propriété.

» Cette vérité que nous tirons de l'art. 1408, ajoute
» M. Marcadé, ressort par argument *à fortiori* des
» circonstances suivantes : 1° la nature de l'usufruit;
» 2° la nature de la communauté. — 1° A la rigueur
» la règle de l'art. 1408 aurait pu n'être pas adoptée.
» En effet, les deux moitiés indivises d'un immeuble
» pouvant se diviser, rester séparées irrévocablement
» et former deux immeubles parfaitement indépen-
» dants l'un de l'autre, l'un de ces deux immeubles
» pouvait appartenir à la communauté, l'autre rester
» propre à l'époux. L'usufruit au contraire ne peut
» être séparé de la propriété que pour un temps (617-
» 619); il faut qu'il revienne forcément à cette pro-
» priété. Or comment voudrait-on que le rapport in-
» time que la loi a consacré entre deux immeubles
» dont chacun pourrait cependant avoir une existence
» propre, n'existât pas dans sa pensée entre deux
» immeubles dont l'un ne peut avoir sans l'autre qu'une
» existence éphémère, et doit revenir forcément à

» lui. — 2° La nature de la communauté fournit
» encore une considération semblable. En effet,
» l'attribution en propre à l'époux de la moitié
» acquise par la communauté dans l'immeuble indivis
» modifie la composition de cette communauté. Dans
» le cas, au contraire, d'une acquisition de l'usu-
» fruit du propre, la circonstance que l'usufruit ac-
» quis est réuni par la loi à la propriété (au lieu d'être
» attribué comme conquêt à la communauté) ne change
» rien à la composition de celle-ci tant qu'elle dure,
» puisque étant usufruitière de tous les propres, c'est
» elle seule qui profitera pendant sa durée de la mise
» en jouissance de l'immeuble, tout aussi bien que si
» l'usufruit lui avait été attribué directement et comme
» conquêt. »

L'opinion de M. Marcadé avait été enseignée en ces
termes par Merlin dans le Répertoire de jurisprudence
de Guyot (1). « Lorsqu'il s'agit d'une servitude person-
» nelle, c'est-à-dire d'un usufruit, d'un usage ou d'un
» droit d'habitation, il faut suivre pour les récom-
» penses les principes établis ci-devant pour le rachat
» des rentes viagères. » Depuis le Code, Merlin s'est
contenté de reproduire les expressions dont il s'était
servi, sans que son attention se soit fixée sur les nuances qui peuvent se présenter (2).

M. Duranton (3) paraît avoir accepté cette opinion

(1) V°, récompense, page 217, édit. 1782.
(2) Répert., v°, récomp., sect. 1, § 4, n° 2.
(3) Vol. 14, n° 371. — Sic, Odier, vol. 1, n° 348. — Troplong, n°s 304 et 305.

Au milieu du xvi° siècle, Valla dit qu'il y eut de grand

sans l'examiner, il la prend pour point de départ, comme principe incontestable, de la question de savoir comment on calculera la récompense. Cependant, il donne à l'époux qui doit cette récompense le droit de laisser jouir son conjoint ou ses héritiers de la moitié du fonds jusqu'au moment où l'usufruit eût dû s'éteindre ; et si c'était la femme et qu'elle renonçât à la communauté, l'abandon devrait porter sur la totalité de l'usufruit.

Malgré les grands noms qui peuvent être invoqués en faveur de cette opinion, malgré l'autorité que nous reconnaissons aux arguments historiques, nous ne pouvons partager cette doctrine. Si l'histoire doit éclairer les questions que soulèvent nos Codes ; si, dans les cas douteux, nous devons considérer, comme décisive, l'autorité des jurisconsultes qui ont approfondi le droit antérieur, c'est à la double condition que le texte dont on s'armera ne soit point tronqué, et que la question ait réellement été examinée par ceux dont on invoque l'autorité. Or ici l'une et l'autre condition échappent aux partisans du système que nous combattons. Aucun des auteurs cités par M. Marcadé, n'a réellement discuté la question, leur texte n'a point été fidèlement rapporté. Ainsi Dumoulin, au passage cité plus haut, après avoir donné le texte de l'art. 119 où il

doute sur l'alluvion et sur l'usufruit *qui rediit ad proprietatem ;* et cet auteur, après avoir décidé que l'alluvion accroît à l'immeuble et non à la personne, de sorte qu'elle reste propre, ajoute, sans discussion aucune : *Idem de usufructu qui proprietati accedit*, page **176** de l'édition latine ; et **318** de l'édition française. Ce n'était point examiner la question, et Valla ne peut faire autorité.

est dit que le rachapt d'une rente fait un conquest,
ajoute:*secùs de servitute, etiam de usufructu extincto*.
Et nous ne faisons nul doute que quand l'usufruit s'é-
teint (*extincto usufructu*), il se réunit à la nue-propriété. Là n'est point la question, et ceux qui argu-
mentent du texte de Dumoulin, en négligeant le mot
extincto mettent précisément de côté ce qui, en fait,
tranche la question, ou plutôt ce qui empêche même
de soulever la difficulté. Dumoulin n'a point examiné
la question de savoir, si l'usufruit étant acheté,
comme immeuble ayant son individualité propre, doit
se réunir à la propriété ou au contraire être un conquèt;
il affirme seulement que l'extinction de l'usufruit,
sa suppression n'est pas réputée un conquèt (1). Or,
sur ce point nul doute n'est possible. Par l'extinction
il n'y a plus d'immeuble; il n'y a plus qu'une négation
qui ne peut être l'objet d'une possession. C'est donc
à tort que l'on invoque l'autorité de Dumoulin pour
résoudre la question.

M. Marcadé n'est pas plus heureux dans la citation
qu'il emprunte à Lebrun. Voici, en effet, le passage
entier de cet auteur, dont un extrait seulement avait

(1) Cette distinction entre l'extinction et l'acquisition de
l'usufruit doit surtout être faite quand il s'agit de Dumoulin
qui a écrit : *Quando vero hujusmodi renunciatio fit ipsi proprie-
tario an habeat vim cessionis, an vero simplicis extinctionis dixi in
consuetud. Paris.* § 72. *Hæc enim multùm differunt. (Novus et analyti-
cus intellectus* l. *si usufructus. de jure dot.*, § 9, vol. 4, page 804.)

Nous n'avons pu trouver le passage qu'il indique, non plus
que deux autres qu'il signale au même endroit ; il y a probablement une erreur dans l'impression ; il s'en rencontre du
reste beaucoup dans la seule édition que nous avons.

été cité : « Si un des conjoints est donataire d'un hé-
» ritage avant son mariage par la donation d'un pa-
» rent collatéral ou d'un étranger, sous la réserve
» d'usufruit, et que le donateur décède durant le
» mariage, l'usufruit, qui se consolide, n'est point
» un conquêt, mais accroit au propre de communauté :
» car cette consolidation n'est que l'extinction d'une
» servitude dont l'héritage, qui était propre au mari,
» était chargé. D'ailleurs le mari avait un droit anté-
» rieur et un droit habituel dans la pleine propriété
» qui se vérifie et qui a son effet par la mort du do-
» nateur (1). » Évidemment, Lebrun suppose une hypothèse autre que celle qui nous occupe, c'est toujours,
comme dans Dumoulin, *extincto usufructu*, la suppression de l'usufruit et non son acquisition.

Pour ramener ces deux textes à son opinion, M. Marcadé suppose que l'acquisition entraîne toujours et
forcément la suppression, que les époux n'ont pas le
droit d'acheter, qu'ils ne peuvent jamais qu'éteindre
l'usufruit. C'est une double erreur que nous aurons
occasion de signaler dans la discussion.

Rien donc dans le passé ne vient peser dans la
balance pour faire décider la question dans un sens
plutôt que dans l'autre ; elle n'a point été traitée par
les anciens jurisconsultes. Nous sommes seulement

(1) Liv. 1, chap. 8, sect. 3, n° 36, — et non pas liv. 3,
chap. 2. sect. 1, comme l'indique M. Marcadé. Bourjon dit
aussi : Mais si pendant le mariage l'usufruit *se réunit* au propre de l'un des conjoints par un droit antérieur au mariage,
cet usufruit lui est bien propre pour l'avenir. Droit com.,
tit. 10, chap. 10, sect. 2, nomb. 22.

en face des termes de la loi qui dit (1401) d'une manière aussi générale que possible : la communauté se
compose activement § 3 de tous les immeubles qui sont
acquis pendant le mariage. Or, l'usufruit est un immeuble parfaitement distinct, parfaitement indépendant de la nue-propriété; pouvant, par lui-même, être
l'objet d'un droit hypothécaire, d'une vente, d'un
échange, pouvant se transmettre de main en main,
comme tout autre propriété (art. 579 et suiv.). A moins
d'une exception formellement écrite dans la loi, il
tombe sous le coup de l'article 1401, et devient acquêt
de communauté. Cette exception, c'est par suite d'une
confusion étrange que l'on a cru la trouver dans l'article 1437, qui parle de servitudes ou services fonciers. On n'a pas tenu compte de la différence qui
existe entre les servitudes réelles et l'usufruit. Les
premières ne peuvent être achetées que par celui qui
est propriétaire de l'immeuble grevé; elles ne subsistent pas par elles-mêmes, le rachat qui en est fait
opère une extinction telle qu'elles ne sauraient revivre
sans une concession nouvelle. L'usufruit au contraire
existe indépendant de la nue-propriété; il a une vie à
part, et ne s'éteint que par l'une des conditions énu-
mérées dans l'article 617. Peu importe ensuite que
l'on prétende que l'usufruit est une charge; que dans
le langage de la loi, on dise un immeuble *grevé*, *chargé*
d'usufruit; toujours est-il que ce n'est pas une charge
dans le sens de l'article 1437; et qu'étant obligé de
trouver, dans la loi une exception à l'article 1401 pour
ne pas appliquer cet article, on est amené pour soute-

nir le système de Marcadé, à étendre singulièrement le sens des termes de l'article 1437, contrairement à la maxime *exceptio est strictissimæ interpretationis*.

L'argument, tiré de l'art. 1408 qui semble irrésistible, nous paraît sans aucune valeur quand on l'examine attentivement; il n'y a aucune analogie entre les deux hypothèses. L'usufruitier n'est point dans l'indivision avec le nu-propriétaire, ni l'un ni l'autre ne peut demander le partage, chacun jouit, chacun est propriétaire d'un droit bien distinct. Au contraire l'art. 1408 suppose que l'indivision existe encore, la licitation, la vente opère le partage, et celui qui acquiert l'immeuble dont il était propriétaire pour partie est censé avoir toujours été propriétaire de l'immeuble entier; c'est ce qui compose son lot, c'est ce qui lui est échu par le partage (883). Avant la vente il était impossible de dire quelle part matérielle l'époux co-propriétaire avait dans l'immeuble; au contraire le nu-propriétaire a un droit bien distinct de celui de l'usufruitier. Si antérieurement à l'acquisition un partage avait eu lieu, évidemment la partie acquise serait un conquêt de communauté, parce que l'indivision n'existant plus, la propriété de l'époux aurait une assiette fixe, déterminée, qui n'aurait pu s'étendre à la partie acquise. Il en doit être de même pour l'usufruit.

Mais, dit-on, il ne peut dépendre de la volonté des époux que l'immeuble acquis soit un propre ou un conquêt, et le système que nous adoptons aurait ce résultat, puisque si les époux ont voulu acheter l'usufruit il sera un conquêt, et s'ils ont voulu l'éteindre il se réunira à la propriété pour former un propre. Cette objection nous touche peu en présence des dispositions de plusieurs articles de loi. Ainsi aux termes de l'article 1408, la femme peut à volonté rendre l'immeuble propre ou conquêt selon qu'elle aura concouru ou non à la vente, et fait son option lors de la dissolution de la communauté. Ainsi encore les époux, suivant leur volonté, rendront un immeuble propre ou en feront un conquêt selon qu'ils déclareront qu'ils l'achètent en remploi d'un autre aliéné, ou qu'ils négligeront cette déclaration (1454). Le Législateur permet donc que le caprice de l'homme aussi bien que la volonté de la loi soit la base de la distinction entre les biens propres et les acquêts.

Par conséquent, si les époux ont voulu acheter l'usufruit, ils en auront fait un conquêt de communauté, et si l'usufruitier qui a vendu aux époux survit à la dissolution de la communauté, le droit d'usufruit fera partie de la masse à partager, comme tout autre acquêt. Si au contraire l'usufruitier vendeur mourait pendant la communauté, le droit se trouverait réellement éteint par consolidation, et il n'y aurait aucun compte à faire entre les époux, aucune question de récompense à régler (1).

(1) Ce système, indiqué par Proudhon, vol. 5, n° 2681, a été consacré dans un arrêt de la Cour de cassation du 10 juillet 1845. Devill. 45, 1, 721. Dall., 45, 1, 321, sur les conclusions de M. Delangle. — Sic, Glandaz, v°, c'é, n° 277. Rod. et Pont, vol. 1, n°s 412 et 456. Dalloz, 2° édit., vol. 13, n° 719. Marcadé, sur l'art. 1408, § 7. Journ. des Notaires, an 1841, art. 11,108, page 209, an 1845, art. 12,480, page 188.

SECTION TROISIÈME. — *Avances faites par la communauté pour le recouvrement d'un immeuble propre à l'un des époux.*

XXX. — Chaque fois que, pour conserver ou recouvrer à titre de propre un immeuble sur lequel l'un des époux avait un droit personnel, la communauté aura été obligée à un sacrifice quelconque, il lui sera dû récompense. « Il ne serait pas juste qu'au préjudice de l'autre conjoint, il profitât seul de l'héritage, il faut que lui ou ses héritiers remboursent à l'autre conjoint la moitié des deniers qui ont été tirés de la communauté » (1).

C'est la contre-partie des principes que nous avons posés précédemment.

XXXI. — La volonté humaine qui, en cette matière, n'aura guère d'autres limites que l'infinie variété des conventions, peut multiplier les exemples que fournira la pratique des affaires. Nous ne pouvons avoir la prétention de les rappeler tous ; quelques-uns nettement formulés permettront une solution pour les cas imprévus.

Ainsi l'acquisition, faite pendant le mariage, à titre de licitation ou autrement (2), de portion d'un immeuble dont l'un des époux était propriétaire par indivis, donne à cet époux la propriété de l'immeuble sur lequel il avait un droit préexistant, mais à la charge par cet époux d'indemniser la communauté de la

(1) Lebrun, liv. 3, chap. 2, sect. 1, dist. 8, page 434.
(2) Tout acte qui aura pour objet et pour résultat de faire cesser l'indivision, art. 888.

somme qu'elle a fournie pour l'acquisition (1).

Et dans le cas où le mari deviendrait seul et en son nom personnel acquéreur de portion ou de la totalité de l'immeuble appartenant par indivis à sa femme, celle-ci a le droit, lors de la dissolution de la communauté, de garder l'immeuble, à la charge de rembourser à la communauté la somme qui en a été tirée pour l'acquisition. Si elle préfère abandonner l'immeuble elle pourra demander à la communauté, pour sa part, une somme proportionnée à la valeur totale de l'immeuble (1408).

XXXII. — Il y aurait également lieu à récompense, dans le cas où l'un des époux transigerait à l'occasion d'un procès auquel aurait donné lieu un immeuble propre, dont la propriété serait contestée par un tiers. Il est en effet évident que la transaction a pour but de maintenir la propriété sur la tête de l'époux à qui elle était contestée, et que les fonds tirés de la communauté ont augmenté la fortune de celui-ci en consolidant ses droits attaqués. Il n'est évidemment pas possible de méconnaître un instant que l'immeuble reste propre à l'époux qui a transigé et ne forme pas un conquêt de communauté; la transaction ne crée

(1) Nous appliquerons l'art. 1408 à l'acquisition faite par l'un des époux co-propriétaire de l'immeuble vendu par *expropriation*. La saisie n'a pu dépouiller le débiteur, ce n'est que l'adjudication qui lui enlève la propriété, or, ici cette adjudication est à son profit; elle ne peut lui enlever cette propriété, et elle ne la lui donne pas non plus puisqu'il est censé l'avoir toujours eue (883). — *Sic*, Merlin, Question, v°, propres, § 2, n° 5. Répert, v°, déshéritance, n° 5. — Henrys, liv. 3, quest. 44, n° 6. — Championnière, vol. 3, n° 2019. — Pont, vol. 1, n° 481. — Odier, vol. 1, n° 135.

pas un nouveau droit, elle constate seulement la situation réelle de ceux qui transigent, elle éteint un procès. *Et clarum est*, dit Dumoulin (1), *quod nullum dominium transfertur, nec novum jus nec novus titulus in re acquiritur, sed sola liberatio controversiæ.* Telle est aussi l'opinion de d'Argentré : *qui transigit ex eo titulo habere videtur, de quo antè controversia fuerat, quæ transactione sopitur, ipsa vero transactio includit confessionem juris* (2).

Mais nous dirons avec Choppin : si la somme versée à titre de transaction était égale ou à peu près à la valeur réelle de l'immeuble, on pourrait, en fait, voir dans cet acte une vente réelle que l'on aurait voulu couvrir du nom de transaction, et l'immeuble tomberait dans la communauté qui n'aurait alors aucune récompense à réclamer. *Sed hoc justâ interpretatione moderandum puto, ut si grande æris pretium fuerit, quod transactioni intercessit, ac controversæ rei æquivaleat propemodum, tunc callidè exquisitus transactionis titulus videatur.... rectiùs dicitur fraudem subesse et transactionis figurâ tectam venditionem* (3).

(1) Cout. de Paris, tit. 1, § 33, glose 1, n° 67, page 794.
(2) Art. 266, chap. 3, nombre 6, page 952. C'est sous ce numéro que parlant des jugemens, il dit : *Nunquàm enim veriùs dici debuit alea quàm nunc.* Voir aussi Mornac, loi *si pro fundo*, au Code, tit. *de Transactionibus*, liv. 2, tit. 4, loi 3, page 29.
(3) Com^re sur Aujou, liv. 3, chap. 1, tit. 5, n° 3 ; et *de Moribus Paris* liv. 2, tit. 6, n° 13 *non omnia.....*, page 366. D'Argentré, *loco citato*, page 953. *Porro cum transactiones dico, veras intelligo*, et ailleurs, art. 418, glose 1, n° 12, page 1533. *Nec adhuc nos pænitet sententiæ quâ putamus casus certos ab incertis distingui oportere.*

XXXIII. — Si l'un des époux avait vendu un immeuble qui lui fût propre, sous condition qu'il pourrait exercer la faculté de réméré, la communauté aurait droit à une récompense pour les sommes qu'elle aurait avancées au moment où le réméré aurait été exercé.

L'immeuble en effet resterait propre à l'époux qui rentrerait dans sa propriété non pas en vertu d'un titre nouveau, mais en vertu de la condition écrite dans l'acte d'aliénation, *ex causâ antiquâ* (1). *Non esset novi temporis acquisitio, sed ex veteri causâ et jure in priorem causam potiùs rediisse quàm esse innovatam* (2).

Si l'époux originairement vendeur n'exerçait pas son action de réméré dans le terme prescrit et que plus tard il rachetât cependant l'immeuble, cette acquisition ferait un conquêt de communauté. Il ne pourrait s'élever aucune question de récompense en faveur de la communauté qui aurait payé. L'acquéreur primitif était devenu propriétaire irrévocable (1662), le rachat par l'époux forme une acquisition nouvelle, un titre nouveau pour la communauté. Cette question, agitée dans l'ancien droit, avait divisé les auteurs parce que sous l'ancienne jurisprudence « on avait toujours le droit » d'exercer cette faculté (de réméré) jusqu'à ce » qu'il y ait eu sentence qui en déclare déchu, ou jus- » qu'à ce que la faculté soit prescrite, c'est-à-dire par

(1) Lebrun, liv. 1, chap. 8, sect. 3, n° 14. — Pothier, c⁴, n° 187. — Bourjon, 2ᵉ partie, chap. 10, sect. 2, distinct. 2, n° 20 et distinct. 3, n° 25. — Renusson, c⁴, 1ʳᵉ part., chap. 3, nᵒˢ 52 à 54.

(2) D'Argentré, art. 518, glose 3, n° 10, page 1344.

» trente ans suivant l'art. 120 de la coutume de Pa-
» ris (1). » Mais l'art. 1662 tranche aujourd'hui la
question ; le délai une fois expiré, c'est une acquisition
nouvelle, il ne peut y avoir de doute sur ce point (2).

XXXIV. — Le paiement fait, avec les deniers de la
communauté, par l'un des conjoints, conformément
aux dispositions de l'art. 1681, pour conserver l'immeuble acquis par lui, avant son mariage, moyennant
un prix inférieur aux cinq douzièmes de la valeur
réelle, donnera également lieu à récompense en faveur de la communauté. L'immeuble en effet restera
propre à l'époux acquéreur primitif qui avait un droit
préexistant au mariage, droit qui a été consolidé par
le paiement du supplément de prix (3).

De même si sur une action en rescision intentée
par l'époux vendeur d'un immeuble personnel, l'acquéreur restituait l'immeuble et que la communauté
rendît à l'acquéreur le prix qu'il avait payé ; elle aurait
droit à une récompense pour le montant des restitu-
tions qu'elle aurait faites. La discussion à laquelle nous
nous sommes livré pour l'hypothèse inverse, nous permet de considérer cette solution comme acquise sans
avoir besoin de l'établir de nouveau (4).

(1) Renusson, c^{té}, 2e partie, chap. 3, n° 10, page 130.
(2) Telle était l'opinion de Coquille, inst. au dr. franç. Des
dr. des mariés, page 69.
(3) Pothier, c^{té}, n° 632. — D'Argentré, art. 418, glose 3,
n° 7, page 1843. *Supplementum pars et accessio fit prioris con-*
ventionis.
(4) V. Renusson, c^{té}, 1re part., chap. 3, n° 50, page 12. —
Glandaz, n° 86.

XXXV.—Parmi les exemples que cite Pothier figure celui où l'un des conjoints exerce durant la communauté le *retrait lignager* d'un héritage de sa famille. Cet héritage lui restant propre ; « ce conjoint doit » récompense à la communauté de la somme qu'il en a » tirée pour exercer le retrait, ce qui comprend tout » ce qu'il a payé des deniers de la communauté à l'ac- » quéreur sur qui il a exercé le retrait pour le rem- » bourser du prix de l'acquisition et des loyaux coûts » et ventes (1). »

Nos lois n'admettent plus le retrait lignager, mais il est évident pour nous que la doctrine de Pothier de-vra s'appliquer au retrait successoral prévu par l'arti-cle 841. En effet, lorsque l'ancienne jurisprudence et ensuite le Code ont appliqué le principe consacré par les lois *per diversas et ab anastasio* (2) aux cessions de droits successifs, c'était dans l'intérêt de l'héri-tier, à cause de sa qualité de successible, qualité toute personnelle, c'était, « pour exclure ceux qui prennent » des cessions de droits pour entrer ès secrets des » familles dont ils ne sont point, et s'approprier les » biens d'icelles en expropriant et vexant les vrais » héritiers (3). »

(1) Pothier, c⁰, n⁰⁰ 166-627 et introd. au tit. 10 de la cout. d'Orléans, chap. 1; § 2, page 280. — Renusson, *loco citato*, n⁰⁰ 55 et 56.

(2) On désigne ainsi les lois 22 et 23 au Code, *titre mandati vel contrà*, liv. 4, tit. 35, qui autorisaient celui contre lequel on avait cédé un droit litigieux, à s'en faire tenir quitte par le cessionnaire en lui remboursant l'intégralité du prix de la cession.

(3) Servin, 104ᵉ plaidoyer.

Par une conséquence nécessaire, puisque ce droit
est tout personnel à l'époux héritier, le résultat de ce
droit, les bénéfices de l'action qu'il intente doivent
lui appartenir sauf la récompense pour la somme versée par la communauté. Déclarer que l'exercice du
retrait successoral fait un conquêt, serait admettre la
communauté comme tiers dans les arrangements de
famille, et par conséquent aller contre l'idée qui a
présidé à l'art. 841.

Nous pouvons parfaitement dire du retrait successoral ce que d'Argentré disait à l'occasion du retrait
lignager : l'immeuble reste propre, *quia scilicet causa
immediata acquisitionis sit à sanguine et gente alterius et jure patrimoniali personalissimè affixo perso-
nœ retrahentis... Et siquidem pecuniœ datœ pars de
communione sumpta, restituenda est alteri con-
jugi* (1).

XXXVI. — Si l'époux donateur d'immeubles personnels est obligé de faire quelques frais pour rentrer dans
la propriété de ces immeubles, soit en vertu d'un
droit de retour légal ou conventionnel (747-951-952),
soit pour l'une des causes de révocation prévues par
les art. 953 et suiv.; la communauté aura également
droit à récompense pour les sommes qu'elle aura dé-

(1) Sur l'art. 418, glose 2, nomb. 8, pages 1837 et 1838. —
Dumoulin dit aussi, art. 184, § 1, page 1775, vol. 1 : *Tunc
esset statim proprium illius ex cujus persona retrahitur, sed esset
tantùm media alteri restituenda.* On peut également consulter
titre 1 des fiefs, § 20, glose 1, nomb. 48, page 595.... *feudum
à viro retentum....*

boursées, et qui évidemment l'auront été dans l'intérêt de l'époux donateur.

Toutefois, remarquons en pratique que la communauté usufruitière des biens propres peut avoir un très-grand intérêt à ce que ces immeubles rentrent dans le patrimoine de l'un ou de l'autre des époux, et que par suite il y aura justice à rechercher, en fait, quelle partie des frais peut rester à sa charge, et pour quelle partie elle aura droit à récompense. Ce sont des appréciations de fait qui échappent à la discussion théorique, et pour lesquelles le meilleur guide est la bonne foi. Nous dirons seulement avec Lebrun (1) : « On doit adjuger rarement cette récompense, ces » frais pour être adjugés devant aller à l'utilité perpé- » tuelle de la chose....., auquel cas il faut encore faire » une espèce de ventilation de ces frais et en séparer » ceux qui regardent la jouissance du mari. »

XXXVII. — Il serait également dû récompense dans le cas où l'un des époux ayant vendu un immeuble ferait prononcer la résolution de cette vente pour défaut de paiement du prix. Il rentrerait dans sa propriété en vertu de l'inexécution des conditions de la première vente, *ex veteri causâ ;* l'immeuble serait propre et la communauté devrait être indemnisée des frais qu'aurait occasionnés l'action en résolution, et de la somme qu'elle aura pu être obligée de rendre à l'acquéreur qui aurait déjà payé une partie de son prix. « *Actus* » *ultimus non est novus contractus sed discessio à* » *primo contractu a jure permissa....., solùmprimus*

(1) Liv. 3, chap. 2, sect. 1, dist. 11, nomb. 4, page 440.

» *actus dicitur contractus, et secundus dicitur pœ-*
» *nitentia* » (1).

M. Taulier (2) repousse cette opinion en se fondant
sur cette idée que l'époux vendeur dessaisi de la propriété de l'immeuble vendu n'a apporté en se mariant
qu'un droit principal, celui de se faire payer le prix
de l'immeuble ; que ce droit était mobilier et que la
communauté en a été investie ; et il prétend par suite
que l'immeuble n'est pas propre à l'époux vendeur originaire, mais bien conquêt de communauté et qu'il ne
peut s'agiter de question de récompense.

L'action en résolution, dit Zachariæ (3), n'est qu'un
moyen de faire valoir la créance résultant du contrat
de vente, et elle appartient à la communauté qui se
trouve investie de cette créance.

Mais nous croyons que ces auteurs se placent à un
faux point de vue. Le contrat primitif de vente n'était
point parfait, il n'était pas entièrement consommé,
il restait, de la part de l'acquéreur, à accomplir cette
condition, le paiement du prix, dont l'inexécution entraîne la résolution du contrat.

L'art. 112 de la coutume d'Orléans, suivie, en cela,
dans toutes celles qui ne s'en étaient pas expliquées,
avait consacré cette interprétation en déclarant qu'il
n'était pas dû de nouveau profit de vente pour cet acte
parce que ce n'était pas nouvelle vente (4).

(1) Dumoulin, § 33, glose 1, nomb. 20, page 763, vol. 1.
(2) Vol. 5, page 56. — *Sic,* Duranton, vol. 14, nos 173-174.
(3) Vol. 3, § 507, note 33, page 420.
(4) Pothier, introd. au tit. des fiefs, cout. d'Orl., maxime 10,
no 134. — Cté, nos 124 et 189. Vente, nos 528 et 330.

Si la résolution avait eu lieu par une convention arrêtée entre les parties, les Tribunaux pourraient, en fait, et d'après les circonstances de la cause, décider qu'il y a eu nouvelle vente, et alors la solution serait différente; l'immeuble serait conquêt de communauté, il ne pourrait y avoir lieu à récompense.

Mais cette exception tout en fait ne détruit pas le principe contraire que nous avons admis.

XXXVIII. — On a pu remarquer que la solution des difficultés par nous examinées sous cette section a toujours dépendu de la question de savoir si les actes faits par l'un ou l'autre des époux, si les sommes versées par la communauté ont eu pour résultat de faire recouvrer l'immeuble à titre de propre, ou au contraire de lui donner le caractère de conquêt.

Les solutions seront les mêmes et toujours la récompense sera due quand le titre, qui aurait fait un propre, vicié à l'origine d'une nullité relative, aurait ensuite été validé par la ratification de celui qui aurait pu le critiquer. Ainsi, une femme mariée, un mineur, un tiers se portant fort pour un étranger, vend à l'un des futurs un immeuble; plus tard intervient la ratification de la femme légalement autorisée, du mineur devenu majeur, ou de celui dont on s'est porté fort; l'immeuble conserve sa nature de propre et si la communauté a été obligée de payer quelque somme, soit le prix de l'immeuble, soit même une indemnité pour obtenir la ratification, il lui sera dû récompense. Il n'y a aucune difficulté sur ce point entre les auteurs, tous reconnaissent que la ratification a un effet rétroactif et que l'immeuble est propre. Le titre d'acquisition n'est pas en effet dans la ratification intervenue pendant la communauté ; il est uniquement dans la vente qui avait été faite avant le mariage.

Mais si la nullité est absolue, radicale, si elle peut être invoquée par toutes les parties contractantes, si le titre est entièrement nul, M. Troplong pense que la solution doit être la même, parce que (1) « si la ratification » d'un acte absolument nul ne produit pas d'effet ré- » troactif, c'est seulement à l'égard des tiers que cette » vérité est toute-puissante. Entre les parties la ratifi- » cation fait toujours supposer l'existence d'un man- » dat qui couvre le vice originaire...., la communauté » a su et entendu que l'immeuble était dans la main » de l'époux comme propre, et que dans la commune » intention, il n'était pas destiné à entrer dans la » communauté. La ratification ne fait donc que con- » solider un état de chose accepté d'avance et conve- » nu, elle ne renverse pas des espérances légitimes. »

D'autres auteurs, au contraire, ont pensé qu'alors que le titre primitif était radicalement nul, l'acte nou-veau ne pouvait prendre le nom de ratification, que c'était un titre qui ne pouvait produire d'effet qu'à partir de sa date et avec les conséquences légales, c'est-à-dire faire un conquêt (1). Et peu importerait que l'époux qui voudrait réclamer l'immeuble comme propre, justifiât qu'il en avait la possession antérieure-

(1) Vol. 1, n°s 509 et 514.

(2) Odier, vol. 1, n°s 112 et 113. — Rod. et Pont, vol. 1, n°s 419 et 425. — Zachariæ, *loco citato*, note 34.

ment au mariage ; car cette possession, reposant sur un titre radicalement nul, ne pouvait être que précaire, et l'acquisition n'a réellement son point d'appui que dans le nouvel acte passé entre l'époux et celui qui avait le droit de disposer de la chose.

Cette doctrine a le mérite de suivre les erremens du passé. C'était l'opinion de Pothier : « Cette convention, » dit-il, n'est pas une confirmation de la vente qui » avait été faite, c'est une nouvelle vente que le pro- » priétaire me fait de son héritage. C'est cette vente » nouvelle qui est mon titre d'acquisition et non celle » qui m'avait été faite avant mon mariage, puisque ce » n'est qu'en vertu de cette nouvelle vente et nulle- » ment en vertu de l'autre que j'ai acquis la propriété » de l'héritage. » (1)

Telle était aussi l'opinion de Lebrun, parlant de la ratification d'un acte fait par une femme à une époque où, contrairement à la loi nouvelle, l'incapacité de la femme était absolue, et entachait l'acte d'une nullité radicale (2).

Le Code ne s'étant pas prononcé positivement sur ce point, les rédacteurs n'ayant édicté aucune disposition qui autorise à trancher la question dans un autre sens ; il nous paraît plus prudent de suivre l'opinion de Lebrun et de Pothier, qui s'appuie sur un principe

(1) Pothier, cté, nos 160-162, et aussi n° 120. Nous admettrions le tempérament indiqué par Pothier, n° 163, pour le cas où le propriétaire aurait ratifié purement et simplement en se bornant à agir contre le vendeur originaire ; l'immeuble serait propre.

(2) Liv. 2, chap. 1, sect. 8, nomb. 10.

peut-être un peu absolu, mais qui ne permet pas de s'égarer dans l'hypothèse toujours incertaine de savoir quelle a pu être l'intention réelle des parties.

SECTION QUATRIÈME. — *Frais pour la conservation ou l'amélioration d'un immeuble propre à l'un des époux.*

XXXIX. — Parmi les causes de récompenses dues à la communauté, l'article 1437 fait figurer, en quatrième lieu, les frais faits pour la conservation ou l'amélioration des biens personnels à l'un des époux. Il est cependant bien certain que toutes les dépenses de conservation et d'amélioration ne donnent pas lieu à récompense. Usufruitière de tous les biens des époux, jouissant de leurs revenus, les absorbant même entièrement à son profit, la communauté demeure chargée, sans récompense aucune, de toutes les réparations qui sont considérées comme charges des fruits, de ces réparations qui n'ont qu'une durée limitée (1); qu'il faut renouveler, qu'on appelle réparations d'entretien. Elles comprennent toutes les réparations autres que celles des gros murs et des voûtes, du rétablissement des poutres et des couvertures entières, des digues et murs de soutènement et de clôture aussi en entier (605-606).

Ainsi ne peuvent jamais être une source de récompense — 1° dans une maison : les réparations tant

(1) *Nos generaliter definimus multùm interesse, ad perpetuam utilitatem agri, vel ad eam quæ non ad præsentis temporis pertineat, an vero ad præsentis anni fructum : si in præsentis, tùm fructibus hoc compensandum. D. de impensis in res dot,* liv. 25, titre 1, loi 3, § 1.

intérieures qu'extérieures des murailles, le rétablissement de portes, fenêtres, planchers, parquets, carreaux, plafonds, glaces, lambris, toutes les réparations partielles de couverture (1) ; — 2° dans une exploitation agricole : les dépenses pour semer, labourer, recueillir les fruits, replanter certaines parties de vigne en remplacement d'autres qui viennent à manquer, replacer des arbres morts, entretenir des rigoles ou canaux d'irrigation, creuser des fossés ou planter une haie de clôture, réparer toutes les brèches et éboulemens de digues et murs de soutènement, pourvu que ces éboulemens ne soient que partiels, marner une terre quoique la dépense soit assez forte, empoissonner des étangs, garnir une garenne, repeupler un colombier (2) ; — 3° dans les usines ou établissemens industriels : le curage des baies, rivières et ruisseaux, la réparation et l'acquisition nouvelle de tous les instrumens et ustensiles destinés à l'exploitation de l'usine ou de l'établissement.

Toutes ces réparations, 'en effet, et autres sem-

---

(1) *Impensæ sumptus fulturæ illæ repeti non possunt, sive super fundo viri, sive super fundo uxoris fierent, secus de necessariis novis quæ excedunt fulturam et sarta tecta.* Dumoulin sur Paris, § 186, nomb. 14, page 1746.

(2) *Pomponius ait quod in arando serendoque agro impensum est, quod in tutelam ædificiorum.... hæ impensæ non petuntur, cùm maritus fructum totum anni retinet : quia ex fructibus prius impensis satisfaciendum est.* D. solut. matrimo. Liv. 24, tit. 1, loi 7, § 16. Voir aussi loi 18 de *impensis in res dotales fact.*, liv. 23, titro 4. — Lebrun, livre 3, chap. 2, sect. 1, dist. 7, nomb. 6, page 428. — Domat, tit. 9, sect. 3, n° 14, page 100. — Duplessis, vol. 1, liv. 2, chap. 4, sect. 4, page 484.

blables, sont de celles qui, selon Renusson (1), « se
» font par économie.... parce que ce sont des amélio-
» rations que fait ordinairement le bon père de fa-
» mille, et qui en est assez récompensé par l'utilité et
» l'avantage qu'il retire lui-même de son ménage,
» pendant le temps qu'il est en jouissance et qu'il
» jouit de l'héritage. »

Au nombre des exemples de réparations d'entretien
que nous venons d'indiquer, nous avons compris la
substitution de nouvelles vignes à d'autres plus anciennes. La législation romaine semblait s'être énergiquement prononcée contre cette classification. La loi 3
place, en effet, parmi les réparations nécessaires, la
propagation des vignes (2). Mais il est facile de voir
que l'exemple par nous cité, rentre dans les prévisions
de la loi 12, ainsi conçue : *Omnino et in ædificandis
ædibus, et in reponendis propagandisque vineis...mo-
dicas impensas non debet arbiter curare.* D'ailleurs,
il y a un autre motif plus péremptoire pour nous faire
maintenir cette dépense comme dépense d'entretien,
c'est que tout usufruitier doit remplacer les arbres et
les plants morts par d'autres de même essence et qualité, et que nous avons supposé que le mari plantait
avec les fonds de la communauté en remplacement de
ce qui était mort (3).

(1) G⁺ᵗ, 2ᵉ partie, chap. 3, nᵒ 12, page 130.

(2) *D. de impensis in res dot.*, liv. 25, tit. 1, loi 3. *Si vites
propagaverit.... necessarias impensas fecisse videtur.*

(3) *Agri usufructu legato in locum demortuarum arborum aliæ
substituendæ sunt.* Loi 18, D., livre 7. titre 1, *de usufructu et
quemadmodum....* et lois 62, 68, 69, 70 même titre. — Valin,
art. 46, § 2, nᵒ 113, page 604.

XL. — Arrivons maintenant aux dépenses faites pour des réparations ayant un caractère autre que d'entretien, et voyons les distinctions consacrées par tous les auteurs. Les jurisconsultes anciens, suivis, en cela, par les auteurs modernes, ont toujours distingué les dépenses en 1° nécessaires, 2° utiles, 3° voluptuaires. *Impensarum quædam sunt necessariæ, quædam utiles, quædam vero voluptariæ* (1). Les premières emportent avec elles cette idée que la négligence à les faire entraînerait la ruine complète ou au moins une détérioration grave de l'immeuble. *Impensæ necessariæ sunt, quæ si factæ non sint res aut peritura aut deterior futura sit* (2).

Telle pourrait être la reconstruction d'un bâtiment en ruine, le rétablissement d'un gros mur dont la chute eût entraîné celle de la maison ; la réfection de la charpente ou de la toiture entière d'un édifice, et en général toute grosse réparation dont ne serait point tenu un usufruitier, aux termes de l'article 605 (3).

(1) D. liv. 25, tit. 1, loi 1.

(2) D. loi 79 de *verbor signif.*, liv. 50, tit. 16. Nous préférons cette définition à celle donnée par Ulpien : *Necessariæ hæ dicuntur quæ habent in se necessitatem impendendi.* Liv. 25, tit. 1, loi 1, § 1. Cette dernière rappelle trop celle du bachelier de Molière dans le *Malade imaginaire* : *opium facit dormire quia est in eo virtus dormitiva.*

(3) *Si ædificium ruens quod habere mulieri utile erat, refecerit*, loi 1, § 3, D. liv. 25, tit. 3. Il faut se tenir en garde contre l'autorité des lois romaines sur cette matière, la plupart des exemples cités par Paul et Ulpien comme dépenses nécessaires ne sont que des dépenses utiles, quelquefois même voluptuaires.

Pour ces dépenses, la récompense sera toujours due quel que soit le résultat ultérieur de la réparation. En vain, la maison viendrait-elle à brûler ou à périr par tout autre cause, l'obligation de récompense est née du fait même de la réparation comme elle aurait pu naître d'un contrat synallagmatique intervenu entre deux personnes étrangères l'une à l'autre. Si l'immeuble périt, la perte retombe sur celui qui était propriétaire; la réparation n'en a pas moins été nécessaire, et si la communauté n'en avait point fait l'avance, l'époux propriétaire eût été obligé de la faire (1). Le jurisconsulte Paul avait déjà établi cette règle : *Si fulserit insulam ruentem, eaque exusta sit impensas consequitur* (2).

XLI. — Si c'est par suite de la négligence du mari, et parce qu'il n'a point fait faire les travaux d'entretien, qu'il y a eu nécessité d'une grosse réparation sur un immeuble de la femme, celle-ci ne devra aucune indemnité à la communauté pour cette réparation. Le propriétaire n'est en effet chargé des grosses réparations qu'autant qu'elles n'ont point été occasionnées par le défaut d'entretien (605). Le mari a à s'imputer sa négligence; responsable de tout dépérissement des biens personnels à sa femme causé par

(1) Duranton, vol. 14, n° 375. — Proudhon, usufr., n° 1696. — Domat, des dots, tit. 9, sect. 4, n° 18. — Pothier, c¹ᵉ, n° 638. — Lebrun, liv. 3, chap. 2, sect. 1, dist. 7, n°ˢ 18 et 19. — Bourjon, c¹ᵉ, 6ᵉ partie, chap. 4, sect. 1, n° 3, page 628.

(2) Loi 4 *de impensis*. — Valin dit qu'aucune récompense n'est due si la maison périt pendant la communauté, Art. 46, § 2, n° 118, page 608.

défaut d'actes conservatoires, on ne comprendrait pas qu'il pût exiger de celle-ci en faveur de la communauté une indemnité qui lui profiterait pour moitié ou pour la totalité, selon que la femme accepterait la communauté, ou y renoncerait.

Bien plus, si la négligence du mari n'avait point été couverte par des réparations faites depuis, et si l'immeuble de la femme était détérioré ou périssait entièrement par suite de cette incurie, nous lui accorderions le droit de réclamer contre la communauté, engagée par la faute du mari, et subsidiairement contre celui-ci, une indemnité pour toute la détérioration qu'aurait pu subir l'immeuble.

Mais si les grosses réparations rendues nécessaires par le défaut d'entretien et par suite à la charge de la communauté, avaient en réalité donné une plus-value à l'immeuble, il faudrait indemniser la communauté jusqu'à concurrence de cette plus-value que l'on calculerait seulement à l'époque de la dissolution du mariage.

Les solutions seraient évidemment différentes si, dans les mêmes hypothèses, nous nous placions en face d'un immeuble appartenant au mari. Ainsi quelles que fussent les conséquences du défaut de réparations d'entretien, il ne pourrait jamais y avoir lieu à récompense pour le mari; et si par suite de cette négligence on était amené à faire de grosses réparations, il serait dû récompense à la communauté qui aurait avancé les fonds.

Pour la femme comme pour le mari il y aurait lieu à

récompense en faveur de la communauté, si le défaut d'entretien, amenant la nécessité de grosses réparations, était antérieur au mariage. La négligence dans ce cas est personnelle à l'époux sur les biens duquel les réparations deviennent nécessaires ; il doit en supporter les conséquences (1).

XLII. — Les impenses utiles sont celles dont l'inexécution n'aurait pu entraîner la ruine de l'immeuble, mais dont l'exécution augmente cependant la valeur de cet immeuble. *Utiles autem impensæ sunt quas, maritus utiliter fecit, remque meliorem uxoris fecerit* (2).

Ces dépenses peuvent varier à l'infini, se multiplier dans des proportions sans nombre ; aussi ne pouvons-nous prétendre à aucune énumération. Nous examinerons seulement une hypothèse qui se présente souvent, dans la pratique, et qui bien déterminée, en fait, donne cependant lieu à des difficultés juridiques.

Rangerons-nous parmi les dépenses utiles les frais de labours et semences de la récolte encore sur pied au moment de la dissolution du mariage et dont profite seul l'époux propriétaire de l'immeuble (3). Ces

(1) Pothier, c^te, n° 272. — Rodière et Pont, vol. 1, n° 642. — M. Taulier, vol. 8, page 70, fait peser sur le mari l'obligation d'indemniser la communauté, quand il a négligé d'entretenir les immeubles de sa femme.

(2) Loi 8, § dern. *de impensis.* Voir aussi loi 79 *de verbor. significat.*, liv. 80, tit. 16.

Nous verrons plus loin comment ces dépenses s'apprécient, quelle distinction il y a à faire.

(3) Il est hors de doute que les fruits non perçus pendant le mariage ne tombent pas dans la communauté, mais sont la propriété exclusive de l'époux propriétaire du fonds (1401, § 2).

frais donneront-ils lieu à une récompense, ou bien au contraire devrons-nous appliquer les dispositions de l'art. 585 relatives à l'usufruit?

Malgré une certaine diversité dans les coutumes, sur la solution de cette question, elles s'accordaient assez généralement sur ce principe que la récompense était due (1). C'est ce que voulait notamment la coutume réformée de Paris dont l'art. 231 est ainsi conçu: « Les fruits des héritages propres pendants par les » racines au temps du trépas de l'un des conjoints par » le mariage appartiennent à celuy auquel advient le » dit héritage, à la charge de payer moitié des labours » et semences (2); la raison est, dit Ferrière (3), que » les frais qui ont été faits pour la culture des héri- » tages, ont été pris des deniers de la communauté, » c'est pourquoy il n'est pas juste que l'un en profite » au préjudice de l'autre. »

(1) Sens, tit. 21, art. 273. — Chaumont, tit. 4, art. 74. — Troyes, tit. 8, art. 88. — Blois, chap. 13, art. 181. — Montargis, chap. 8, art. 13. — Anjou, tit. 11, art. 239. — Berry, titre 8, art. 23, voulaient que les fruits se partageassent par moitié, comme réputés de la communauté. La coutume de Laon, tit. 3, art. 23, voulait ou la récompense, ou le partage par moitié au choix du survivant.

(2) Quand l'article parle de récompense de la moitié des labours, il entend que l'on paie directement à celui qui doit profiter de la récompense, mais le sens réel est : à la charge de tenir compte à la communauté de la totalité des labours et semences.—Sic, Orléans, titre 10, art. 208.—Bar, titre 7, art. 88.

Sur la nature des fruits encore pendants, on lira avec intérêt la curieuse dissertation de Bouhier sur Bourgogne, chap. 70, page 981, vol. 2, édit. 1787.

(3) Sur l'art. 231 de la cout. de Paris, n° 12, page 803.

« Si l'héritage est propre à la femme, dit Lebrun, et
» qu'elle renonce à la communauté, elle doit rem-
» bourser le total des labours et semences, et non la
» moitié seulement. » (1)

« Si la femme accepte la communauté, ajoute Re-
» nusson, il y en aura moitié confuse en sa personne
» à cause de la communauté, et elle devra l'autre
» moitié aux héritiers de son mari. A l'égard des hé-
» ritages propres du mari, ses héritiers les reprennent
» pareillement à la charge de payer aussi la moitié
» des labours et semences à la femme, si elle accepte
» la communauté; et si elle y renonce, les héritiers
» du mari n'en paieront rien, parce qu'au moyen de la
» renonciation de la femme, les biens de la commu-
» nauté leur appartiennent pour le tout. » (2)

Et Bourjon a rappelé ces principes comme étant le
droit commun de la France : « Le conjoint, dit-il (3),
» qui, au moment de la dissolution de la commu-
» nauté, trouve sur son propre des fruits pendants par
» les racines, doit à la communauté le rembourse-
» ment des labours et semences. » (4)

(1) Liv. 1, chap. 8, sect. 2, dist. 2, nᵒˢ 3 et 8.
(2) Renusson, cᵗᵉ, 2ᵉ partie, chap. 4, nᵒ 18, page 146.
(3) Cᵗᵉ, tit. 10, 6ᵉ partie, chap. 8, sect. 1, nᵒ 8, V. aussi
tit. 10, 2ᵉ partie, chap. 11, sect. 1, dist. 3, nᵒ 11, page 842.—
Pothier, nᵒˢ 212 et 213.
De la Thaumassière constate que cette opinion fut consacrée par un arrêt du Présidial de Bourges, du 18 novembre
1617; et il l'a soutenue lui-même dans une consultation du
18 juin 1661. Décisions sur la cout. de Berry, liv. 3, chap. 6,
page 197.
(4) Le point de départ de cette solution se trouvait dans les

Le Code n'a point tranché la question par un texte
positif ; il n'a point rappelé les dispositions de l'ancien
droit sur ce sujet, et l'art. 585 , en déclarant que les
fruits pendants par racines au moment où finit l'usufruit, appartiennent au propriétaire sans récompense
des labours et semences, semblerait exiger une décision contraire puisque la communauté est usufruitière
des biens des époux. Mais il faut remarquer que toutes
les règles sur l'usufruit sont loin de s'appliquer à cette
espèce d'usufruit dont jouit la communauté : elles
sont au contraire profondément modifiées par ce principe que les époux ne doivent point s'enrichir aux
dépens de la communauté.

D'ailleurs, cette récompense qui est de toute équité
avait été consacrée par la législation antérieure , et si
les rédacteurs du Code avaient voulu la changer , ils
l'auraient dit formellement , tandis qu'ils paraissent,
au contraire , la consacrer de nouveau par la généralité des termes de l'article 1437.

L'argument d'analogie que l'on voudrait tirer de
l'article 585 serait d'une application excessivement
dangereuse. Si l'article 585 n'exige pas de récompense
de la part du nu-propriétaire qui reprend les immeubles ensemencés, c'est que réciproquement l'usufruitier prend les immeubles ensemencés sans récompense
pour les frais faits avant l'ouverture de l'usufruit. Or,
lois romaines : *Fructus eos esse constat qui deducta impensa su-
pererunt*, dit la loi 7, tit. 3, liv. 24, D. *soluto matrimo. Fructuum
nomine continetur quod justis sumptibus deductis superest*, dit la
loi 1, au Code, liv. 7, tit. 51, *de sumptibus.* — Voir aussi Dig.,
loi 4, liv. 7, *de operis servorum.*

cette réciprocité qui justifie la disposition de l'article
585 ne se rencontre pas en ce qui concerne la communauté. Sans doute, celle-ci profite de la récolte des immeubles ensemencés avant le mariage, et cela sans
récompense; mais les sommes dépensées pour ces
frais de labour seraient tombées dans l'actif commun,
et si le prix n'en était pas payé, ce serait la communauté qui devrait l'acquitter, de sorte qu'en réalité il
n'y a pas pour elle le moindre bénéfice. Si elle n'était
pas indemnisée, à la dissolution, des dépenses faites
sur les immeubles de l'un des époux et dont la récolte
lui a seule profité, il y aurait perte pour elle. Il est donc
évident que la réciprocité qui existe dans l'hypothèse
prévue par l'article 585 ne se rencontrerait pas : la
communauté, ne gagnant rien au début, perdrait lors
de sa dissolution. Il faut, par conséquent, écarter
l'application de l'article 585 et accorder à la communauté une récompense dont la fixation sera facile à
faire (1).

M. Delvincourt, qui s'est prononcé pour l'opinion

(1) Toullier, vol. 12, nᵒˢ 124-125. — Duranton, vol. 14,
nᵒˢ 181-182. — Zachariæ, vol. 3, § 507, pages 414 et 417. —
Roll. de Villarg., vᵒ, récomp., nᵒ 10; et cᵗᵉ, nᵒ 102. — Proudhon, usufr., vol. 5, nᵒˢ 2685-2686. — Glandaz, vᵒ, cᵗᵉ, nᵒ 68.
— Odier, vol. 1, nᵒˢ 95, 96 et 352. — Pont, vol. 1, nᵒ 384 et
Revue de jurisp., 1ʳᵉ année, page 208. — Marcadé, art. 1403,
§ 6. — Troplong, nᵒˢ 467, 472 et 1195. — Rennes, 26 janvier
1828, Veuve Lefeuvre. — Bordeaux, 22 mai 1841. — Douai,
20 décembre 1848, Devill., 49, 2, 511. Dall., 50, 2, 192.
Ce dernier jurisconsulte, après avoir accordé la récompense
au nᵒ 681 de la nouv. édit. de son répert., vᵒ, contr. de mariage, la refuse formellement au nᵒ 1540 du même ouvrage.

contraire (1), prétend que la question a été résolue au Conseil d'Etat ; mais il suffit de lire attentivement la discussion qui s'engagea, dans la séance du 27 vendémiaire, an XII, sur l'article 585, pour voir qu'il s'agissait d'une question tout autre que celle d'une récompense à payer par la communauté à l'un des conjoints. MM. Duranton et Toullier (2) ont démontré, jusqu'à l'évidence, l'erreur de M. Delvincourt, qui ne s'était pas bien rendu compte de la discussion (5).

Si la communauté ne touchait les fruits que comme jouissant d'un usufruit propre à l'un des époux, et que la dissolution arrivât par la mort de cet époux, l'article 585 serait applicable, en ce sens que la communauté ne pourrait réclamer d'indemnité au tiers qui rentrerait dans sa propriété affranchie de la charge usufructuaire. Nous serions alors dans l'hypothèse prévue lors de la discussion au Conseil d'Etat.

XLIII. — Si une carrière ou une mine était ouverte pendant le mariage et que les produits, au moment de la dissolution, n'aient point encore couvert les frais faits par la communauté, il lui sera dû récompense à raison de l'amélioration dont aura profité l'immeuble qui a vu sa valeur s'accroître, ses revenus augmenter par suite de l'ouverture de la mine ou de la carrière. Si l'immeuble, au lieu d'être amélioré, se trouvait dété-

(1) *Sic*, Bugnet sur Pothier, note sur n° 213. — Taulier, vol. 8, pages 49 et 80.

(2) Aux endroits cités plus haut.

(3) La même solution devra être donnée pour les façons et culture des vignes, pour l'empoissonnement d'un étang. — Roll. de Vill., v°, cᵗᵉ, n° 103.

rioré, la récompense serait, ainsi que nous l'avons déjà dit, due à l'époux propriétaire.

XLIV. — Les dépenses voluptuaires sont celles qui ont seulement pour but l'agrément de l'immeuble, mais qui n'en augmentent nullement la valeur vénale; parmi ces dépenses figureront des bosquets dans un jardin, des jets d'eau, des peintures, des marbres, des glaces ou toutes autres dépenses de luxe dans une maison. *Voluptuariæ sunt quæ speciem duntaxat ornant, non etiam fructum augent, ut sunt viridia et aquæ salientes, incrustationes, loricationes, picturæ* (1).

Si elles sont faites par l'époux non propriétaire de l'immeuble, aucune récompense ne sera due pour ces dépenses qui n'indiquent nullement l'intention de s'enrichir. Ces ornements pourront seulement s'enlever s'il ne doit s'ensuivre aucune détérioration pour l'immeuble, *si modò recipiant separationem* (2), et ils seront partagés comme objets de communauté.

Mais, remarquons avec Pothier (3) que telle dépense qui ne serait que voluptuaire dans une propriété, pourrait, dans telle autre, être rangée dans la classe

(1) Loi 79, § 2, *de verbor. signifi.*, D. liv. 50, titre 16.
(2) Loi 9, *de impensis*, D. liv. 25, tit. 1. La loi 32, § 5, D. liv. 26, tit. 7, *de adm. et periculo tutor.*, dit aussi : *Sumptibus voluptatis causâ ab emptore factis adolescentem onerandum non esse ; qui tamen ab eodem œdificio itâ auferri possunt, ut in facie pristinâ.... œdificium esse possit, emptori auferre permitti oportere.*
V. aussi Charondas, liv. 8, répons. 10, page 153, et liv. 2, rép. 63, page 80 ; il cite un arrêt du 14 août 1574.
(3) Cte, n° 637.

des dépenses utiles, en ce qu'elle aurait pour résultat d'élever les revenus de la propriété, et, par conséquent, de lui donner plus de valeur. Les circonstances devront donc, en fait, guider le juge ou l'expert dans la question de savoir si une dépense est ou non de pur agrément. Disons seulement, avec la Cour de Paris : l'article 1437, qui autorise la récompense des sommes prises sur la communauté pour la conservation ou amélioration d'un immeuble propre à l'un des époux, s'étend même aux simples embellissements lorsqu'ils ont réellement accru la valeur de l'immeuble propre (1).

Si les dépenses émanent de celui qui est propriétaire de l'immeuble sur lequel elles sont faites, nous pensons qu'il y aura toujours lieu à récompense parce que l'époux propriétaire, qui a fait la dépense, a agi en son propre nom, qu'il a emprunté à la communauté un argent dont il lui doit compte sans qu'elle ait à interroger l'usage qu'il en a fait. C'est alors une opération qu'il a faite pour son compte personnel; bonne ou mauvaise elle doit rester pour son compte, la communauté ne doit point y participer soit comme perte soit comme gain (2).

XLV. — Cette dernière observation nous conduit à une solution facile de la question de savoir s'il est dû récompense pour les dépenses faites sur un immeuble dont l'un des époux était seulement usufruitier. — La solution, on le comprend, variera selon que la dépense

(1) 21 juin 1814. Aff. Millet c. Harau.
(2) *Vide infra*, page 278.

aura été faite par le propriétaire de l'usufruit ou, au contraire, par l'administrateur de la communauté.

Dans la première hypothèse, la situation de l'époux propriétaire vis-à-vis de la communauté sera réglée par le fait même de la dépense: nécessaire, utile ou voluptuaire, quel que soit le résultat ultérieur, quelle que soit la cause de la dissolution, la récompense sera toujours due.

Dans la seconde hypothèse, la solution sera encore la même, s'il s'agit d'une dépense que l'on pourra considérer comme nécessaire (1). Mais si la dépense est seulement utile, il faudra examiner le *quantùm* de cette utilité au moment de la dissolution du mariage, et accorder à la communauté une récompense dans les limites du profit réel que retirerait l'époux propriétaire de l'usufruit ; et si c'était la mort de cet époux qui amenât la dissolution, il ne pourrait jamais y avoir lieu à récompense. Quant aux dépenses voluptuaires, nous venons de dire qu'elles ne pouvaient être, en cette circonstance, une source de récompense (2).

SECTION CINQUIÈME. — *Autres hypothèses dans lesquelles l'un des époux tire un profit personnel des biens de la communauté.*

XLVI. — L'art. 1437 résume en ces termes l'énumération qu'il a faite : « et généralement toutes les fois » que l'un des deux époux a tiré un profit personnel

(1) *Suprà*, n° 40.
(2) *Suprà*, n° 44.

» des biens de la communauté, il en doit la récom-
» pense. »

C'est là le principe général, la règle qu'il faut suivre,
qu'il faut appliquer à toutes les hypothèses qui peuvent se présenter. Ces hypothèses variables à l'infini
ne sont pas susceptibles d'une énumération exacte.
Nous nous contenterons d'en signaler quelques-unes
prévues par quelques textes du Code, ou qui, par analogie, doivent tomber sous l'application de ces mêmes
textes.

Par exemple, si des coupes de bois qui pouvaient
être faites pendant le mariage, ne l'ont point été, il
en sera dû récompense à la communauté (1403).
Cette récompense est la juste indemnité du tort que le
mari a occasionné à la communauté en ne faisant pas
de coupe dont les produits eussent profité à celle-ci.
« Autrement il serait aisé à un mari de faire profiter sa
» femme de tout le fruit de son épargne et de tout le
» produit de sa communauté, en affectant de consom-
» mer ses autres revenus, et de conserver en leur en-
» tier les bois de sa femme : il est donc juste en ce
» cas d'estimer les feuilles » (1).

L'art. 1403, auquel nous empruntons cette cause de
récompense, semble décider qu'elle est due à l'époux
non propriétaire du fonds ou à ses héritiers. C'est évidemment une erreur de rédaction ; il ne faut point
suivre ce texte judaïquement ; c'est la communauté
qui a été privée de la coupe, c'est elle seule qui doit
être indemnisée. La femme n'aura jamais droit à cette

_____

(1) Lebrun, liv. 1, chap. 5, dist. 2, n° 14; page 124.

récompense si elle renonce à la communauté; et les intérêts courront du jour même de la dissolution du mariage, tandis qu'ils ne seraient dus que du jour de la demande, si la créance existait seulement au profit de l'un des époux contre l'autre (1473-1479) (1).

XLVII. — Ce que nous disons, avec le texte de la loi, pour le retard dans les coupes de bois, nous le dirons également, par analogie, du retard dans les récoltes ordinaires, sauf cependant quelques restrictions. « Si un mari par affectation et en fraude de sa » communauté avait retardé une récolte qui était à » faire sur son héritage propre durant la communauté, » afin de se l'approprier en entier, en la retardant » après la mort de sa femme qu'il voyait menacée » d'une mort prochaine, il serait dû récompense à la » communauté (2). » Disons toutefois qu'à l'égard d'une récolte ordinaire, ces retards sont peu naturels, peu vraisemblables; le propriétaire aurait trop à craindre la perte entière de sa récolte s'il la retardait longtemps. Les juges devront peser mûrement les circonstances et ne jamais appliquer cette solution d'une manière trop absolue; une application trop rigoureuse conduirait à l'injustice. La récompense ne doit être

(1) La récompense serait également due alors que le retard aurait eu lieu à l'occasion de coupe de bois appartenant à la femme, dont le mari aurait été institué légataire universel. Les motifs sont toujours les mêmes; le mari aurait pu retarder cette coupe par suite de l'espérance qu'il avait de survivre à sa femme dont il connaissait les dernières dispositions.

(2) Pothier, c^té, n° 210. — Duranton, vol. 14, n° 148. — Rod. et Pont, vol. 1, n° 381.

allouée qu'alors qu'il y a évidemment intention frau-
duleuse, spéculation odieuse.

XLVIII. — Nous accorderions encore une indemnité
à la communauté pour les produits qu'elle aurait dû
régulièrement retirer d'une mine ou d'une carrière
ouverte avant le mariage, et que le mari aurait négligé
d'exploiter pour augmenter la valeur du fonds aux dépens de la communauté qui aurait été privée des fruits.

XLIX. — Si l'un des époux avait été, avant ou pendant le mariage, institué légataire d'objets mobiliers
sous une condition venant à se réaliser après la dissolution de la communauté, il devrait, dans l'hypothèse où il toucherait personnellement l'intégralité de
son legs, tenir compte de sa valeur à la communauté (1).

Cette solution a cependant été contestée par ce
motif que le légataire n'étant réellement saisi du legs
qu'autant qu'il survivait à l'accomplissement de la condition, et par le fait seul de la réalisation de cette condition, on ne pouvait pas dire qu'il y eût réellement
rétroactivité; par conséquent la condition se réalisant
après la dissolution du mariage, la communauté n'a
jamais pu avoir de droit sur les objets composant l'importance du legs, puisque le légataire n'est devenu
propriétaire qu'après l'accomplissement de la condition, c'est-à-dire après la dissolution du mariage.

Nous ne pouvons accepter ce principe dans toute
sa rigueur ; vrai en général, il ne peut recevoir d'ap-

(1) Nous supposons, bien entendu, que la condition vient à
s'accomplir avant le décès du légataire (art. 1040).

plication à l'espèce actuelle. Aussitôt l'ouverture de la succession, avant l'accomplissement de la condition, le légataire aurait pu transiger sur son droit, le vendre, ou y renoncer purement et simplement. Les choses futures pouvant être l'objet d'une obligation (1130), il pouvait céder le droit, l'espérance qu'il avait, sauf au cessionnaire à ne pouvoir réclamer l'objet de la convention, qu'autant que le légataire aurait vu le legs se réaliser à son profit par l'accomplissement de la condition. Or, la communauté étant considérée comme cessionnaire de tous les droits mobiliers des époux, doit, comme tout autre cessionnaire, profiter du bénéfice du legs quand la condition se réalise, et récompense lui est due si le legs a été touché personnellement par légataire.

L. — Si une donation d'objets mobiliers a été faite à l'un des époux, qui est en même temps héritier du défunt, et que, par suite de l'acceptation de la succession qui l'aura obligé au rapport des objets mobiliers, cet époux n'ait eu dans son lot que des immeubles ou une portion moindre de mobilier, sera-t-il dû récompense à la communauté pour la différence entre le montant de la donation qui serait intégralement entré dans l'actif commun, et la valeur du mobilier échu à l'époux héritier? Nous croyons la négative incontestable.

Les objets mobiliers n'étaient entrés dans la communauté que grevés de la dette conditionnelle du rapport pour le cas où l'époux donataire serait appelé à la succession du donateur; ce rapport étant fait sans fraude, la communauté n'a rien à réclamer. L'époux

avait le droit alternatif de garder le mobilier en renon-
çant à la succession, ou de le rapporter en acceptant
l'hérédité du donateur. En choisissant ce dernier
mode, il a usé de son droit, et il a donné à la créance
alternative qu'il avait, une précision qui ôte à la communauté le droit conditionnel qu'elle avait sur les
meubles.

M. Rolland de Villargues (1) n'accepte cette solution
que pour le cas où les objets mobiliers avaient été donnés pendant la communauté, car alors ils ne sont entrés en communauté que sous la charge du rapport ;
et il accorde droit à la récompense si les objets avaient
été donnés avant le mariage. Mais il est évident que
cette distinction ne s'appuie sur aucun motif sérieux.
Que la donation ait été faite avant ou pendant le mariage, les objets donnés ont toujours été affectés de la
même charge de rapport, soit lorsqu'ils étaient en entier dans le patrimoine du donataire, soit lorsque celui-ci les a fait entrer en communauté. Aussi, dans
l'ancien droit, Renusson, disait-il, sans faire aucune
distinction : (2) « La somme donnée en faveur du ma-
» riage était sujette à rapport, le fils donataire qui

(1) V°, Récompense, n°ˢ 25 et 26. — Voir Pothier, c¹ᵉ,
n° 630, et cout. d'Orléans, introd. au titre 10, chap. 5, n° 115,
page 311. — Lebrun, liv. 1, chap. 5, sect. 2, dist. 1, n° 46,
page 97, et dist. 5, page 146; aussi liv. 3, chap. 2, sect. 1,
dist. 10, n°ˢ 2 et 3. La solution serait la même, aucune récompense ne serait due si l'héritier donataire d'un immeuble
renonçait pour ne pas rapporter et privait ainsi, de bonne foi,
la communauté des meubles qui seraient tombés dans son
lot. Valin, art. 46, § 3, n° 51, page 622.
(2) C¹ᵉ, 1ʳᵉ partie, chap. 3, n°ˢ 12 et 13, page 7.

» est venu à la succession de ses père et mère l'ayant
» rapportée, et par le partage lui étant échu d'autres
» effets, il ne faut plus considérer la somme de de-
» niers qui lui avait été donnée en avancement d'hoi-
» rie, mais seulement ce qui lui est échu par l'évène-
» ment du partage. »

LI. — Souvent, dans les pays agricoles, les époux
qui veulent vendre avantageusement les biens de l'un
d'eux qu'une location de longue durée frappe d'une
dépréciation momentanée, donnent à un fermier une
indemnité quelquefois assez considérable pour obtenir
de lui le droit de vendre sans se préoccuper des conditions du bail qui est résilié. La communauté qui fera
l'avance de l'indemnité pourra-t-elle réclamer une récompense à l'époux propriétaire, soit que la vente ait
eu lieu, soit au contraire qu'elle n'ait pu réussir? Nous
avons peine à le croire, du moins en général. L'indemnité payée au fermier est un moyen d'avoir la libre et
entière disposition de l'immeuble; le but, c'est une
vente qui donnera à la communauté des revenus plus
considérables. C'est en vue de l'augmentation des revenus bien plus qu'en vue de l'augmentation du capital que l'opération se fait, c'est donc la communauté
qui la fait, ou au moins elle est faite en son nom et dans
son intérêt. En réalité, la dépréciation momentanée,
résultant du bail, portait bien plus sur les fruits que
sur le capital qui devait se retrouver un jour, et l'indemnité n'a été payée que pour augmenter cette portion de l'immeuble qu'on appelle les fruits, et qui est
la propriété de la communauté.

Si , dans des circonstances tout-à-fait exception-
nelles , on arrivait à cette conviction que l'opération a
été faite dans l'intérêt de l'un des époux, la solution
devrait se modifier , et la récompense serait due.

LII. — On a de tout temps décidé (1), et à bon droit,
que les impositions et contributions de toute nature
étaient à la charge exclusive de la communauté , qui
ne pouvait , pour les paiements qu'elle aurait faits,
réclamer aucune récompense. Ces dépenses sont dans
l'usage censées charges des fruits, dit l'article 408, et
à ce titre la communauté en est tenue d'une manière
absolue. Cependant, si des contributions extraordinaires , créées pour des besoins tout exceptionnels,
étaient imposées à la propriété immobilière, on ne
pourrait raisonnablement dire que c'est une charge
annuelle des fruits, et nous croyons qu'il y aurait lieu
à récompense pour la partie exceptionnelle, anormale,
ajoutée à la contribution ordinaire. Cette observation
recevra naturellement son application aux quarante-
cinq centimes dont le Gouvernement provisoire a décrété la perception le 16 mars 18 , et qui devaient
être , en ce qui concerne la contribution foncière , à la
charge du propriétaire seul , nonobstant toute stipulation contraire dans les baux et conventions.

Ces dernières expressions, que nous empruntons au
décret , montrent suffisamment que l'on ne peut considérer ces quarante-cinq centimes comme une charge

(1) *Neque stipendium neque tributum ob dotalem fundum præs-
tita, exigere vir à muliere potest : onus enim fructuum hæc impen-
dia sunt.* Loi 13, *D. de impensis,* liv. 25, tit. 1.

des fruits, comme une dette de communauté, et justifient entièrement l'opinion que nous avons émise de la nécessité d'une récompense si le propriétaire laisse faire l'avance par la communauté. (Arg. art. 609.)

CHAPITRE II.

Fixation du quantùm des récompenses qui peuvent être dues à la communauté.

1º Principe général pour fixer la quotité de la récompense.
2º Application aux dépenses nécessaires faites sur un immeuble.
3º Justification du chiffre de la dépense.
4º Dépenses seulement utiles. Distinction.
5º Quand faut-il faire l'évaluation.
6º Quotité pour les frais de labour et d'ensemencement.
7º Pour le retard dans la perception de fruits.
8º Dépenses voluptuaires.

I. — L'art. 1437, en édictant la règle qu'il était dû récompense à la communauté toutes les fois que l'un des époux a tiré un profit personnel des biens de cette communauté, n'a point fixé quel était le *quantùm* de cette récompense. Sera-ce toujours le montant de la dépense (*quod impensum*), ou seulement le chiffre représentatif de l'augmentation de valeur (*quanti locupletior*)? Pothier avait posé ce double principe : 1º que la récompense n'est due que jusqu'à concurrence de ce que l'un des conjoints a profité ; 2º qu'elle n'excède jamais ce qu'il en a coûté à la communauté quelque grand qu'ait été le profit que le conjoint a retiré (1). Après lui, M. Duranton (2) et M. Troplong (3) ont donné à ce principe la consécration de leur autorité. Ce dernier auteur s'appuie sur les termes de

(1) Cté, nº 613.
(2) Vol. 14, nºˢ 321, 325, 378.
(3) Vol. 2, nº 1194. Sic, Glandaz, nº 274.

l'article 1437 : toutes les fois que l'un des époux a tiré un profit personnel il *en* doit la récompense ; « c'est, » dit-il, la récompense du profit qui doit être don- » née, c'est donc le profit, non l'impense, qui doit » être pris en considération. »

Pour notre compte, nous ne saurions accepter cette règle d'une manière absolue. L'art. 1437 a été inter- prété trop judaïquement et dans un sens beaucoup trop restreint par M. Troplong. S'il dit qu'il est dû récompense du profit, il dit aussi que toutes les fois qu'il est pris sur la communauté *une somme*, l'époux *en* doit récompense. Nous pourrions alors faire le même commentaire que M. Troplong, et ajouter : C'est la ré- compense de la somme prise dans la communauté qui doit être donnée, c'est donc l'impense et non le profit qui doit être prise en considération. Evidemment, cet argument n'a pas en logique plus d'autorité pour une opinion que pour l'autre ; il manque entièrement de précision, et il ne pouvait en être autrement en présence des termes de l'art. 1437, qui , prévoyant une double hypothèse dans laquelle une *somme* aurait été prise dans la communauté , ou un *profit* personnel tiré de cette communauté, décide qu'il *en* est dû récompense.

Notre article 1437 ne peut donc servir de base pour fixer le *quantùm* de la récompense. Si nous voulons trouve dans une espèce particulière l'application du principe général que la loi n'a formulé nulle part, mais que nous pouvons recomposer en généralisant l'espèce prévue par la loi ; il nous faut recourir à l'art. 1408 dans lequel le Législateur, s'occupant d'une acquisition faite, pendant le mariage, de portion d'un immeuble dont l'un des époux était propriétaire par indivis, déclare que cette acquisition ne forme point un conquêt, sauf à indemniser la communauté de la *somme* qu'elle a fournie.

Le principe général est donc que la communauté est créancière de la dépense même qu'elle a faite, de la somme qu'elle a fournie, sans se préoccuper de l'emploi ni de l'avantage plus ou moins grand que cet emploi aura procuré à l'époux. Ce sera donc le principe contraire à celui de Pothier que nous devrons suivre dans la solution des questions qui pourront surgir sur cette matière; la récompense sera, en général, du montant de la dépense (*quantùm impensum est*). (1) En effet, quand la communauté avance les fonds nécessaires à une dépense, elle joue le rôle de prêteur, et l'époux celui d'emprunteur; il doit donc rendre les choses prêtées en même quantité et qualité (1902). Et il n'y a pas lieu de se préoccuper de cette objection faite par M. Troplong, que le mari maître de la communauté peut la perdre, la dissiper, et n'est comptable envers elle d'aucune dépense, si ce n'est de celles dont il s'est enrichi. Le mari, dans les dépenses qu'il fait à l'occasion de ses biens personnels, dans celles qu'il fait pour ceux de sa femme avec le consentement formel de celle-ci, n'agit pas comme chef de commu-

(1) Demante, vol. 3, n° 84. — Rodière et Pont, vol. 1, n° 724. — Marcadé, sur l'art. 1437. Cet auteur cite comme partageant la même opinion M. Taulier, qui s'est prononcé cependant pour l'opinion contraire, vol. 5, page 113.

nauté (1). Dans la première hypothèse, cette qualité est absorbée par celle de propriétaire ; dans la seconde, le concours sérieux de la femme indique suffisamment que c'est encore le propriétaire qui dépense et non le seigneur et maître de la communauté.

Quant au second principe que la récompense ne peut excéder ce qu'il en a coûté à la communauté, il est incontestable ; la communauté ne doit point trouver un bénéfice dans les avances qu'elle fait.

II. — L'application de ce principe est facile dans la plupart des hypothèses que nous avons parcourues. Les difficultés n'ont guère surgi entre les auteurs que lorsqu'il s'est agi de fixer le *quantùm* de la récompense pour les dépenses faites sur un immeuble propre à l'un ou l'autre des époux. On distingue alors avec soin : 1° Quelle est la nature de la dépense ? 2° Quel est celui qui la fait ? Chaque fois que la dépense est nécessaire, de celles qu'on ne pouvait pas ne pas faire, la récompense est évidemment du *quod impensum est*, du montant de la dépense ; le principe général reçoit son application. En effet, la dépense étant nécessaire, l'époux aurait été obligé de la faire, et la communauté en la faisant a enrichi celui-ci de la somme qu'il aurait dépensée, *hactenùs locupletior est quatenùs propriæ pecuniæ pepercit.*

(1) On verra plus loin la distinction que nous faisons. Pothier, qui a édicté le principe dans son n° 613, disait, contrairement à ce principe, sous le n° 409 : « Si le mari avait fait des améliorations, s'il les avait faites du consentement exprès de la femme, il devrait lui être fait raison *du prix* qu'elles ont coûté. »

III. — « La somme due pour cette espèce de récompense peut se justifier par les quittances des marchands et ouvriers, lorsqu'elles se trouvent parmi les
papiers de la communauté, ou par un journal sur lequel
serait inscrite la dépense (1). »

Cette opinion de Pothier nous paraît devoir encore
être suivie aujourd'hui. « Cependant le mari adminis-
» trateur sans contrôle, en faisant faire des bâtimens
» et des augmentations sur ses propres héritages,
» pourrait faire employer dans les quittances moins
» qu'il n'aurait pris dans la communauté, pour moins
» rendre après la dissolution, ou s'il faisait faire des
» augmentations sur des héritages propres de sa
» femme, il pourrait faire employer dans ses quittances
» plus grande somme pour recevoir davantage. C'est
» pourquoi si la femme voit qu'il y ait fraude, elle n'est
» pas obligée de se régler par les quittances qui se-
» raient représentées, mais elle peut demander qu'es-
» timation soit faite.... (2) »

Cette estimation devra toujours avoir lieu quand le
mari ne pourra justifier des dépenses par des titres
dignes de confiance.

IV. — Si la dépense est seulement utile, la question est
plus délicate, la récompense plus difficile à déterminer,
parce que le résultat ultérieur pourra ne pas répondre
à la dépense originaire : une sous-distinction devient
nécessaire.

A. Si la dépense a été faite par l'époux qui devait

(1) Pothier, c^{té}, n° 635.
(2) Renusson, des Propres, chap. 4, sect. 11, n° 4.

directement en profiter ; il devra indemniser la communauté du montant de la dépense : peu importe que le profit qu'il en retire soit inférieur. En effet, l'époux a fait une opération personnelle, il a emprunté de l'argent à la communauté, il doit rembourser le montant de l'emprunt. Si l'opération eût été fructueuse, ce serait lui qui en aurait profité. « Lorsque le mari se
» décide à faire des constructions, des améliorations
» sur ses propres immeubles, il est impossible de dire
» qu'il agit comme chef de la communauté : c'est dans
» son intérêt propre qu'il agit, il entend en retirer seul
» toute l'utilité ; il devient, au fur et à mesure des dé-
» boursés, débiteur des sommes qu'il prend dans la
» communauté ni plus ni moins que s'il les emprun-
» tait chez un autre ; s'il rachetait une servitude due
» par son propre héritage, serait-il admis à venir dire
» qu'il l'a payée trop cher?...S'il avait exercé le réméré
» pour un de ses propres, pourrait-il venir dire que
» l'immeuble ne valait pas le prix qu'il a rendu?... Il
» en est exactement de même lorsqu'il fait des amélio-
» rations sur ses immeubles. » (1)

B. Si la dépense a été faite par la femme ou de son consentement formel, sur un de ses immeubles, la décision deva être la même. (2) Mais si elle a été faite sur les ordres du mari administrateur, à l'occasion d'un immeuble propre à la femme, la récompense ne

(1) Bugnet sur Pothier, c^{té}, note sur le n° 636.

(2) La femme serait même tenue directement vis-à-vis des ouvriers. — Arrêt de Paris du 4 janvier 1842. *Journal des Notaires* 1842, art. 11,203, p. 58. — Voir aussi 1840, art. 10,672, page 386, un arrêt de Rouen du 2 avril 1838.

sera due par celle-ci que jusqu'à concurrence de l'utilité qu'aurait produite la dépense, *quanti locupletior factus est fundus.* Une autre décision pourrait conduire la femme à sa ruine, puisque le mari aurait le droit de faire toutes les dépenses qu'il voudrait, et que ces dépenses pourraient souvent n'être que de très peu d'utilité effective (1). « Ne serait raisonnable, dit un » ancien auteur, que pour le plaisir d'un mary, la » femme fust tant incommodée, qu'elle en souffrist » pertes et dommages en ses propres. »

V. — Dans cette dernière hypothèse de dépenses utiles faites sur l'immeuble de la femme, et pour lesquelles il faut estimer la plus-value, « aucuns réfèrent » l'estimation au temps qu'elles sont demandées..... » autres sont d'opinion que l'estimation se doit faire » eu esgard au temps qu'elles ont esté faictes, et » suivant cette opinion a esté jugé par arrêst donné en » exécution de celuy contre Le Roux du 4 décem- » bre 1565 (2). » — Le motif que l'on donnait à l'appui

(1) De la Thaumassière, cout. génér. du Berry, titre 8, art. 7, page 284, disait : Si le mari fait des améliorations dans les propres de la femme, ses héritiers doivent rembourser le mary, eu égard à ce qu'elles valent lors de la dissolution du mariage. Mais si le mary en fait dans ses propres, la femme doit être remboursée de la moitié de ce qu'elles ont coûté, la raison de différence est que le mary est maître de la communauté, qu'il se doit imputer d'avoir baty, et il ne serait pas juste que la femme payât au-delà de ce dont elle profite.—C'est le système que nous adoptons pour ainsi dire littéralement.

(2) Charondas sur l'art. 220 de la cout. de Paris. — Lebrun, liv. 3, chap. 2, sect. 1, dist. 7, n° 16, et après lui M. Troplong, vol. 2, n° 1193, interprètent ce passage en ce sens que

de cette décision, c'est que le mari doit être considéré comme un prêteur ordinaire qui aurait avancé des fonds pour la construction ou la réparation : il doit avoir les mêmes avantages que le prêteur de deniers ou le maçon qui aurait travaillé lui-même aux réparations ; tous deux pourraient réclamer l'intégralité de la dépense.

Mais Dumoulin fit triomph: le système contraire ; il décida qu'on devait évaluer les améliorations au moment de la dissolution du mariage, parce que c'était seulement alors que l'on pouvait apprécier l'avantage que le propriétaire retirait de ces améliorations. *Limito secundo, ut non possint solidam impensarum quantitatem retinere vel repetere, sed solùm quantùm propter antiquas reparationes et meliorationes fundus plus valet, eo tempore quo revertitur ad dominium; quod est æquissimum, quià ultrà valorem tempore restitutionis extantem, nihil pervenit ad dominum de illis impensis et meliorationibus* (1).

l'arrêt Le Roux a décidé que l'estimation devait se faire sur le pied de la valeur au moment de la dissolution de la communauté. C'est une erreur évidente. Du reste, Charondas a dit ailleurs, liv. 2, rép. 70, page 87 : Les réparations faites durant le mariage sur l'héritage de l'un des conjoints augmentent la valeur d'iceluy, et s'en doit faire l'estimation au temps qu'elle est demandée.

(1) Cout. de Paris, tit. 1, gl. 8, nombre 113, page 178. — On peut consulter aussi *Journ. des Audiences* de Nupied, vol. 8, liv. 1, chap. 12, page 62; où se trouve citée l'opinion que Dumoulin a émise sur l'art. 12 du chap 8 de la cout. de Montargis. — Coquille, vol. 2, quest. 94, page 188. — Auzanet, notes sur la cout. de Paris, titre 10, art. 222, nomb. 28, page 160, édit. 1708. — Bacquet, droit de justice, chap. 21, nos 145-146, page 237.

Il fut suivi dans cette voie par Choppin, qui veut que dans le calcul des dépenses faites on examine surtout l'âge des bâtiments, et par suite le temps qu'ils peuvent encore durer. *Vir.... dimidium justè reposcit impensorum in rem uxoriam. Sed hoc, initâ eorum ratione, quanti æstimentur die soluti matrimonii, non quanti primum marito constiterint.... ædificiorum quippè examinanda ætas, in deducendis sumptuum rationibus* (1).

Plus récemment, Tronçon (2), Ferrière (3), Lebrun (4), Renusson (5), Bourjon (6), Valin (7), ont adopté cette

(1) *De Morib. Paris.*, liv. 2, tit. 1, nomb. 29, page 201. — Malgré ce texte positif, Ferrière, sur l'art. 229, n° 28, attribue dans des termes excessivement peu clairs, une opinion contraire à Choppin. — M. Odier, vol. 1, n° 352, a commis la même erreur en ce qui concerne Choppin et Carondas.

(2) Sur l'art. 244 de la cout. de Paris, page 588.

(3) Sur l'art. 220 de la même coutume, n° 28. Cet auteur signale, comme ayant consacré le système contraire, la loi 4, au *Digeste de impensis*, où le jurisconsulte Paul enseigne que la récompense serait due lors même qu'il n'y aurait point utilité réelle ; *factarum ratio habetur etsi res malè gesta est*. Mais Ferrière n'a pas vu que Paul s'occupait précisément de l'hypothèse où la dépense était nécessaire, et où, conformément à ce que nous avons dit plus haut, il y a lieu à récompense alors même que l'immeuble a péri.

(4) Liv. 3, chap. 2, sect. 1, dist. 7, nomb. 18, page 428. Sous les n°s 18 et 19, page 429, cet auteur paraît accepter la distinction que nous avons établie entre le cas où le propriétaire fait des réparations sur son immeuble, et celui où ces réparations sont faites comme administration de la communauté.

(5) Des Propres, chap. 4, sect. 11, n° 4.

(6) Droit commun, c^te, 6e part., chap. 4, sect. 1, § 5, p. 628, et 7e part., chap. 1, sect. 3, dist. 2, § 15 et 16, page 648.

(7) Art. 46. § 2, n° 112, page 604. — Billecart, sur la cout.

opinion qui est enseignée aujourd'hui par la presque totalité des auteurs.

VI. — Si, d'une part, l'estimation doit se faire au moment de la dissolution du mariage, d'autre part, il est certain que l'indemnité ne doit pas excéder le montant de ce qu'il en a coûté, quelle que soit la plus-value (1). Aussi la récompense pour les frais de labours et semences sera-t-elle basée sur les prix qu'ont coûtés les travaux et les semences, alors même que la main-d'œuvre aurait augmenté et que le prix des grains se serait élevé (2). L'avance faite par la communauté ne doit point être pour elle une source de bénéfices, elle doit être seulement indemnisée de toute la dépense.

VII. — Pour les coupes de bois ou les récoltes retardées, il devra être tenu compte à la communauté non pas de ce que vaudront ces coupes au moment où elles se feront, mais de ce qu'elles auraient rapporté si elles eussent été faites en temps convenable. C'est, en effet, de cette valeur que la communauté a été privée, c'est de cette valeur qu'il lui est dû récompense, et il n'y aura pas à s'inquiéter de la diminution ou augmen-

de Châlons, art. 10, page 10, distingue selon que la dépense a été faite sur un propre de la femme ou sur un propre du mari. Dans le premier cas, il admet l'opinion que nous acceptons; dans le second, il veut que les dépenses soient estimées au temps qu'elles ont été faictes. — C'est en germe la distinction entre les dépenses faites par le propriétaire, et celles faites comme administration de communauté.

(1) Toullier, vol. 13, n° 169, veut qu'on examine la plus-value, mais son opinion isolée est une erreur évidente.

(2) Lebrun, liv. 1, chap. 8, distinct. 2, nomb. 8, page 121.

tation de valeur survenue dans le prix des bois depuis la dissolution de la communauté.

VIII. — Le système que nous avons adopté quant à la fixation du *quantùm* de la récompense (1), conduit logiquement à cette conséquence rigoureuse mais incontestable, selon nous, qu'il faut indemniser la communauté des dépenses même voluptuaires qui auraient été faites par le propriétaire sur son immeuble. Cette conséquence, repoussée par la plupart des auteurs, qui ont admis notre système (2) ; nous l'acceptons dans son entier, laissant seulement sans récompense les dépenses voluptuaires qui ont été faites par tout autre que par le propriétaire de l'immeuble. Cependant, comme ces dépenses n'impliquent aucune idée de spéculation, qu'elles peuvent à un certain point de vue être considérées comme inutiles, nous pensons qu'en fait il faudra se montrer assez large dans l'appréciation qu'on en fera, et chercher, autant que possible, à les faire entrer dans la classe des dépenses d'entretien qui sont à la charge de la communauté sans aucune récompense.

FIN.

(1) *Suprà*, page 268 et suiv.
(2) M. Marcadé, art. 1437, § 2, est le seul à notre connaissance qui admette la conséquence logique du principe.

Leon. — Imp. A. Oyon.

Pour paraître incessamment :

DU MÊME AUTEUR,

DROIT RURAL.

2 vol. in-8°.

L'auteur a pris pour épigraphe cet aphorisme de Bacon : *Colligendæ sunt regulæ non tantùm notæ et vulgatæ sed et aliæ magis subtiles et reconditæ quæ ex legum et rerum judicatarum harmoniâ extrahi possunt.*

Pour accomplir cette tâche immense, il ne suffit pas, en effet, d'interroger la loi nouvelle, de connaître les différents Codes usuels ; il faut puiser dans des réglements anciens, interroger pour l'histoire du droit que l'on expose, des monuments que le temps a presque fait oublier, et, pour être pratique, se tenir surtout au courant de la jurisprudence.

L'auteur a rempli cette tâche d'une manière remarquable. Il a élucidé les questions de droit rural avec une méthode et une netteté qui feront de son livre, destiné d'abord aux jurisconsultes, un guide précieux pour les propriétaires et fermiers.

Laon. — Imp. A. Diot.

www.ingramcontent.com/pod-product-compliance
Lightning Source LLC
Chambersburg PA
CBHW052113270326

41928CB00010BA/1804